本书受中国博士后科学基金，
湖北职业教育发展研究院专项基金共同资助

高等教育财政研究系列丛书
Higher Education Finance Series

沈 红／主编 Hong Shen Chief Editor

中国公办高校学费标准研究

胡茂波 著

A Study on the Tuition Standard of Chinese
Public Universities and Colleges

中国社会科学出版社

图书在版编目(CIP)数据

中国公办高校学费标准研究/胡茂波著.—北京:中国社会科学出版社,
2016.12

(高等教育财政研究系列丛书)

ISBN 978 - 7 - 5161 - 8649 - 7

Ⅰ.①中⋯ Ⅱ.①胡⋯ Ⅲ.①公立学校—高等学校—学费—研究—中国
Ⅳ.①G649.2

中国版本图书馆 CIP 数据核字(2016)第 174948 号

出 版 人	赵剑英	
责任编辑	赵 丽	
责任校对	王佳玉	
责任印制	王 超	

出 版	中国社会科学出版社	
社 址	北京鼓楼西大街甲 158 号	
邮 编	100720	
网 址	http://www.csspw.cn	
发 行 部	010 - 84083685	
门 市 部	010 - 84029450	
经 销	新华书店及其他书店	

印 刷	北京君升印刷有限公司
装 订	廊坊市广阳区广增装订厂
版 次	2016 年 12 月第 1 版
印 次	2016 年 12 月第 1 次印刷

开 本	710×1000 1/16
印 张	15.75
字 数	238 千字
定 价	66.00 元

凡购买中国社会科学出版社图书,如有质量问题请与本社营销中心联系调换
电话:010 - 84083683

总　序

几年前，华中科技大学出版社出版了一套我主编的《21 世纪教育经济研究丛书·学生贷款专题》，包含六本书，都是关于高等教育学生财政的（学生资助与学生贷款），其中的五本为我指导的已经答辩通过的博士学位论文。现在呈现在读者面前的是由中国社会科学出版社出版的《高等教育财政研究系列丛书》，其中的三本也是由我指导的已经答辩通过的博士学位论文，主题已经超出了学生财政的范围，可扩展为高等教育财政。实际上这两套丛书是有密切关联的，也是我自 1997 年涉足高等教育财政研究的一个小结。

我 2000 年开始以博士生导师的身份独立招收博士生，至 2013 年已 14 年，共培养出了 45 名博士，其中专题研究高等教育财政问题的人和专题研究高等教育管理的人各占一半，分属于教育经济与管理专业和高等教育学专业，毕业时分别获得管理学博士学位和教育学博士学位。管理学博士学位获得者大多在高等学校的公共管理学院工作，也有少量的在教育学院工作。他（她）们毕业后的教学、研究重点与我的研究重点相近的管理学博士们的主要研究领域为高等教育经济与财政；与我的研究重点不相近的管理学博士们的教学与研究任务则呈多样化，如有人承担企事业会计课程的教学但研究课题主要是教育经济问题，有人承担社会福利与保障方面的教学但仍以教育财政为主要研究重点，还有人承担的是基础教育管理的教学但研究高等教育财政。作为他们读博时的导师，在毕业一段时间后再来回顾学生们的职业发展经历很有意思，有的"段子"可以称得上是朗朗上口的故事。

我本人具有跨学科的求学经历。本科专业是"77 级"的机械制造与工程，获得工学学士；后获得教育学硕士、管理学博士（1997 年的管理学尚没有从工学中分离出来）。我在华中科技大学两个二级学科博士点（管理学的教育经济与管理，教育学的高等教育学）招收博士生，多年承担的教学课程也跨两个专业："高等教育财政研究"和"国际高等教育发展"博士生课程，"高等教育财政专题"和"比较高等教育"硕士生课程，还参与了"高等教育管理"和"教育研究方法高级讲座"博士生课程的部分教学工作。当我指导的博士生毕业后到其他高校任教时，不少学校的学院领导都强调，"你的导师教什么课，你就应该能教什么课"。一个典型的例子是一个高等教育学专业的毕业生被她新任职的教育学院院长要求讲授《教育经济学》和《比较高等教育》两门课程，说实话，她教授《教育经济学》是有难度的。这是上面提及的"段子"之一。学术社会（指高校）对博士毕业生在"起跳平台"上的综合性乃至苛刻的跨学科性的要求，提醒了我在指导博士生的过程中既要注重其在某一领域的学问的深度，也要注意拓展他们的知识面使其求职及职业发展具有一定的广度。比如，有博士生将学生贷款研究作为博士学位论文的题目，那么我就要求他/她：学生指的是大学生，因此在研究学生贷款之前要研究大学生，也就需要研究大学生成长、成才的环境，如学生的消费习惯、家庭的经济条件、大学的财政能力等；想要研究学生贷款，就要首先知道与学生贷款相关的其他学生资助手段，如奖学金、助学金、学费减免、勤工助学的本身意义和政策含义，还要知道各种学生资助手段相互之间的关系，得到财政资助对学生当前的求学和将来的工作各有什么意义；若想深入研究学生贷款，那么政府财政、商业金融、担保保险等行业都是学生贷款研究者要"打交道"的地方，谁来提供本金？怎样确定利率标准？如何融资？如何担保？如何惩罚？还有，对学生贷款进行研究的角度也很多，可从主体与客体的角度：谁放贷、谁获贷、谁还贷？可从资金流动的角度：贷多少（涉及需求确定）？还多少（涉及收入能力）？如何还（涉及人性观照与技术服务）？还可从参与方的角度：学生贷款是学校的事务？还是银行的产品？还是政府的民生责任？还是家长和学生的个人行为？最后可从时间的角度：贷前如何申请？贷中如何管理？贷后如何催债？等等。可以说，就学生贷款这一貌似简单的事物就有如此多的、如此复杂的研究角度。正是这样的多样性与复杂性，催生了我们团队的以学生贷款为中心的一系列的学术研究、政策分析、实践讨论。

由本人定义的包含学费、学生财政资助、学生贷款还款在内的学生财政只是高等教育财政中的一个部分，尽管这个部分很重要。高等教育财政投入无非是两个重要部分的投入：公共投入和私人投入。我们团队进行了大量研究的是高等教育的私人投入。然而，全面意义上的高等教育财政必须研究公共投入，在中国，主要是各级政府的投入。

本团队从2007年开始逐步将集中于学生财政的研究扩展到高等教育财政的研究范畴。钟云华从资本转化（经济资本、社会资本、文化资本、人力资本本身及其相互关系）的角度来研究学生贷款带来的社会流动效应；王宁从教育政策主体性价值分析的角度来研究中国的学生贷款；赵永辉从高等教育支出责任与财力保障的匹配关系来分析政府特别是地方政府的高等教育投入（该论文获得中国高等教育学会第九届"高等教育学"优秀博士学位论文【2013年】）。本套丛书将在2013—2015年三年内出齐。

我们的某些"小"的高等教育财政研究还涉及大学评价的成本、政府生/年均拨款额度、大学教师工资，等等。当然，这些议题还处在博士学位论文的研究阶段，有的甚至处在"开题"阶段，还远没有到可以出版专著的时候。

本套由中国社会科学出版社出版的《高等教育财政研究系列丛书》是经我挑选的、作者们在其博士学位论文基础上精心改写并再次获得提高和更新的专著。作为这些作者的博士生指导教授，我对入选本套丛书的博士学位论文都十分熟悉，每篇论文都曾融进我的心血、智慧和劳作。今天，能将这些博士学位论文修改、深化、提升为学术专著，并由我作为丛书主编来结集出版，是我专心从事高等教育财政研究16年来的一大幸事，用心用情来撰写总序是幸福的。我想借此机会，列举一下我心爱的、得意的在高等教育财政研究领域作出成绩和贡献的已毕业的所有博士研究生，尽管他们中的大部分博士学位论文另行出版，没有收入到本套丛书之中。他们的名字和入学年级是：2000级的李红桃，2002级的沈华、黄维，2003级的李庆豪，2004级的刘丽芳，2005级的宋飞琼、梁爱华、廖茂忠，2006级的季俊杰、彭安臣、毕鹤霞、胡茂波，2007级的孙涛、钟云华、王宁，2008级的臧兴兵，2009级的赵永辉，2010 级的王鹏、熊俊峰。还有在职攻读教育经济与管理专业获得管理学博士学位的李慧勤、肖华茵、夏中雷、江应中。作为导师，我感谢你们，正是你们的优秀和勤奋给了我学术研究的压力和动力，促使我永不停步！作为朋友，我感谢你们，正是你们时常的问候和关注、你们把"过去的"导师时时挂在心中的情感，给我的生活以丰富的意义！我虽然达不到"桃李满天下"的程度，但你们这些"桃子"、"李子"天天芬芳，时时在我心中！我真真切切地为你们的每一点进步而自豪、而骄傲！

　　我衷心感谢本丛书中每本著作的作者！感谢为我们的研究提供良好学术环境和工作条件的华中科技大学和本校教育科学研究院！感谢中国社会科学出版社给予的大力支持！最后要感谢阅读我们成果、理解我们追求的每一位读者！

2013 年 12 月 26 日

目　录

第一章　绪论

第一节　问题的提出与研究意义

一　问题的提出

20 世纪 80 年代中期，随着"计划调节为主，市场调节为辅"的经济体制改革不断深化，高等教育学科的门类、层次与社会的需求不相匹配，总规模没有达到与经济实力相当的水平。为了改变这一状况，政府对高等教育体制进行了改革，改变了对高等学校统得过多的管理体制，扩大了高等学校的办学自主权，允许高等学校招收需缴纳培养费的自费生，使其具有主动适应经济和社会发展需要的积极性和能力。此后，高等教育规模迅速扩大。

20 世纪 80 年代末至 90 年代初，市场在国民经济中的作用进一步凸显。为了充分发挥教育投资的效益，高校毕业生的就业由国家"包分配"改革为"自主择业"。国家教委、国家物价局、财政部颁布的《关于普通高等学校收取学杂费和住宿费的规定》指出，从 1989 学年度开始，高校新生除特殊规定外，一般要缴纳学杂费。90 年代中期，随着建立社会主义市场经济体制目标的确立，高等教育被明确为非义务教育，学生上大学原则上均应缴费。高校学费政策随着国民经济的发展、高等教育的发展、国民收入的变化不断完善和改进。高校学费经历了由"部分学校的试点"到"全国高校的展开"；由价格的"双轨制"到全面的"并轨"。自从高校开始收取学费，学费问题就一直是社会各界关注的焦点。

21 世纪初，一方面，调查表明社会民众普遍认为高校学费太高，高校学费引起了人大代表和政协委员的极度关注。例如，21 世纪教育发展研究院主编的《二〇〇六年：中国教育的转型与发展》认为，中国高校收费状况仍令人不满，八成公众不认可现有的高校学费标准；而且随着就业形势的日益严峻，对高校学费抱怨的人也越来越多，业已成为最能触动公众敏感神经的问题之一。① 另一方面，部分高校管理者希望能够提高学费标准以解决高校的债务。据不完全统计，当时中国高校贷款总额超过 2000 亿元，沉重的贷款压力，已使中国部分高校举步维艰。② 武汉大学党委书记顾海良提议，应该向国外的大学学习，允许大学招收部分高价生以解决大学债务。③ 顾海良的提议，代表了部分高校管理者希望通过制定学费标准策略来解决高校债务危机。

教育部、财政部、国家发改委在 2001—2006 年都下发通知，强调"高校的学费和住宿费的标准要稳定在 2000 年的水平上，不得提高"。2007 年，国务院颁布的《关于建立健全普通本科高校、高等职业学校和中等职业学校家庭经济困难学生资助政策体系的意见》要求，"今后五年各级各类学校的学费、住宿费标准不得高于 2006 年秋季相关标准"。至此，高校学费保持了五年不变。2013 年，福建、广西、山东、湖北、湖南、天津等地发布公办高校学费调整信息；2014 年，宁夏、江苏、贵州亦相继公布当年秋季普通高校学费新的执行标准，江苏公办高校学费平均涨幅为 16.4%，宁夏、贵州的公办高校学费平均涨幅分别为 49.7% 和 34.6%。④

高校学费一直是学者们高度关注并有待进一步深入研究的问题。调整高校学费政策，需要学术界提供科学依据，需要深刻认识高校学费制度的变迁，需要了解高校学费与影响学费因素的相关关系。高校学费的性质和制定原则是制定高校学费标准的理论基础。社会宏观经济环境的改变、高等教育的变化决定着高校学费政策的演变。揭示高校学费制度

---

① 《高校收费状况仍令人不满》，新浪网（http://news.sina.com.cn/w/2007 - 03 - 02/004711317139s.shtml）。

② 熊丙奇：《我国高校贷款超 2000 亿 部分高校可能因贷款破产》，《第一财经日报》2007 年 2 月 28 日。

③ 姚海鹰、刘渐飞等：《武大党委书记：应允许招收高价生来解决大学债务》，《长江商报》2008 年 3 月 11 日。

④ 宋伟涛、沈大雷：《收费标准十多年未变，办学成本上扬——高校学费调整难题求解》，《中国教育报》2014 年 7 月 14 日。

变迁的原因，需要分析经济体制的转变和高等教育的发展。受经济体制和人们对高等教育认识的影响，高校学费制度变迁在理论上和实践中存在诸多的困境，完善高校学费政策，需要对高校学费制度变迁面临的困境进行深入的分析。现行政策规定，制定高校学费标准要依据教育成本、当地经济发展水平和居民的经济承受能力。揭示高校学费标准与教育成本、经济发展水平和居民的经济承受能力的关系，需要对全面的数据进行统计分析，得出二者的相关关系。学者们对高校学费的性质和制定原则存在争论，对上述问题研究不足。

现行高校学费政策是 1996 年制定的，经过 20 年的发展，国民经济、高等教育已经达到了一个新的阶段，制定学费标准的边界条件已经发生了变化，学费政策需要相应地做出调整。学费政策的调整需要科学的依据，而现有的研究不能满足实践的需要。现实和理论的需要，促使本书对高校学费进行探讨。高校学费的性质是什么？高校学费制度有着怎样的历史脉络？其变迁的原因及不同时期学费政策的困境是什么？高校学费的状况如何？其成因是什么？高校学费对贫困学生家庭的影响如何？高校学费存在的问题及调整的条件是什么？高校学费标准如何调整，才能有利于高等教育的发展？才能有利于社会和谐？这些都是政府、高校管理者、人民群众热切关注和亟须解决的现实问题。

二　研究意义

（一）理论意义

高等教育投资是教育经济学研究的重要领域，高等教育成本在受益各方有效地分担，是教育经济学研究的热点问题。学费标准影响着受益各方有效地分担高等教育成本，合理地制定学费标准成为研究学费问题的主要内容。制定高校学费标准的主体、原则、影响因素及方法决定于高校学费的性质。对于高校学费的性质，学者尚未形成统一的认识。本书对高校学费的性质进行辨析，对研究制定高校学费标准的理论基础具有推动作用。本书对高校学费制度的变迁、学费状况和学生家庭学费承受能力进行实证分析，为制定高校学费标准的理论探讨提供基础。因此，本书对制定高校学费政策具有理论指导意义。

（二）实践意义

本书依据对制定公办高校学费标准边界条件的变化趋势的分析，对公办高校学费标准调整的方向进行探讨；依据高等教育成本的变化和国民的付费能力，对公办高校学费标准调整幅度进行测算，对高校学费标准调整的实践进行评价和展望；依据制定学费标准的困境与高等教育的状况，对实现学费标准调整的途径及保障措施进行分析。这为制定有效补偿高等教育成本、保障高校正常运转和保障高等教育公平的学费政策提供了科学依据。同时，也为制定有效调节高等教育需求与供给、促进高校活力的学费政策提供了依据。因此，本书对促进中国高等教育健康发展、社会和谐具有现实意义。

第二节　主要概念界定

学费标准影响学费功能的发挥和学费政策目标的实现，对制定学费标准的研究是研究学费的主要内容。高等教育具有使社会阶层流动的功能，保障贫困大学生的高等教育机会成为政府的责任。因此，学费、学费标准、资助为本书的核心概念。对学费、学费标准与资助的研究文献十分丰富，但各文献对它们的范围、定义与内涵存在不同的认识。为了避免因对概念的理解不同而产生分歧，本书有必要对核心概念进行界定。

第一，学费。学费从字面上理解就是学习的费用，是行为主体在学习过程中耗费的费用总和。《教育大辞典》认为，学费是指受教育者向学校或教育举办者（单位或个人）缴纳的培养费。① 布鲁斯·约翰斯通（D. Bruce Johnstone）认为，学费是向学生或家长征收的用以补偿部分高等教育成本的费用；学费与学校教学成本相关，因而不同于住宿费、膳食费、洗衣费、交通费等；在美国，学费（Tuiotion）与杂费（Fees）是有区别的，杂费专指非教学活动的费用，比如注册费、计算机使用费、参加学校主办的运动或文化活动的费用等。② 《教育大百科全书》

---

① 顾明远：《教育大辞典》（第6分册），上海教育出版社1992年版，第26页。

② ［美］D. B. 约翰斯通：《高等教育财政：问题与出路》，沈红、李红桃译，人民教育出版社2004年版，第52页。

则认为，学费是支付给学校、学院、大学或其他教育机构的费用，这些费用可能是全部的教育成本，也可能是教育成本的一部分；营利性私立学校的学费不仅包括学生全部的教育成本，还包括为学校所有者提供的利润。①

上述对学费的定义表明，学费是教育接受者支付给教育提供机构的教育费用；教育提供机构的组织性质不同，学费标准在数量上与教育成本的关系也不同，非营利性组织的学费标准小于或等于教育成本，营利性组织的学费标准大于教育成本。依据对上述学费定义的分析，结合研究的主题，本书认为，学费是受教育者因接受教育向教育提供者支付的直接相关或者间接相关的费用。本书研究的学费是全日制公办普通高等学校本科生的学费。

第二，学费标准。《现代汉语辞海》将标准定义为衡量事物的准则；本身合于准则，可供同类事物比较的事物。② 国家标准 GB/T 39351—83 将标准定义为对重复性事物和概念所做的统一规定，它以科学、技术和实践经验的综合为基础，经过有关方面协商一致，由主管机构批准，以特定的形式发布，作为共同遵守的准则和依据。依据学费和标准的定义，学费标准是指政府对学费额度的统一规定，它以综合考虑影响学费的因素为基础，经过有关方面协商一致，由主管机构批准，以特定的形式发布，作为高校收取学费和学生缴纳学费的准则和依据。

第三，资助。本书的资助是指面向大学生提供的经济资助，包括各级各类奖学金、助学金、助学贷款、困难补助、校内勤工助学基金、学费减免、社会捐赠。助学贷款包括国家助学贷款、生源地助学贷款、一般商业性助学贷款。国家助学贷款是由政府主导、财政贴息、财政和高校共同给予银行一定风险补偿金，银行、教育行政部门与高校共同操作的帮助高校家庭经济困难学生支付在校学习期间所需的学费、住宿费及生活费的银行贷款。国家助学贷款是信用贷款，学生不需要办理贷款担保或抵押，但需要承诺按期还款，并承担相关法律责任；学生接到录取

---

① ［瑞典］T. 胡森、［德］T. N. 波斯尔斯韦特：《教育大百科全书》（第 10 卷），杜育红、曹淑江、孙志军等译，西南师范大学出版社、海南出版社 2006 年版，第 66—67 页。
② 倪文杰、张卫国、冀小军：《现代汉语辞海》，人民中国出版社 1994 年版，第 65 页。

通知书后，可向学校咨询办理国家助学贷款的具体相关事宜；学生到校
报到后，可通过学校向金融机构申请办理国家助学贷款。[①] 生源地助学
贷款，是由学生家庭所在地的金融机构发放给学生家长的贷款，是帮助
在校贫困学生完成学业的一种助学贷款模式；一般是指学生家庭所在地
在农村地区、由农村信用社经办、贷款对象为学生家长的助学贷款。[②]
一般商业性助学贷款是指金融机构对正在接受非义务教育学习的学生或
其直系家属、或其法定监护人发放的商业性贷款；只能用于学生的学杂
费、生活费及其他与学习有关的费用。[③]

第三节　文献述评

依据人力资本理论和成本分担理论，许多国家对高等教育财政进行
了改革，由免费制改为收取一定额度的学费，其目的是解决高等教育财
政经费的短缺问题和提高高等教育的效率。高等学校的学费问题，受到
了学生、家长、政府官员、学者的广泛关注。学者们运用经济学、高等
教育学、社会学等学科的相关理论，从规范和实证两个方面对学费问题
进行了研究。对学费问题关注的学者，有大学教师、在读研究生、学校
财务管理人员和社会机构研究人员。研究的主题，主要涉及高等学校学
费收取的理论与现实基础，学费的属性，学费标准制定的主体、原则、
影响因素、方法，学费政策的实施效应。本书以本科生学费为对象，对
已有的研究文献根据研究的主题进行综述和评价。

一　有关高等学校收取学费的理论与现实基础

（一）高等学校收取学费的理论基础是人力资本理论和成本分担
理论

人力资本理论认为，不应当把人力资本的再生产仅仅视为一种消

---

① 全国学生资助管理中心：《高等学校学生资助政策简介》（http://
www. csa. cee. edu. cn/show_ news. jsp? id = 1217）。
② 李庆豪：《生源地助学贷款的生成与发展》，博士学位论文，华中科技大学，2006 年。
③ 中国人民银行、教育部、财政部：《中国人民银行教育部财政部关于助学贷款管理的
若干意见》，《四川政报》2000 年第 9 期。

费，而应将其视为一种投资，这种投资的经济收益远大于物质投资的经济收益，教育是提高人力资本最基本的主要手段。美国著名经济学家 N. 格里高利·曼昆（N. Gregory Mankiw）论述道："人力资本是对人的投资的积累。最重要的人力资本是教育。与所有资本形式一样，教育代表着为了提高未来生产率而在某一时点的资源支出。"① 美国著名经济学家西奥多·W. 舒尔茨（Theodore W. Schultz）论述道："教育可以构成一种资本的思想是将教育视为一种投资的开端。事实上，在把高等教育体系看成是进行教学活动这一方面，经济学家们已经很详细地阐明并确定了它的经济价值，教学活动就像工人进行生产一样提高了受教育者的生产力。"② 人力资本理论从投资的角度指出，高等教育可以给接受者带来货币或非货币的收益。

　　支持成本分担理论的学者从公平与效率的角度，对高等学校收取学费的依据进行了论述，主张市场导向的新古典或新自由经济学家认为，将一部分成本转移给付得起学费的家长，并在经济状况调查的基础上对付不起学费的人予以资助，这朝公平迈进了一大步；成本分担更有效率，更关心市场，至少在既有竞争又有由消费者承担成本的国家如此；在学生和家长不付或少付学费、膳宿费的国家，学生可能受到很大诱惑以致长期待在学校，否定了他们对自己和对国家带来潜在生产力及更有作为所应有的社会经济地位的优势，然而增加了一些成本分担——家长和学生要付出代价并牺牲其他需要——至少能极大地刺激学生努力学习，按时毕业。③ 高等教育成本分担理论的创始人布鲁斯·约翰斯通提出，高等教育成本应由纳税人（政府）、学生、学生家长和社会人士（捐赠）共同承担。④

　　中国学者结合中国的具体情况，对人力资本理论和成本分担理论进

---

① ［美］曼昆：《经济学原理》，梁小民译，北京机械工业出版社 2003 年版，第 23 页。

② ［美］西奥多·W. 舒尔茨：《论人力资本投资》，吴珠华等译，北京经济学院出版社 1990 年版，第 94 页。

③ ［美］D. B. 约翰斯通：《高等教育财政：问题与出路》，沈红、李红桃译，人民教育出版社 2004 年版，第 178—179 页。

④ D. Bruce Johnstone, *Sharing the Costs of Education: Student Financial Assistance in the United States, the United Kingdom, France, Germany and the Federal Republic of Germany*, New York: The College Board, 1986.

行了阐释，为中国高等学校收取学费提供了理论依据。王善迈指出："在高等教育学龄人口中，只有一部分人可以受到高等教育，如果高等教育的经费全部由政府财政负担，等于所有纳税人支付高等教育成本，只有部分人受益，有失高等教育的公平。高等教育不仅可以使社会受益，而且可以使受教育者获得预期经济与非经济收益。因此，用于受高等教育的支出具有投资的性质，按照谁受益谁负担的原则，受教育者应负担一部分高等教育成本。"①

（二）分配不公、财政压力、需求增长是高等学校学费的现实基础

高等教育作为一种稀缺的资源，如何将它有效、公平地进行分配是学者关注的问题。高等学校收费的现实基础之一是现实中免费的高等教育存在着分配不公平的问题。西奥多·W. 舒尔茨指出："能够接受高等教育的学生主要来自中上等收入的家庭，而他们所得到的教育服务之部分成本，却是由贫困家庭所缴纳的税款来支付。大学教育资金的筹集都是由社会把大量财富转移支付给有特殊才能的人才。"② 那些最昂贵的高等教育，招收的一般是中上阶层的子弟，而那些较便宜的、短期的高等教育的学生，一般出身于中层或工人阶级，他们的父母通常没有上过大学；支持高等教育的税收不相称地强加到了那些并没有直接从大学受益的人身上。③ 20 世纪 80 年代后期，澳大利亚政府发现免费高等教育实际上是一种穷人对富人的补助机制，免费高等教育是效率最低的。④

高等学校收取学费的现实基础之二是高等教育财政压力不断扩大。高等教育单位成本的增长曲线要自然地高于通货膨胀率曲线，对于大多数高等学校来说，20 世纪 90 年代末期是一个变化不定、财政压力不断增大的时期。⑤ 在国家财政支持高等教育入学率增长的能力有限的约束条件下，实行高等教育的成本补偿制度，对接受高等教育者收取学费以

---

① 王善迈:《论高等教育的学费》,《北京师范大学学报》2000 年第 6 期。

② ［美］西奥多·W. 舒尔茨:《论人力资本投资》,吴珠华等译,北京经济学院出版社1990 年版,第 104 页。

③ ［美］D. B. 约翰斯通:《高等教育财政:问题与出路》,沈红、李红桃译,人民教育出版社 2004 年版,第 56 页。

④ Blaug, M.: *An Introduction to Economics of Education*, London: Penguin, 1970, p. 296.

⑤ ［美］D. B. 约翰斯通:《高等教育财政:问题与出路》,沈红、李红桃译,人民教育出版社 2004 年版,第 37 页。

分担部分高等教育成本就成为现实的要求和必然的选择。①

　　高等学校收取学费的现实基础之三是高等教育需求不断增长。随着经济的不断增长，教育投资会超出物质资本投资，以适应人力资本投资收益率较高的投资机制；人们收入水平的普遍提高会伴随着相当大的绝对差距，足以使各种教育投资机会具有相对的吸引力，教育将不再只为少数人服务，而面向广大群众。② 年轻人开始认识到高等学校这一过去一直是选择少数学术精英的机构，现在还在起分配职业阶梯的等级和社会结构中的位置的作用，他们越来越希望获得高等教育，以使自己的社会地位得以提高。③

　　中国学者从国民储蓄、人均收入、劳动年龄人口平均负担系数等方面进行总量分析和比较分析以后指出，改革开放后，中国城乡居民的收入显著提高，大多数家庭已具备了一定的高等教育成本分担能力。国家统计局和中国经济景气监测中心抽样调查的结果表明，居民储蓄的10%准备用于教育，90%的家长希望子女能接受高等教育，60%的人表示为孩子上学举债也在所不惜。④ 在国民有强烈的高等教育付费意愿的同时，也具备了一定的付费能力。1995 年，城镇居民人均可支配收入为 4289 元，2007 年增加到 13786 元，2014 年增加到 28843.85 元；农村居民人均纯收入从 1995 年的 1578 元增加到 2007 年的 4140 元，2014年增加到 10488.88 元。⑤ 2000 年，世界劳动年龄人口平均负担系数为61.5%，中国劳动年龄人口平均负担系数为 48.6%。

　　（三）有关高等学校学费属性的研究

　　学术界对高等学校学费的性质有"成本分担"与"服务产品价格"两种不同的认识。"成本分担说"与"价格说"的分歧点在于对高等教

---

　　① 黄献松：《对中国高等教育成本分担机制的分析与思考》，《理论导刊》2005 年第11 期。

　　② ［美］西奥多·W. 舒尔茨：《论人力资本投资》，吴珠华等译，北京经济学院出版社1990 年版，第 124 页。

　　③ ［美］约翰·S. 布鲁贝克：《高等教育哲学》，王承绪等译，浙江教育出版社 2001 年版，第 66 页。

　　④ 辛宏：《教育是个大产业》，《北京晚报》1999 年 5 月 24 日。

　　⑤ 中华人民共和国国家统计局：《中国统计年鉴 1996》，中国统计出版社 1996 年版。中华人民共和国国家统计局：《中国统计年鉴 2008》，中国统计出版社 2008 年版。中华人民共和国国家统计局：《国家数据》（http：//data. stats. gov. cn/easyquery. htm? cn = C01）。

育产品的属性的界定不同。"成本分担说"认为高等教育是准公共产品，"价格说"认为高等教育是"准私人产品"。高等学校的学费是"成本分担"，这是成本分担理论的核心观点，是学生和家长对高等教育成本补偿的一种方式。高等学校的学费是"服务产品价格"，这是从将高等教育资源纳入市场配置的角度出发而进行的学费属性界定。

学术界的主流观点认为，高等学校的学费是接受高等教育的学生及家庭对高等教育成本的分担，是对高等教育成本的补偿，个人和家庭依据受益程度和支付能力的大小来分担高等教育成本。高等教育作为一种准公共产品，既可以实行公共提供，也可以实行市场提供，还可以实行混合提供；在公共提供下，高等教育的成本全部由社会承担；在市场提供下，高等教育的成本由受教育者承担，不存在教育成本的分担问题；在混合提供下，高等教育的成本一部分由社会承担，一部分由受教育者个人承担，因而，有教育成本的分担问题。[1] 布鲁斯·约翰斯通认为，学费是高等教育成本完全或几乎完全由政府或纳税人的负担转向至少部分地依靠家长和学生负担的一种方式。[2] 高等教育服务是准公共产品，这是"成本分担说"的理论基础。王善迈指出，政府与受教育者应共同负担其成本，受教育者直接负担的形式就是学费，学费从性质上来说应是准公共产品的收费，或者就像美国学者布鲁斯·约翰斯通于1986年提出的"成本分担"。[3] 学费就其数量来说是教育成本的一部分，它不能由教育供求来形成，更不能以学费来调节教育供求。[4]

高等学校的学费是高等教育服务产品的价格，这是学术界非主流的观点，持有这一观点的学者根据服务产品的界定，将高等教育视为一种服务产品，学费就是市场供求关系在价格上的反映。寇淑芳认为，高等教育产品本质上就是服务，她将高等学校提供的服务界定为产品，其直接产出是人力资本的形成，表现为学生的知识、能力的增进，思想品德修养的提高，她认为高等教育学费实质上就是受教育者与教育提供者就

---

① 王序坤：《教育成本的分担原则及其选择》，《教育发展研究》1999年第5期。

② ［美］D.B.约翰斯通：《高等教育财政：问题与出路》，沈红、李红桃译，人民教育出版社2004年版，第171页。

③ 王善迈：《论高等教育的学费》，《北京师范大学学报》2000年第6期。

④ 李从松：《教育成本分担论与大学生贫困》，《统计与决策》2002年第2期。

高等教育产品进行交易的价格。① 高等教育是"准私人产品"，在市场经济下就应有其价值和价格，这是"价格说"的理论基础。杨莲娜认为，高等学校的学费就应该是高等教育所具有的私人产品属性的价值或价格。② 学费是学生接受高等教育服务而支付给学校的费用。伍海泉等认为，在市场经济条件下，学费部分体现出学生及其家庭为私人受益所付出的代价，除了体现作为私人受益部分成本补偿的即时付费手段以外，还部分体现出私人需求者与供给者之间就高等教育服务产品进行交易的价格。③

二 有关高等学校学费标准制定的主体、原则、方法的研究

（一）有关高等学校学费标准制定的主体

政府是高等学校学费标准制定的主体，这是学术界的主流观点，持这一观点的学者们运用公共产品理论对高等教育的产品属性进行了分析，认为高等教育是准公共产品，具有正外部性，因此，为了保证高等教育的公平，解决市场失灵问题，高等学校学费标准制定的主体应该是政府。布鲁斯·约翰斯通提出，公立高等学校的学费可以由政府来决定，政府既可以直接通过法律或行政部门实施，也可以间接地拨款来实施，后一种情况往往需要一个学费标准。④ 运用公共定价理论，伍海泉等对高等学校学费标准制定进行了分析，提出高等学校是提供具有公共物品或准公共物品性质的、具有部分自然垄断性质的教育组织，政府为了保障社会福利的最大化，体现效率与公平相结合的原则，一方面，要对之实行市场规制，另一方面，还要实行价格规制。⑤以市场经济中供求关系影响价格的原则并不完全适用于学费的形成，高等学校收费的标准不完全以教育服务的价格为依据，余芳提出，公办高校教育收费以政

---

① 寇淑芳：《论高等教育学费价格的属性及作用》，《中国物价》2004 年第 9 期。

② 杨莲娜：《高等教育学费的价格属性研究》，《价格理论与实践》2005 年第 5 期。

③ 伍海泉、陈茜、黄维：《市场扭曲与高等教育学费定价》，《教育与经济》2007 年第 4 期。

④ ［美］D. B. 约翰斯通：《高等教育财政：问题与出路》，沈红、李红桃译，人民教育出版社 2004 年版，第 58 页。

⑤ 张万朋：《高等学校收费水准的决定及其相关思考——基于规制经济学的视角》，《清华大学教育研究》2007 年第 4 期。

府为主导进行制定。① 王善迈认为，学费不是教育价格，而是公益性事业服务收费，决定权属于政府，同时作为高等教育服务供给方的学校也享有一定的权利；在操作方式上，政府可规定学费标准的上限或基准限，学校有权在一定区间内浮动。② 为了克服学费标准确定依据在操作上存在的困难，协调学费相关的各方，包括政府、学校、学生家庭在利益上存在的矛盾，王善迈提出，由政府采取听证会的形式确定学费标准。③

也有少数学者认为，市场是高等教育学费定价的主体。他们得出此结论的依据主要是高等教育学费是高等教育产品私人属性的价值在市场上的反映，为了达到高等教育资源的有效配置，高等教育学费应该由市场机制确定。利用公共产品理论对高等教育服务进行分析之后，夏志强认为，其在消费上有较强的竞争性和排他性，虽然在收益上体现了公共产品（Public Goods）的性质，在消费上主要体现了私人产品（Private Goods）的性质；因此，他提出高等教育服务对消费者来说是"准私人产品"，高等学校学费作为一种"准私人产品"的价格应该主要由市场形成，而不是由政府制定。④ 以高等学校学费是高等教育私人产品价值或价格为依据，赵亚贞认为，高等教育的非营利性并不影响其价格机制作用。⑤

对于在市场机制下如何保证高等教育的正外部性，认为市场是高校学费标准制定主体的学者对此进行了论述，提出了解决途径。一种解决途径是将政府作为社会利益的代表者纳入需求的一方，以社会发展的长远利益促进高等教育的快速和可持续发展为目的，通过教育拨款的方式为高等教育的社会收益而埋单。⑥ 另一种解决途径是强调政府对市场的管制，消除学费作为价格机制调节的负面影响，政府通过其他机制的协同运用，保证高等教育的正外部性，解决市场的失灵问

---

① 余芳：《公办学校教育收费价格听证会制度探析》，《教育评论》2002 年第 4 期。
② 王善迈：《论高等教育的学费》，《北京师范大学学报》2000 年第 6 期。
③ 同上。
④ 夏志强：《高等教育学费的形成机制》，《财经科学》2005 年第 2 期。
⑤ 赵亚贞：《高等教育学费的双刃剑作用》，《价格月刊》2004 年第 8 期。
⑥ 夏志强：《高等教育学费的形成机制》，《财经科学》2005 年第 2 期。

题。①这两种途径对于解决高等教育的公益性具有一定的理论意义，但是在现实操作中却面临高等教育的个人收益率和社会收益率无法精确计量和"契约理论"中所揭示的政府部门寻求部门利益最大化的现象。

为了解决政府制定学费中产生的政府失灵、市场定价中产生的市场失灵问题，达到高等教育资源的优化配置和保证高等教育的公平性，一些学者提出了高等学校学费标准制定应该由政府主导、以市场进行调节的形成机制。依据公共产品理论和公共定价理论，持这一观点的学者，就如何既保证资源配置的效率又保证高等教育的公平性，对高等学校学费形成机制进行了论述。布鲁斯·约翰斯通提出，政府可以仅仅设立一个学费水平，让大学自行决定具体的学费；政府在设立拨款标准时，假定存在一个学费水平，允许大学的学费比这一水平低一点，损失一点收入；当然，政府还可以确定一个最高收费标准，因为大学很少反对收取学费。② 在分析了高等教育市场扭曲的基础上，伍海泉等提出，完善高等学校学费的形成机制，既要考虑市场机制作用的发挥，同时政府也要加强对学费的监管，矫正高等教育的市场扭曲现象，降低扭曲因素对学费价格功能作用的负面影响，充分发挥高等学校学费对优化高等教育资源配置和实现教育公平的作用。③ 张小萍等提出，政府对高校收费制定最高限价，学校有权在一定区间内浮动，差别收费，体现教育的公平性；在绝对避免发生"双轨"收费现象下，不同地区、不同学校、不同专业收费标准应有所不同。④ 根据中国高校的行政隶属体制，王康平提出，高校负责制定本校各专业的具体学费，省级教育行政管理部门负责制定标准学费、上限学费和下限学费，省级物价管理部门负责监督高校学费的实施情况。⑤ 基于高等

---

① 赵亚贞：《高等教育学费的双刃剑作用》，《价格月刊》2004 年第 8 期。
② ［美］D. B. 约翰斯通：《高等教育财政：问题与出路》，沈红、李红桃译，人民教育出版社 2004 年版，第 58 页。
③ 伍海泉、陈茜、黄维：《市场扭曲与高等教育学费定价》，《教育与经济》2007 年第 4 期。
④ 张小萍、谭章禄：《我国高等教育学费价格机制实证分析》，《价格理论与实践》2005 年第 4 期。
⑤ 王康平：《高校学费政策的理论与实践》，厦门大学出版社 2001 年版，第 173 页。

教育学费的性质可以被定位为使用者付费，崔世泉和袁连生提出，学费收取的依据是私人受益情况和服务提供成本，学费形成的机制是政府干预下私人受益部分的市场定价。[①]

（二）有关高等学校学费标准制定的原则

由政府主导制定高等学校学费标准的原则主要是为了保证公平，体现高等教育的准公共产品属性。根据人力资本理论和成本分担理论，认为政府应该主导高等学校学费制定的学者指出，学费的确定应该依据"利益获得原则"和"能力支付原则"。依据市场规律，制定高等学校学费标准的原则是保证资源的有效配置，保证社会福利效应的最大化。依据福利经济学理论，持这一观点的学者得出，制定学费标准的原则是实现"社会福利效应的最大化"，达到社会资源配置的帕累托最优状态。他们运用供给与需求依据价格变化的理论，对学费的变化引起社会福利效应的变化进行了分析。

"利益获得原则"是指谁从教育中获益，谁就应支付教育的经费，支付的数额与获利的多少成正比。[②]实践中，实现这一原则的技术支撑是教育个人收益率和社会收益率的计量。吕孟仁认为，高等学校收费要根据产出的内部收益和外部收益大小而定，他提出对于毕业生主要为国家和社会公众服务、公众直接受益的、产品属性接近公共产品的专业，应以政府投入为主，学费可以不收或少收；而对个人收益较高的专业，他提出应以政府投入和个人缴费共同分担的办法为主，但政府投入应占大头。[③]

"能力支付原则"是指从高等教育中获益的人（不论是直接的还是间接的），都应按其支付能力的大小提供教育费用，支付数额与支付能力的大小成正比。[④]这一原则体现了高等教育的公益性质，也成为很多研究者评价高等学校学费标准是否合理的准则，以此原则为尺度对学费标准进行评价是当今的研究热点。以维护接受高等教育者的机会均等性和社会公正性为目的，王同孝等认为，确定教育收费必须以付出费用的家庭经

---

① 崔世泉、袁连生：《高校学费的性质：事业性收费、价格或是使用者付费》，《教育发展研究》2011 年第 11 期。

② 柴效武：《高校学费制度研究》，经济管理出版社 2003 年版，第 166 页。

③ 吕孟仁：《高等教育成本分担及收费标准设计的准则》，《高教研究》2001 年第 5 期。

④ 柴效武：《高校学费制度研究》，经济管理出版社 2003 年版，第 166 页。

济承受能力为基础，学费的上限是居民平均最大承受力；他们认为，既有利于高等教育成本的回收又让受教育者负担得起是合理的收费标准。[①]

在学费标准制定中，如何综合运用这两个原则，学者们运用事物发展变化的规律对此进行了分析论述。在个人成本分担能力普遍较低、收益普遍较高的情况下，为了保证高等教育的发展，王序坤提出，按能力结构原则确定成本分担标准是最恰当的选择；当个人是否愿意分担高等教育成本并不取决于其能力的大小及其结构而是取决于高等教育的个人投资收益率与其他投资收益率的对比时，他认为不适合按能力结构原则确定分担标准，还是按收益结构原则确定分担标准比较合适。[②]

市场主导高等教育学费标准制定的原则是"社会福利效应的最大化"，社会福利效应的指标是供给者剩余和消费者剩余，或者是消费者剩余。根据人力资本理论，袁蕾认为，是否继续更高层次的教育，完全符合利用经济收益和成本分析对投资者行为分析的模型；其具体表现为市场借助价格手段发现资源的稀缺程度，继而将高等教育资源引导到收益率较高的地方，从而提高高等教育机构的运行效率，优化高等教育资源的配置。[③] 楚红丽提出，能否有效地实现资源在公共部门和私人部门的配置，有效促进高等教育资源的优化配置，有效提供适度规模的高等教育产品，并体现公平原则，调整直接和间接受益者的负担水平，是高等学校学费标准制定的最优设计检测标准。[④] 在市场对高等教育资源进行调节时，政府还必须进行必要的调控。高等教育作为一种准公共产品，不能完全由市场定价，政府有必要进行一定程度的价格管制；在实行价格管制时，必须同时实行某种合理的配给制度，范开菊认为，其目的是解决由于价格管制而带来的供给不足的问题。[⑤]

---

① 王同孝、罗文奇、于辉：《高等教育收费标准理性分析》，《价格理论与实践》2006 年第 4 期。

② 王序坤：《教育成本的分担原则及其选择》，《教育发展研究》1999 年第 5 期。

③ 袁蕾：《高等教育专业差别定价及其福利效应分析——对高等教育资源配置市场化的思考》，《教育科学》2005 年第 3 期。

④ 楚红丽：《"定价"政策与我国公办高教产品的有效供给分析》，《江苏高教》2004 年第 2 期。

⑤ 范开菊：《高等学校专业差别定价及其福利效应分析》，《安徽农业科学》2004 年第 24 期。

（三）有关高等学校学费标准制定的方法

根据生均教育成本的一定比例确定高等学校的学费是成本分担的核心内容。对于这一比例如何确定，学者们提出了不同的观点。布鲁斯·约翰斯通通过对美国、加拿大、澳大利亚、日本等国家学费占教育成本的比例的历史数据进行分析得出，学费占教育成本的比例在 25% 左右。[①] 学费占教育成本的 25% 成了学术界比较公认的一个标准。由于各国的国情不同，王善迈认为，学费占教育成本的 25% 只能作为参考。[②] 通过对中国、美国、日本等 10 国学费制定政策的比较研究，余英指出，只有美国、印度、蒙古等极少数国家将高等教育的教学成本作为制定学费标准的政策依据，而且这一政策很少能在实践中执行下去；由于各国对相关成本的界定不同以及实际成本的诸多差异，在目前的高等教育成本核算制度下，学费占教育成本的 25% 对中国学费制定政策意义不大。[③]

在讨论边际成本定价、平均成本定价、公正报酬率定价、混合型定价的基础上，张万朋认为，在高等学校中，只能采取以公正报酬率计算方式为主的平均成本定价策略，同时辅之以混合型定价方式。[④] 以卡尔逊在研究了拉美几个国家的情况后提出的高等学校的学费应相当于中等偏下家庭年收入的 10% 加上学生未来收入的 10% 为基础，杨开明提出，应按照居民收入的一定比例确定高等学校的收费标准。[⑤]

根据英格兰《2004 年高等教育改革法案》确定的不同学校、不同学科可以收取不同学费的差异收费原则，盖伦特·琼斯（Geraint Johnes）运用博弈论的方法，提出了每个学校每个专业的收费模型。[⑥]为了体现高校的办学自主权和避免高校恶性竞争，王康平提出，以中等偏

①　［美］D. B. 约翰斯通：《高等教育财政：问题与出路》，沈红、李红桃译，人民教育出版社 2004 年版，第 57 页。

②　王善迈：《论高等教育的学费》，《北京师范大学学报》2000 年第 6 期。

③　余英：《高等教育成本分担的国际比较——兼评中国高等教育学费标准的政策依据》，《清华大学教育研究》2007 年第 6 期。

④　张万朋：《高等学校收费水准的决定及其相关思考——基于规制经济学的视角》，《清华大学教育研究》2007 年第 4 期。

⑤　杨开明：《高等教育收费的定价模型与实证分析》，《财会通讯》2005 年第 1 期。

⑥　［英］Geraint Johnes：《英格兰高等教育法案对大学的政策意义》，杜红红、周雪飞译，《教育与经济》2005 年第 2 期。

下收入家庭户均可支配收入为基本依据制定强制性学费上限，以高校的最低运营成本为基本依据制定强制性学费下限，学校有权在这一区间自主定价。[1] 为实现教育机会公平的目标，王善迈提出，当条件具备时也可对同质同类别同专业的学校按学生家庭收入水平不同，实施有差别的学费政策。[2] 沈红提出，依据学生家庭社会经济背景的不同，收取不同的学费和给予不同的助学贷款。[3] 依据价格歧视理论，分别以利润最大化、销售收益最大化为目标，以同一层次高校培养的同一专业的人才是同质的，高校能够区分两组人，并能对各组按不同的标准缴纳学费，不同层次的高校培养的同一专业的人才不是同质的，不同质的人才培养缴纳不同的学费为假设条件，吴振球建立了求解不同组学生的招生规模和学费标准的计量模型。[4]

以社会福利效应最大化为目标，袁蕾提出，应该对各高等学校、专业所提供教育的质量按优质优价和"热门专业"与"冷门专业"收费，加大差别，消除现行收费对高等教育个人收益率的偏离而造成的拥挤效应。[5] 以教育资源的损失效率最小化、受教育者综合福利最大化为目标，伍海泉等根据拉姆齐（Ramsey）模型对教育资源垄断下的学费标准制定进行分析后提出，对收入处于中高水平的家庭，收取高于边际成本的学费；对收入低水平的贫困家庭，收取低于边际成本的学费，即按照收入水平的不同收取不同标准的学费。[6] 依据在学费定价实践中，由于生均成本计量的争议与困难使得学费制度及其生均成本法受到多方质疑，伍海泉等提出在学费定价中以标准生均成本代替实际生均成本的设想。[7]

---

[1] 王康平：《高校学费政策的理论与实践》，厦门大学出版社 2001 年版，第 173 页。

[2] 王善迈：《论高等教育的学费》，《北京师范大学学报》2000 年第 6 期。

[3] Hong Shen, "Fees in Higher Education and Aid to Disadvantaged Students", electronic version published by Center of Research on Education in China, China Education Forum, Hong Kong University, Vol. 2, No. 1, June 2001.

[4] 吴振球：《价格歧视：高等教育学费一种新的定价模式》，《武汉水利电力大学学报》1999 年第 9 期。

[5] 袁蕾：《高等教育专业差别定价及其福利效应分析——对高等教育资源配置市场化的思考》，《教育科学》2005 年第 3 期。

[6] 伍海泉、陈茜、黄维：《市场扭曲与高等教育学费定价》，《教育与经济》2007 年第 4 期。

[7] 伍海泉、董欢、于海曼：《标准生均成本应成为高等教育学费定价的数量基础》，《中国高教研究》2010 年第 6 期。

三　有关高等学校学费标准制定的影响因素

主张政府为高等学校学费标准制定主体和主张市场为制定主体的学者都认为，高等教育成本、高等教育财政政策是高等学校学费标准制定的影响因素。高等教育财政政策包括高等教育财政拨款政策、学生资助政策、学费标准制定的流程与方式的规定。主张政府为高等学校学费标准制定主体的学者认为，学生及家庭的支付能力也是学费标准制定的影响因素之一。主张市场是高等学校学费标准制定主体的学者认为，供求关系、个人收益率也是影响学费标准制定的因素。

（一）高等教育成本

对于高等教育成本，学者们从不同的角度进行了定义和分类。西奥多·W. 舒尔茨提出教育全要素成本概念，即学生在上学期间所放弃的收入和开办学校所需的费用。[①] 王善迈认为，教育成本是用于培养学生所消耗的教育资源的价值，即培养学生由社会和受教育者或家庭直接或者间接支付的以货币形态表现的全部费用。[②] 靳希斌、袁连生也对教育成本的概念进行了界定，所表述的本质含义分别与舒尔茨、王善迈所界定的教育成本相同。[③] 教育成本依据支出的目的、主体、性质、计量单位被分类为教育直接成本与教育间接成本、教育社会成本与教育个人成本、教育物质成本与教育人员成本、教育总成本与教育单项成本。[④]

与高等学校学费标准相关度很高而被中国学者关注的是生均教育成本的计量，其原因是国家教委、国家计委、财政部 1996 年 12 月 16 日颁布的《高等学校收费管理暂行办法》中规定，学费标准根据年生均教育培养成本的一定比例确定。作为确定成本分担比例依据的高校培养成本，陈玲等认为应该是指高校教育活动中发生的实际成本，是高等学

---

① Schultz, T. W. , *The Economic Value of Education* , New York： Columbia University, 1963, pp. 26 – 27.

② 王善迈：《教育投入与产出研究》，河北教育出版社 1996 年版，第 45 页。

③ 靳希斌：《教育经济学》，人民教育出版社 2001 年版，第 283 页；袁连生：《教育成本计量探讨》，北京师范大学出版社 2000 年版，第 12 页。

④ 靳希斌：《教育经济学》，人民教育出版社 2001 年版，第 283 页。

校为培养合乎规格要求的学生所发生的全部耗费，是狭义的高校教育成本，不包括高校的教育机会成本。① 袁连生指出，教育成本核算受中国会计核算的基本前提——会计主体、持续经营、会计分期（会计期间）和记账本位币的制约；为了核算教育成本，学校在遵循现行事业单位会计准则大部分会计原则的基础上，还必须遵循权责发生制原则、配比原则、区分收益性支出和资本性支出的原则。② 从当时的研究现状和可利用的手段分析，袁连生认为，教育成本计量的方法可以归纳为统计调查方法、利用现有学校会计资料转换计算方法、进行教育成本核算方法。③ 沈红等提出，本科生教育成本界定为高等学校为本科生提供教育及相关服务所支付的全部费用；按本科生教育成本项目分配与归集的高校费用才是本科生教育成本核算的唯一依据。④ 伍海泉等提出，由于计量目标差异，教育成本有两种不同形式，基于成本管理目的下的实际成本和基于学费定价目的下的标准成本。⑤ 依据对广西 5 所高校的分析，潘松剑认为，生均培养成本逐年递增趋势明显，从而引起了高校学费的上涨，这是高校提高收费标准最为重要的一个理由。⑥

20 世纪 90 年代，美国公立院校和私立非营利大学的学费和成本之间存在密切的相关关系。⑦ 以高等学校学费的性质是高等教育成本的分担为基础，王善迈提出，高等教育的成本是高等教育学费确定的首要依据。⑧ 高等教育虽然不以营利为目的，但办学成本也应该得到正常补偿，否则将无以为继，据此，夏志强提出，高等教育服务的价格也要体

① 陈玲、罗金明：《基于成本分担的高校培养成本的确认与计量》，《辽宁教育研究》2007 年第 7 期。

② 袁连生：《关于教育成本核算的几个问题》，《教育发展研究》1999 年第 3 期。

③ 袁连生：《教育成本计量探讨》，《北京师范大学学报》2000 年第 1 期。

④ 沈红、徐东华：《基于收费政策的中国本科生教育成本初探》，《教育研究》2002 年第 2 期。

⑤ 伍海泉、钟菲菲、陈翊：《教育成本的两种形式与高等教育学费定价》，《教育与经济》2011 年第 2 期。

⑥ 潘松剑：《高校培养成本核算与学费定价研究——以广西 5 所高校为例》，《教育财会研究》2015 年第 3 期。

⑦ NCES（National Center of Education Statistics）：Congressionally mandated studies of collegial costs and prices（http：//www. nces. ed. gov / ipeds/cool/pdf，2006 – 3 – 20）。

⑧ 王善迈：《论高等教育的学费》，《北京师范大学学报》2000 年第 6 期。

现补充成本的基本要求。① 王善迈认为，教育成本为学费确定的依据在实践中面临两大困难，一是学校和政府在现行制度下不可能提供准确系统的成本信息，二是教育成本分担中受教育者应负担多大的比重难以确定。②

（二）高等教育供求关系

依据价格对市场供给与需求的调节功能，主张市场是学费标准制定主体的学者，对学费标准需要考虑教育供给与需求的关系进行了分析。虽然大学在收费问题上不同于完全市场条件下的企业行为，但是大学学费从长期来看也取决于对高等教育的供求。③ 在世界高等教育市场化的发展趋势下，中国学杂费在教育经费中的比例越来越大。赵勤认为，当高等教育供给不足时，高等学校的学费标准与高等教育供给成正比，学费在调节高等教育供给与需求矛盾中的作用显得越来越重要。④ 在需求保持相对稳定的条件下，供给越多，为市场提供的教育机会就越多，夏志强认为，高等院校之间的竞争越激烈，其价格越会相应下降；而在高等教育服务供给保持相对稳定时，对高等教育的需求越大，他认为学生上学的竞争就会越激烈，学费价格就会上扬。⑤ 根据中国每年相对稳定的高校招生人数远不能满足参加高考人数的需要，赵勤认为，中国高等教育作为整体产业是缺乏需求价格弹性的，因此，他提出，无论高校收费的标准变化有多大，其需求量不会发生变化。⑥

（三）学生及家庭的支付能力

从高等教育准公共产品的性质出发，认为政府为高等学校学费标准制定主体的学者指出，高等教育具有很强的外部性，为了实现教育公平，学费标准制定应该以学生及家庭的支付能力为依据。学者们认为，学生及家庭的支付能力对公办普通高等学校学费标准影响的权重应该加大。对于认为高等学校学费是成本分担的学者而言，依据学生及家庭的

① 夏志强：《高等教育学费的形成机制》，《财经科学》2005 年第 2 期。
② 王善迈：《论高等教育的学费》，《北京师范大学学报》2000 年第 6 期。
③ Howard R. Bowen, *The Costs of Higher Education*, Jossey Bass Publishers, 1981, pp. 13 - 15.
④ 赵勤：《高等教育学费价格机制影响因素分析》，《事业财会》2007 年第 2 期。
⑤ 夏志强：《高等教育学费的形成机制》，《财经科学》2005 年第 2 期。
⑥ 赵勤：《高等教育学费价格机制影响因素分析》，《事业财会》2007 年第 2 期。

支付能力确定学费是一项原则。从消费者接受程度来看，布鲁斯·约翰斯通认为，制定公立高等学校学费标准的依据就是学生及其家长到底能支付多少学费。[①]

学生及家庭的支付能力作为高等学校学费标准制定依据的重要性、操作中的困难及解决的途径，中国学者根据中国的现实情况，对其进行了分析论述。根据中国居民收入分配的基尼系数不断增大达到了国际上公认的警戒线水平的现状，王善迈指出，在确定学费标准时，必须充分考虑居民的支付能力；这一依据在制定学费标准操作时面临两大困难，一是中国目前的居民收入未完全货币化、公开化，二是政府统计部门无法提供来自不同地区和家庭的学生个体的支付能力；为解决上述难题，依据经济学中价格需求弹性理论，用抽样调查的方法找出一定时期内一定收入水平条件下，高等教育需求价格弹性系数，为制定学费标准提供参考数据；以将学费标准及递增速度与城乡居民收入及增长率挂钩的方法，确定学费标准；事后用一定时期内高校新生或在校生中来自低收入阶层家庭学生所占比重的变化，检验学费水平是否适度。[②] 依据利用主成分分析法和 BP 神经网络建立数学模型，对 31 个省、直辖市的 7 项数据进行的分析，董亚楠提出，在制定高校学费标准时，应该首要考虑学生的家庭收入情况，充分考虑学生的家庭负担。[③] 学者们的研究，为中国高校学费政策提供了理论依据，但政策的进一步完善尚需深入的研究。中国已经把学生及家庭的支付能力作为影响公办普通高等学校学费标准确定的一项重要因素。但是，如何精确地计量学生及家庭的支付能力，在技术层面上还没有得到解决。

（四）高等教育个人收益率

高等教育个人收益率是影响学费标准的因素，这一观点在现实中存在操作上的技术障碍。高等教育个人收益率的计量只是反映了货币化了的经济收益，学生及家庭接受高等教育所获得的精神方面的满足却无法

---

① ［美］D. B. 约翰斯通：《高等教育财政：问题与出路》，沈红、李红桃译，人民教育出版社 2004 年版，第 57 页。

② 王善迈：《论高等教育的学费》，《北京师范大学学报》2000 年第 6 期。

③ 董亚楠：《用于地方高校学费分析 BP 神经网络数学模型方法研究》，《计算机科学》2014 年第 6 期。

进行计量。乔治·萨卡罗普洛斯（George Psacharopolous）对 1958—1978 年的数据分析表明，教育的个人收益率超过社会收益率，尤其在大学层次；教育投资的各种收益率都大大超过了 10% 的资本收益率的一般标准；发展中国家的教育投资的收益率比发达国家高。[1] 中国学者对中国的高等教育个人收益率进行了测算，得出个人的高等教育支出能为受教育者带来未来的收益；有限度地实行高等教育成本补偿和非义务教育阶段的收费政策，不会影响人们对高等教育的旺盛需求，反而对高等教育表现出较高的付费意愿。[2]

在做出高等学校学费制定标准的决策时，张小萍等认为，个人收益率的变化是一个很重要的影响因素。[3] 在高等教育服务的总价格中如何分割学费的比例，夏志强认为，应该研究学生及其家庭与社会及其经济组织从高等教育中获取收益的程度和水平，学生支付的学费就应与自己的私人收益程度和收益水平高度相关。[4] 查显友等认为，在财政投入一定的情况下，财政资金不仅应向高水平大学倾斜以提升其学科水平，还应兼顾一般高校，使其有条件降低相对的学费标准，并使学费水平在更大程度上反映教育收益率水平。[5] 当今，学生及家长在选择专业时，已经将将来的就业机会和就业以后的收入及发展作为考虑的重要因素。中国公办普通高等学校学费标准制定政策，虽然已经将个人收益率作为考虑的因素，但尚不够全面。

（五）高等教育财政政策

从世界各国的实际情况看，柴效武认为，不同的财政模式对学费高低的影响非常明显。[6] 地区的财政支付能力受其经济发展水平制约，政府用于高等教育经费的数量直接受其影响。曾道荣等指出，政府财

---

① George Psacharopolous, "Returns to Education: An Updated International", *Comparison Comparative Education*, No. 17, 1981, pp. 321 –341.

② 闵维方：《高等教育运行机制研究》，人民教育出版社 2002 年版，第 494 页。

③ 张小萍、谭章禄：《高等教育学费定价的国际比较研究》，《中国物价》2005 年第 7 期。

④ 夏志强：《高等教育学费的形成机制》，《财经科学》2005 年第 2 期。

⑤ 查显友、丁守海：《高等教育公平与学费政策选择》，《清华大学教育研究》2012 年第 1 期。

⑥ 柴效武：《高校学费制度研究》，经济管理出版社 2003 年版，第 118 页。

政支付能力越强，用于高等教育的经费越多，学费标准就越低；随着高校生均平均成本的上升，高等教育规模的扩大，政府的财政能力有限，学费标准将随居民收入的增加而呈上升趋势。①高等学校学生资助是学费政策的配套措施，于光辉从学生资助对学费的补充作用，反过来推论出建立一个完善的学生资助体系对家庭困难的学生进行及时必要的资助，是保证收费政策最终有助于教育机会均等的必要措施。②在现实实践中，高等教育服务价格的形成不是一个市场自发的过程；作为教育服务价格的一个重要组成部分——学费，牵动社会各方利益，更不完全是由市场自发形成和分割的；目前，高等学校的学费是由地方政府根据高校的办学成本和地方社会经济发展水平确定的，是一个地方政府定价行为。③ 依据混合官僚组织的产品定价模型，崔世泉认为，无论在何种定价方式下，政府对高等教育需求的增加都会导致学费水平的降低。④

四 有关高等学校学费政策实施效应的研究
（一）对教育公平的影响
高等学校学费政策对贫困家庭学生高等教育入学机会的公平、接受高等教育过程的公平、高等教育结果的公平一直是学者关注的重点。布鲁斯·约翰斯通在对成本分担合理性的分析中指出，政府、学生和家长分担高等教育成本的比重是学生高等教育入学机会公平的基础，公平被认为是影响它们的重要因素。⑤艾尔顿·约翰森（E. L. Johnson）1960年指出，提高高等学校的缴费标准，虽然有利于解决教育经费短缺问

---

① 曾道荣、张谛：《高等教育成本分担与学费政策问题》，《财经科学》2007 年第 11 期。
② 于光辉：《大学收费政策的实行与学生资助体系的完善》，《江苏高教》1999 年第 4 期。
③ 夏志强：《高等教育学费的形成机制》，《财经科学》2005 年第 2 期。
④ 崔世泉：《大学学费定价行为分析——基于尼斯坎南混合官僚模型的研究》，《现代教育管理》2014 年第 4 期。
⑤ Johnstone B.， "The US Higher Education System：Structure, Governance, and Finance" Retrieved on March 19, 2004（http：//www. gse. buffalo. edu/org/IntHigherEdFinance）；Vossensteyn H.， Cost-sharing and Understanding Student Choice：Developments in Western Europe and Australia. etrieved on June 2, 2004（http：//www. gse. buffalo. edu/org/IntHigherEdFinance）.

题，但是不利于实现教育公平性。[①] 斯蒂芬·豪耐克（S. A. Hoenack）、威廉·威尔（W. C. Weiler）、戴维·罗斯（D. C. Rose）和罗伯特·斯尔森（R. L. Sorensen）的实证研究发现，高学费高资助政策，在一般意义上有利于降低贫困生支付的净学费，但是在特定环境下，不利于贫困生入学。[②] 20 世纪 70 年代以前，美国中学毕业生接受高等教育的机会由州政府提供低学费的或免费的公立高等教育保证。[③] 美国的一些大学在收集竞争对手提供的学生资助的情况以后，增加了本校的助学金的额度，以吸引优秀学生入学。[④] 这对消除学费对高等教育入学机会的不利影响具有一定的促进作用。

原国家教委财务司 1993 年对 19 所高等学校进行调查的结果表明，约有 25% 的城市学生支付学费有困难，县镇学生有 30% 支付学费有困难，农村学生这一比例达到了 60%。[⑤]刘奕、张帆对各组（据《中国统计年鉴》分组标准）1997—2001 年的家庭年均收入、家庭必要支出、普通高校生均学费的分析表明，高等学校的学费水平已超过大多数居民的承受能力。[⑥] 刘风等对 1990—2001 年的学生人均学费、农村居民家庭人均纯收入、城镇居民人均可支配收入的分析得出，相对农村居民家庭人均纯收入（城镇居民人均可支配收入）的增长，学费的增长太快了，当时，中国高等学校的收费标准确实影响了教育的公平。[⑦] 2001 年，华中科技大学"高校收费与农村高中生升学意愿"课题组以江西省所有

---

① E. L. Johnson, "Is the Low-tuition Principle Outmoded?", *The Review of Economics and Statistics*, Vol. 32, No. 3, 1960.

② S. A. Hoenack & W. C. Weiler, "Cost-related Tuition Policies and University Enrollments", *Journal of Human Resources*, Vol. 10, No. 3, 1975; D. C. Rose & R. L. Sorensen, "High Tuition, Financial Aid and Cross-subsidization: Do Needy Students ReallyBenefit?", *Southern Economic Journal*, Vol. 59, No. 1, 1992.

③ Ronald G. Ehrenberg、Susan H., "What Price Diversity? The Death of Need-Based Financial Aid at Selective Private Colleges", *Change*, Vol. 25, No. 6, 1993.

④ Ben Gose, "Changes at Elite Colleges Fuel Intense Competion in Student Aid", *Chronicle of Higher Education*, No. 2, 1999.

⑤ 黄维：《论高等教育投资模式与管理的理论与实践》，《清华大学教育研究》2004 年第2 期。

⑥ 刘奕、张帆：《我国居民高等教育支付能力及学费政策的实证研究》，《中国软科学》2004 年第 2 期。

⑦ 刘风、王建中、李彤：《高等教育成本分担与教育公平》，《商业时代》2006 年第7 期。

在校农村高中生为总体进行了抽样调查。李志德、沈红对调查的数据分析得出，41%的2000届来自农村的高三年级学生，因为家庭负担不了上大学的费用而没有升学意愿。[①] 2003年，李慧勤调查研究得出，云南高校学生大部分来自农村，家庭收入较低，学费占家庭总收入的比例偏高，学生对目前收费标准的承受能力有限，家庭付费能力偏低，学费上涨，学生上学的可能性下降。[②] 2004年8月中旬，王一涛、夏守信通过对湖北省Y县22家农户深入访谈得出，当时的大学开支相对于农户收入而言确实高了。[③] 张麦花通过对中国高等学校学费的增长研究后指出，教育成本分担比例的过快转移使教育投资成为一种高风险投资，对贫困家庭来讲，还会使他们和他们的子女背上沉重的经济负担，陷入贫困的循环中。[④] 沈红提出，为了消除学费对不利人群高等教育机会的不利影响，应该对不利人群给予特别资助和助学贷款。[⑤] 曹淑江认为，中国普通本科院校尤其是研究型大学的学费标准偏低，这样的现状既无法体现出效率，也难以体现公平。[⑥]

（二）对资源配置的影响

学费的收取主要是解决高等教育经费的不足问题，增大高等教育的入学机会。近年来，世界上高等教育的成本已从主要由政府和纳税人负担迅速地转变为由家长和学生共同分担，公立高等教育大幅度缩减，而以收取学费为基础的私立高校相对得到发展。[⑦] 学生和家长决定负担高

---

① 李志德、沈红：《农村高中毕业生升学意愿的现状及其影响因素分析》（http://www.e21.cn/zhuanti/hbjylw/010.Html.）。

② 李慧勤：《高校学生家庭付费能力研究——以云南省为例》，《教育与经济》2004年第2期。

③ 王一涛、夏守信：《大学高收费约束下的农户高等教育选择——Y县22户农民的访谈》，《青年研究》2004年第12期。

④ 张麦花：《教育成本分担比例对贫困家庭子女求学的制约》，《辽宁教育研究》2006年第5期。

⑤ Hong Shen, Policy Study: Tuition and Fees in Higher Education and Special Aid to Disadvantaged Students · Proceedings of Internationa, *Conference of Economy in Education*, Beijing: Peking University Press, 2002.

⑥ 曹淑江：《我国高等教育成本与学费问题研究》，《中国高教研究》2014年第5期。

⑦ D. Bruce Johnstone and Preen Shroff-Mehta, Higher Education Finance and Accessibility: An International Comparative Examination of Tuition and Financial Assistance Policies. In Heather Eggins (ed). Globalization and Reformin Higher Education. London: *Society for Research into Higher Education*, No. 4, 2003.

等教育成本是美国庞大的、开放入学的、多元化的高等教育体系的保障之一。① 在供需矛盾已经基本解决的情况下，学生将选择教育质量高、学费低的学校，一些学校为了争取生源和吸引优秀的高中毕业生，将保持学费稳定或下调学费，这样就形成了学生与学校相互制约的市场机制。②以一系列假设为条件，李文利、魏新建立起高等教育需求与学费关系的函数，用1997年的数据进行了模拟后得出，虽然改革开放后中国高等教育规模有了很大发展，但由于免学费或低学费政策的实行及高等教育经济收益和非经济收益的吸引，在中国居民中仍然存在巨大的没有满足的高等教育需求。③ 杨蜀康对1997—2003年高等教育经费来源的数据进行分析得出，个人（家庭）对高等教育的支出正在逐年增长。④张小萍和谭章禄对1990—2003年相关数据分析得出，高等教育大众化为人们提供了更多的入学机会，开发了更大范围的智力资源，调动了更多人的积极性，实现了资源的有效配置。⑤

　　1999年，国家实施扩招措施的一个主要原因就是利用高等教育正确引导消费，扩大社会需求，带动经济增长，因此，中国高等学校的学费对居民消费的影响引起了学术界的关注。郝磊通过对1989—2003年学费额度的分析得出，高等教育收费水平过高，虽然会大幅度增加居民用于教育的消费，但是对于扩大整体国内消费需求可能适得其反；从近期来看，高等学校收费过高会对居民其他消费产生挤出效应；从中长期来看，高等学校收费过高会扩大贫富差距，从而抑制消费需求的增长。⑥潘海岚和尹慧君对1995年、2003年的学费数据分析得出，过高的高等教育收费对其他消费产生了较大的挤出效应；教育收费过高提高了

　　①　［美］D. B. 约翰斯通：《高等教育财政：问题与出路》，沈红、李红桃译，人民教育出版社2004年版，第57页。

　　②　杨金成：《韩国私立大学的学费政策评析》，《外国教育研究》2000年第12期。

　　③　李文利、魏新：《高等教育规模的扩大与合理的学费水平》，《教育发展研究》2000年第3期。

　　④　杨蜀康：《我国高等教育投资主体的增长空间分析》，《兰州大学学报》2007年第1期。

　　⑤　张小萍、谭章禄：《从效率角度看高等教育学费价格》，《价格理论与实践》2005年第5期。

　　⑥　郝磊：《高等教育收费与拉动消费关系的探讨》，《中国经贸导刊》2004年第17期。

居民的储蓄倾向，使教育储蓄增加额远大于收费拉动的消费额。[①] 杨开明对 2001—2004 年相关数据分析指出，由于实施高等教育收费而造成的农村资金流向城市、农业资金转为教育资金、贫困地区资金流向发达地区的现象，对农民、农业、农村都产生了极为不利的影响。[②] 何振波等认为，在新时期，理性回归的浙江省农科专业免学费政策，具有优化农科专业生源质量、缓解学生学费压力、促进基层农业人才培养等的积极作用。[③]

五　总体评述

人力资本理论指出高等教育具有投资的性质，这是世界各国加大高等教育投资的理论依据。高等教育准公共产品的属性为高等学校收费提供了理论依据。实践中，高等教育经费需求的增长来自两个方面，一方面是高等教育规模的扩张，另一方面是高等教育成本的增长。为了满足高等教育经费需求的增长，许多国家依据成本分担理论对高等教育财政进行了改革，取消免费的高等教育是改革的主要内容。学者们用学生大多数来自社会上层家庭为证据，来说明免费高等教育不利于促进高等教育的公平。在计划经济体制下，中国高等教育长期实行免费；在计划经济向市场经济转变的过程中，高等教育规模的扩张和高等教育财政经费的短缺，推动了高等教育学费政策的实施。

学者们对高等学校学费制定主体的争论说明，为了保证高等教育的公益性和提高高等教育的效率，高等学校学费的确立应该采用政府主导与市场调节相结合的方法。政府主导确立高等学校学费标准，主要是保证高等教育的社会收益；市场调节主要是保证高等教育的资源配置效率，避免造成无谓的损失。"利益获得原则"和"能力支付原则"保证了高等教育资源分配的公平和接受高等教育过程的公平，是制定高等学

---

① 潘海岚、尹慧君：《高等教育收费过高已经抑制居民消费》，《中国物价》2005 年第 5 期。

② 杨开明：《我国高等教育收费中的"农转非"问题及其对策》，《上海金融》2006 年第 10 期。

③ 何振波、缪鲁加：《浙江省农科专业免学费政策的考量》，《教育评论》2014 年第 9 期。

校学费标准的依据。"利益获得原则"强调受益各方对高等教育的投资与获益的大小成正比;"能力支付原则"强调受益各方对高等教育的投资与支付能力的大小成正比;两者对制定高等学校学费标准影响的程度,依据具体情况的不同而不同。"社会福利效应最大化"是考察学费标准的实施效果,是对学费标准合理性的检验标准。

高等教育成本、供给与需求、个人收益、财政能力,理论上是影响制定高等学校学费标准的因素。实践中,由于各国的政治、经济、文化、教育财政体制的不同,上述因素对学费标准的影响程度也不同。由于存在外部性(Externality)、垄断等扭曲因素,制定高等学校学费标准采用边际成本定价,不能达到资源的最优配置;采用平均成本定价,能够解决边际成本定价面临的亏损问题,但高等教育的平均成本却难以计量。根据"利益获得原则",可以对高等学校学费依据专业实行差别策略;根据"能力支付原则",可以对高等学校学费依据国民的收入水平实行差别策略。学者们的研究,为进一步研究制定高等学校学费标准建立了理论基础。

已有的研究为本书留下了进一步研究的空间。学者们对高校学费性质和制定原则没有根据不同的条件进行讨论,所得结论不是很全面。认为高校学费是高等教育服务价格,是对在完全竞争市场条件下学费性质的认识;认为高校学费是"成本分担",是对在政府价格管制条件下学费性质的认识。"价格说"的论述忽略了高等教育的正外部性,"成本分担说"对在完全竞争市场条件下学费的性质没有进行讨论。"价格说"提出的制定高校学费标准的原则是以市场效益为依据,忽略了高等教育的社会效益;"成本分担说"提出的制定高校学费标准的原则兼顾了高等教育的市场效益和社会效益,但是对实践中如何应用这两个原则没有进行很深入的讨论。

已有的研究只是对高校学费政策文本进行了简单梳理,没有从经济环境的转变、高等教育的发展来探讨高校学费政策演变的原因,所得结论缺乏深度。现有的研究没有深入分析高校学费制度变迁面临的困境,没有为制定高校学费标准政策提供可资借鉴的历史经验。受教育成本、高等教育收益和居民经济能力的影响,学费在地区之间、学校层次之间存在差异,现有的研究没有全面地对学费在地区之间、学校层次之间的差异进行分析，没能为政府对学费全面的调整提供依据。

学者们对学费与其影响因素的关系研究，较少采用统计分析的方法。已有的统计分析主要运用描述统计，使用的数据不全面，没有揭示高校学费与教育成本、经济发展水平和居民经济承受能力的相关关系。已有的研究，没有对学费存在的问题进行全面分析，没有探讨调整学费问题需要的条件。在此情况下，大多数研究的结论不能直接运用于制定学费政策中。

制定高校学费标准与一国的政治、经济、文化、教育体制相关，公平有效地实施学费政策还与一国的具体国情有关。学者们对高等教育成本做了较为深入的研究，为分析高等教育成本的现状奠定了基础。高校学费标准如何在社会效益和市场效益中进行平衡，表现为如何根据制定学费标准的边界条件确立学费标准。这是学者们热切关注但有待进一步深入研究的问题。根据高等教育的发展、国民经济的发展、国民收入的特征，合理地制定公办普通高等学校的学费标准，是有关高等教育健康发展、保证高等教育公平的重要问题。

第四节　小结

一　研究思路

本书首先运用公共产品理论对高等教育的产品属性进行辨析，对学费的性质进行理论探讨，对公办高校学费的功能与制定公办高校学费标准的政策目标进行论述。然后，以此为理论依据，分析新中国成立以后高校学费制度变迁的脉络、原因、困境及现状；探讨 2004—2008 年学费在地区之间、学校层次之间的差异及原因，学费对贫困生及其家庭的影响；分析高校学费存在的问题及解决的条件。利用高等教育规模、财政性教育经费、高等教育收益、国民收入的相关指标，分析制定高校学费标准边界条件的变化趋势。最后，在上述研究的基础上，对公办高校学费标准的调整方向及幅度进行探讨，提出实现学费标准调整的途径及保障措施。对 2009—2015 年公办高校学费标准的调整进行了评价，对高校学费标准调整的政策进行了展望。

二　研究方法

本书运用了规范分析和实证分析的研究方法。本书分析公办高校学费属性，归纳总结制定高校学费标准的政策目标，确立调整高校学费标准的原则。同时，本书还分析了高校学费制度变迁的原因及困境、高校学费状况及原因、贫困学生家庭受学费的影响、制定高校学费标准边界条件的变化趋势。在研究中，具体的研究方法如下。

（一）文献研究

对研究高校学费的文献进行阅读、整理、归纳和分析，根据已有研究取得的成果和存在的缺陷，确立本书研究的问题和方法。在关于学费性质研究成果的基础上，分析已有研究的结论存在的问题，提出本书的观点。对新中国成立后高校学费政策文本、经济体制改革的文献和高等教育改革的文献进行梳理，探求高校学费制度变迁的原因及困境。

（二）调查研究

2007 年 9 月，全国教育科学"十五"规划重点课题——"高等学校学生贷款制度实施效益的国际比较"课题组，对全国获得助学贷款的学生实施抽样调查，笔者参与了调查问卷的编制与发放。问卷是按地区、学校层次和类型分层抽样，有效问卷为 71818 份。此项研究由华中科技大学学生资助研究中心承担。征得课题负责人沈红教授同意，本书运用与本书主题相关的数据进行研究。问卷中与本书相关的问题为贫困学生家庭学费承受能力。

（三）计量研究

本书对高校学费、影响学费的因素、学生家庭学费承受能力进行描述统计分析，探求各变量的状况。对高校学费与其影响因素进行多元回归分析，探求学费状况形成的原因。对学费占学生家庭总收入的比例与学生家庭对学费的承受能力进行相关分析，探讨二者的对应关系。依据调整学费标准的方法，对学费标准调整的幅度进行测算。

第二章　制定公办高校学费标准的
理论基础

　　现实的需要，理论的推动，使高校收取学费成为世界的主流趋势。学者们对高校学费的属性，制定学费标准的主体、原则、方法的争论，对制定高校学费标准的影响因素和高校学费政策实施效应的研究，为研究制定公办高校学费标准奠定了基础。在学者们研究的基础上，笔者认为，把握高校学费的内涵，了解公办高校学费的本质属性和功能属性，明晰制定公办高校学费标准的政策目标，是制定公办高校学费标准需要阐明的理论问题。

第一节　高校学费的含义

　　学费反映了教育实践活动中主体之间的支付关系，因此，对高校学费内涵的把握，要在高等教育学费的产生与发展中去领会。学费是中世纪大学办学经费的主要来源之一；支付所聘用教师的薪水是中世纪大学的主要花费，在"学生大学"，这笔费用起初是由学生集资而筹集的，而教会所办大学则主要由教会出资；13 世纪之后，社会物质财富有了一定的积累，城市当局看到大学能够为其带来益处，每个城市对本市大学的成就开始重视，并为了留住一些教授而出资。[①] 由此可见，中世纪大学的学费起初是学生因接受高深知识的教育而支付给教师的费用，数量上等于学习的全部费用；随着高等教育社会效益的显现，政府开始对

---

　　① 宋文：《欧洲中世纪大学：历史描述与分析》，博士学位论文，华中科技大学，2005年，第21页。

高等教育投资，学费变为学习费用的一部分。

　　德国大学源于欧洲的中世纪大学，德国高等学校的举办和监督权完全归属于国家，2006 年以前，各州和联邦政府负责对高校进行财政投入，学生作为平等受教育权的享受者，则无须参与高等教育成本的投入活动。① 2006 年以后，德国部分州的高等教育机构开始收费；2008 年，在德国 16 个联邦州中，已有 7 个州的高等教育机构开始征收学费，2 个州向超过规定学习年限的大学生征收"超时费"；各州有权制定各自的大学学费征收政策，各州对学费的使用范围也做了相应规定。② 英国的高等教育在 20 世纪 60—80 年代这一阶段对学生全额补助；1988 年开始实行补助与贷款相结合；1998 年开始只提供贷款，取消补助并收取部分学费；2006 年起学费快速上涨。③ 英格兰 2004 年通过的高等教育法案改变了对本国大学生收费的原则，允许不同学校、不同学科可以收取不同的学费。④ 近代，法国的公立高校一直实行普通大学和大学校两种不同的收费体制；公立高校、大学校可以与注册费同时收取高低不等的学费，普通大学只能按照国家规定收取经过教育行政部门核定的注册费，而不能额外收取学费。⑤ 1992 年，俄罗斯教育法允许私立机构收取全额培养成本，并允许公立机构在公费生之外招收自费生；俄罗斯大学学费相差巨大，学费标准主要取决于各专业的市场价值，尤其取决于高等教育机构的声誉。⑥

　　美国、加拿大、日本、印度、韩国、菲律宾，以及一些讲英语的非洲国家，公立高等教育都采取了适度的收费政策。⑦ 美国公立高等教育

---

　　① 周丽华、胡劲松：《德国高等教育收费改革思路简析》，《比较教育研究》1998 年第 2 期。

　　② 孙岩：《德国大学新问题，收来学费怎么花》，《中国教育报》2008 年 10 月 28 日。

　　③ 上官剑、郑浩：《欧洲高等教育收费及资助政策比较研究——以欧洲九国为例》，《江西教育科研》2006 年第 12 期。

　　④ ［英］Geraint Johne：《高等教育定价：2004 年英格兰高等教育法案对大学的政策意义》，杜育红、周雪飞译，《教育与经济》2005 年第 2 期。

　　⑤ 杨玲：《中法公办高校收费与成本分担的比较和反思》，《教育与经济》2007 年第 2 期。

　　⑥ 何雪莲：《千呼万唤始出来：俄罗斯大学生资助系统一瞥》，《比较教育研究》2006 年第 5 期。

　　⑦ ［美］D. B. 约翰斯通：《高等教育财政：问题与出路》，沈红、李红桃译，人民教育出版社 2004 年版，第 33 页。

的经费虽然主要依靠政府拨款，但是在一定程度上也依赖学费的收入，而私立高等院校的经费主要依靠学费。[①] 就高等教育财政而言，日本高等教育的结构是由国家财政支撑的国立大学和主要依靠学费收入的私立大学组成的双重结构。[②] 韩国国立大学经常费的 40% 由学生家长负担，私立大学的经常费基本上全部由学生家长负担。[③] 在 2003 年以前，埃塞俄比亚的公立高等教育都是免费的；2003 年以后，埃塞俄比亚高校学生需承担学习期间的全部食宿费用和 15% 的学费，在毕业一年后以"毕业税"的形式缴纳。[④]

在中国清末，各大学堂学费政策多以官费为主，大学堂在社会立足之后，则开始收取部分膳食费用及一些杂费，称为"学费"。[⑤] 民国时期，高等学校均收取学费，在学费额度方面，国立与公立高校学费较低，私立高校学费较高。[⑥] 新中国成立后，私立高校被取消，公办高校实行免学费加人民助学金制。1985 年，《中共中央关于教育体制改革的决定》明确提出，国家计划外招收的自费生应缴纳一定数量的培养费。1989 年，新入学的本、专科生开始实行收取学杂费制度。1996 年，原国家教委、国家计委、财政部颁布了《高等学校收费管理暂行办法》。1997 年，中国高等学校收费全面并轨。中国目前的大部分民办高校靠学费支撑办学，个人及家庭缴纳的学费几乎是学校的唯一经费来源。[⑦]

纵观高校学费的产生与发展以及不同阶段各个国家高校学费的标准可以看出，中世纪初，学费为学生支付给教师的工资。当高等教育的社会效益逐渐显现以后，政府开始负担高等教育的成本。随着高等教育的发展，主要由政府负担高等教育成本的状况迅速地转变。高等教育受益各方共同地分担高等教育成本，成为世界发展的主流趋势，学费为学生

---

① 王志强：《美国公办高校收费政策变化及对中国的启示》，《世界教育信息》2007 年第 12 期。

② 段治平、周传爱、史向东：《国内外高校收费比较与借鉴——以美国、德国、日本为例》，《价格理论与实践》2006 年第 1 期。

③ 杨金成：《韩国私立大学的学费政策评析》，《外国教育研究》2000 年第 6 期。

④ 陈明昆：《埃塞俄比亚高等教育"成本分担"制研究》，《比较教育研究》2007 年第 12 期。

⑤ 王康平：《高校学费政策的理论与实践》，厦门大学出版社 2001 年版，第 53 页。

⑥ 同上书，第 61 页。

⑦ 刘兰平：《民办高等教育成本分担主体的比较研究》，《高教探索》2005 年第 1 期。

支付给学校的费用。不同时期，国家的高等教育财政体制不同，社会对高等教育收益的受益主体认识不同，导致学费标准也不同。公办高校公费生的学费是教育成本的一部分，自费生的学费一般高于教育成本。民办高校的学费标准小于、等于或者高于教育成本。

第二节　公办高校学费的属性

依据人力资本理论，高等教育能提高人力资本，投资高等教育可以给社会和个人带来收益。依据公共产品理论，高等教育部分具有公共产品属性和私人产品属性，具有很强的正外部性。在完全竞争市场条件下，学费的本质为高等教育服务的价值。公办高校为政府因市场失灵而提供高等教育的机构，其学费由社会的偏好、供给与需求决定，为政府管制下的价格。

一　高等教育的产品属性

（一）高等教育投资是人力资本投资

人力资本是指为改进劳动者素质或工作质量，人们在保健、教育、培训等方面进行时间和货币投资所形成的资本，是凝结在行为主体身上的体力、健康、经验、知识和技能方面的能力，可以在经济活动中给行为主体及其所属的社会带来收益。[1] 由上述定义可知，人力资本以物质资本观为基础，由凝结在劳动者身上的知识、技能及其所表现出来的能力构成，能够促进经济的增长，具有经济价值。人力资本相对于物质资本有其自身的特征，其表现为人力资本与物质资本相对应，其存在于人体之中，所有权不能被转让，不能被当作财富来继承和买卖；人力资本受人的年龄、体力、精力、个人偏好的影响和约束。[2]

人力资源为一切资源中最主要的资源，根据本身具有的人力资本，其可以分为不同的人力类型，不同的人力带来的产出与其人力资本高低

---

[1]　刘志民：《教育经济学》，北京大学出版社 2007 年版，第 111 页。

[2]　杨克瑞、谢作诗：《教育经济学新论》，人民出版社 2007 年版，第 35 页；靳希斌：《教育经济学》，人民教育出版社 2001 年版，第 60 页。

的程度正相关。因此，人力资本的再生产不仅仅是一种消费，也是一种投资。人力资本投资与国民收入正相关，人力资本的增长速度比物质资本的增长速度快。当人力资本投资收益率高于物质资本投资收益率时，资本投资的重点应该逐渐由物质资本转向人力资本。当今，人力资本投资成为经济发展不可缺少的生产性投资，人力资本对经济增长的作用大于物质资本的作用。

提高人口质量为人力资本投资的核心，教育是提高人力资本最主要的手段，人力资本投资可以视为教育投资。作为教育的一个组成部分，高等教育培养高级专业性人才、高级研究性人才，对个人和社会的发展具有重要的作用。通过传授知识和方法给受教育者，高等教育提高受教育者的创造力，从而促进知识创新、技术创新。劳动者通过接受高等教育，成为一个能从事专门复杂劳动的脑力劳动者，提高了自身的劳动价值和劳动效率。劳动者的劳动价值和劳动效率的提高，给个人和社会带来经济的和非经济的收益。因此，接受高等教育是一种投资。

受教育者通过接受高等教育，使自己的知识、技能、创造力等无形的内在因素得到提高，这些因素的提高需要通过实践活动才得以显现，其效用将在长期内发挥作用。在高等教育接受者的实践活动中，高等教育的内在价值和收益才能逐步实现。高等教育的内在价值和收益，一方面，是受教育者直接生产能力的提高和人生态度的改变，另一方面，是其周围人的生产能力和其他品质的提高。由此可见，高等教育投资能够给社会其他成员带来益处，其效应需要在实践活动中才能体现，且长期有效。测算高等教育投资收益的重要指标是高等教育投资收益率。不同的地区和国家、不同的受教育年限，高等教育投资收益率不同。高等教育投资收益率的基本特征表现为发展中国家的高等教育投资收益率一般比较高，高等教育投资收益率一般与国家发展水平成反比例关系。①

（二）高等教育是正外部性很强的混合产品

根据产品受益范围的差别，社会产品可分为私人产品、公共产品和混合产品（Mixed Goods）。私人产品是具有竞争性的物品和服务，它们

---

① 杨克瑞、谢作诗：《教育经济学新论》，人民出版社2007年版，第35页。

一旦被某个人消费，其他人就不可能再消费和从中获得效用。① 公共产品是指将该商品的效用扩展于他人的成本为零；无法排除他人参与共享。② 公共产品具有消费的非竞争性（Non-rivalness），即某一个人对公共产品的享用，不排斥、不妨碍其他人同时享用，也不会因此而减少其他人享用该种公共产品的数量或质量。公共产品还具有受益的非排他性（Non-excludability），即在技术上没有办法将拒绝为之付款的个人排除在公共产品的受益范围之外，或者说，要阻止人们对公共产品的消费所耗费的成本为无限大。混合产品是指不完全具有纯公共产品或纯私人产品的性质，又在一定程度上或多或少具有这两种物品性质的物品和服务。③

高等教育是混合产品，在高等教育接受者达到一定规模之前，高等教育服务不具有竞争性，在超过一定规模之后，高等教育就具有竞争性。高等教育服务在消费上具有一定的竞争性，当一所学校的学额还不满时，增加一个学生的边际成本为零，一个学生对教育服务的消费不影响另一个学生消费，当一所学校的学额已满时，增加一个学生的边际成本为正，这时，学生对教育服务的消费就具有竞争性。④ 高等教育不是完全没有排他性的，一些人享用了高等教育服务之后，就会减少另一些人对高等教育服务的享用。⑤ 高等教育服务在技术上可以实现排他，且排他成本不高。高等教育的直接消费效用是受教育者在接受教育后知识、能力的增长，品行和价值观念的养成等，从直接消费看，高等教育具有竞争性和排他性，高等教育的直接消费具有私人产品的性质。⑥

外部性（或溢出效应）指的是企业或个人向市场之外的其他人所强加的成本或效益。⑦ 高等教育的间接消费效用，是由知识、能力的增长

---

① 毛程连：《中高级公共经济学》，复旦大学出版社 2006 年版，第 94 页。
② ［美］保罗·萨缪尔森、威廉·诺德豪斯：《宏观经济学》，萧琛等译，人民邮电出版社 2006 年版，第 48 页。
③ 毛程连：《中高级公共经济学》，复旦大学出版社 2006 年版，第 115 页。
④ 王善迈：《关于教育产业化的讨论》，《北京师范大学学报》2000 年第 1 期。
⑤ 厉以宁：《关于教育产品的性质和对教育经营的若干思考》，《教育科学研究》1999 年第 3 期。
⑥ 袁连生：《论教育的产品属性、学校的市场化运作及教育市场化》，《教育与经济》2003 年第 1 期。
⑦ ［美］保罗·萨缪尔森、威廉·诺德豪斯：《宏观经济学》，萧琛等译，人民邮电出版社 2006 年版，第 47 页。

及良好的品行、价值观等内部产生的，它提高了受教育者的生产能力、创造能力和文明程度，使受教育者在劳动力市场和社会活动中获得更高的收入和地位，促进了社会经济增长、社会发展和谐。[①] 高等教育间接消费具有部分的非竞争性和非排他性。[②] 因此，高等教育具有正外部性（Positive Externalities）。当外部性存在时，社会边际效益或社会边际成本与私人边际效益或私人边际成本之间存在着非一致性。高等教育的社会边际效益大于私人边际效益，导致高等教育服务在市场机制下供给不足。高等教育的正外部性导致的资源配置不合理和效率损失可以通过政府管制、法律手段、政府补贴矫正。

私人产品帕累托最优的实现条件是边际收益等于边际成本，公共产品帕累托最优的实现条件是社会边际成本等于社会边际收益。公共产品有效供给的机制必须借助政府力量才能建立起来，提供公共产品的融资方式主要依靠政府的强制性征税。高等教育效益可以定价，为了防止过度拥挤，可以通过收取费用实现排他；但其生产和消费会产生正外部效应。因此，当高等教育由私人部门通过市场提供时，政府财政必须给予补贴；当高等教育由政府部门直接出资经营时，也要部分利用市场的价格机制。

二 公办高校学费的性质

（一）在完全竞争市场条件下学费是高等教育的价格

高等教育为学生个人所带来的利益之价值，由其未来的收入和未来各种非货币性的满足来构成。[③] 高等教育的社会收益则是个人收益和其他（本人不能获得的）收益的总和。[④] 通过接受高等教育，受教育者提高了个人的人力资本。个人人力资本的提高，能够增加个人收益。据

---

① 袁连生：《论教育的产品属性、学校的市场化运作及教育市场化》，《教育与经济》2003 年第 1 期。

② ［美］詹姆斯·M. 布坎南：《公共财政》，中国财政经济出版社 1991 年版，第 28—40 页。

③ ［美］西奥多·W. 舒尔茨：《论人力资本投资》，吴珠华译，北京经济学院出版社 1990 年版，第 93 页。

④ ［美］E. 柯恩：《教育经济学》，王玉昆、陈国良、李超译，华东师范大学出版社 1989 年版，第 32 页。

此，高等教育服务具有使用价值。在完全竞争的市场机制下，学费反映了高等教育提供者与接受者就高等教育服务的交换关系。高等教育机构的教学人员、管理人员、辅助人员的社会必要劳动时间决定了高等教育服务的价值。高等教育服务的接受者支付的学费反映了高等教育个人收益所对应的高等教育机构所提供服务的价值。根据马克思的价格理论，高等教育的学费是高等教育服务的价格，围绕着个人收益所对应的高等教育服务的价值波动。

西方的价格理论认为，价格是商品、服务或资产的货币花费。在市场机制下，受教育者接受教育服务，需向教育提供者支付学费。因此，学费是教育服务的货币花费，是教育服务的价格。产权是界定人们如何受益及如何受损，因而谁必须向谁提供补偿以使他修正人们所采取的行动。① 教育产权是参与教育活动的组织和个人，围绕教育财产而形成的一组权利关系；教育财产包括有形的教育财产和无形的教育财产。② 高等教育的提供者放弃高等教育全部或部分产权，需要高等教育接受者支付学费来补偿；高等教育接受者获得相应的高等教育产权，需要支付学费作为代价和条件。据此，根据广义的价格理论，学费的本质是凝结在高等教育服务中的产权权益的货币表现。

（二）公办高校学费是混合公共部门的价格

高等教育的外部收益是指高等教育收益中不能由本人获得的收益。高等教育的外部收益使高等教育具有正外部性，是导致高等教育市场失灵的根本原因。高等教育的外部收益不具有竞争性和排他性，是纯公共产品，其成本应该由政府承担。高等教育服务的权益被多个接受高等教育的人共同拥有，个人不能拥有完整的教育产权。高等教育服务的提供者拥有的产权不可转让，高等教育接受者的受教育权不可让渡。高等教育产权的不完全性导致高等教育个人意愿支付不足，需要政府的资助。因此，高等教育部分具有公共产品属性和极强的正外部性，是政府直接提供高等教育的重要依据。

---

① ［美］H. 德姆赛茨：《关于产权的理论》，载陈昕《财产权利与制度变迁》，上海三联书店、上海人民出版社 1994 年版，第 97 页。

② 徐文：《教育产权论》，湖北人民出版社 2007 年版，第 68 页。

高等教育具有部分的私人产品属性，为公办高校收费的依据。公办高校是政府出资设立的提供高等教育的社会机构，高等教育的混合产品属性决定了其是混合公共部门，公办高校学费具有混合公共部门价格的特征。作为非营利组织的高等教育机构价格的形成，具有交易标的的无形性、产权的准公共性、产权的不完全性。[①] 混合公共部门价格的决定机制，既要考虑市场效益因素，也要考虑社会效益和公平因素。[②]因此，混合公共部门的价格不同于市场的价格，具有准价格属性。高等教育的外部收益导致在市场价格机制下，高等教育的供给不足，稀缺的高等教育资源价格偏高，社会收益受损。因此，公办高校的学费标准需要政府进行干预，政府可以采用价格补贴或者价格管制进行干预。对公办高校学费标准，政府可以直接制定，或者进行价格限制。政府对公办高校的补贴额度，由高等教育的社会收益决定。当补贴的边际成本等于社会的边际收益时，其为最优。因此，公办高校学费不是由高等教育的供给与需求的均衡决定的，而是由社会的偏好、供给与需求决定的，是政府管制下的价格。

第三节　公办高校学费的功能

公办高校学费的本质属性，决定了学费的功能与完全竞争市场机制下价格的功能有相同之处，同时又具有自身的特征。依据社会效益，公办高校学费对高等教育成本为部分补偿，其补偿程度受多种因素的影响。依据市场效益，公办高校学费为个人对高等教育的投资，能够为个人和社会带来收益。总体上，公办高校学费主要依据政策的价值取向对资源进行调控，同时在一定程度上依据市场供给与需求对资源进行配置。

一　成本补偿
为了保证高等教育机构维持简单的再运转，高等教育成本需从高等

---

① 丁美东：《非营利组织及其价格机制研究》，中国财政经济出版社 2004 年版，第120—125 页。

② 刘小玄、赵龙：《论公共部门合理边界的决定——兼论混合公共部门的价格形成机制》，《经济研究》2007 年第 3 期。

教育服务收入中得到补偿，学费具有成本补偿的功能。高等教育成本成为高等教育机构维持简单再运转的补偿尺度，在招生数量和学费不变的条件下，高等教育成本水平的高低制约着高等教育机构的生存，制约着高等教育机构扩大规模的可能性。公办高校没有利润的约束，所得的收入只需满足收支平衡。公办高等教育服务成本的一部分由学费补偿，学费小于高等教育成本。制定公办高校学费的标准受高等教育成本的约束，是学费具有成本补偿功能的表现。

公办高校学费对高等教育成本的补偿受多方面的影响。公办高校学费对高等教育成本补偿的程度与社会对高等教育外部收益的评价值负相关。为了保障高等教育的公平和高等教育社会阶层流动的功能，公办高校学费对高等教育成本补偿的程度受国民支付能力的约束。依据高等教育的外部收益，政府对公办高校进行补贴的程度受财政能力的约束。当政府财政能力不足、国民支付能力较弱时，公办高等教育的规模就会很小，学费对高等教育成本的补偿功能不强。当政府财政资源丰富、国民支付能力很强时，公办高等教育的规模就会很大，学费对高等教育的成本补偿功能较强。公办高校学费对高等教育成本补偿的程度还受到传统文化、国民心理承受能力的影响。

二　人力资本投资

对高等教育的投入可以提高人力自身的生产效率，高等教育形成的人力资本的增加可以提高其他生产要素的生产效率，从而提高整个生产过程的生产效率。[1] 学费对人力资本的投资体现在两方面：一方面，个人通过付费，接受了高等教育，增强了自身的智力素质和劳动技能；另一方面，个人将资源以货币的形式投资于高等教育部门，使高等教育人力资本得以提高。完全竞争市场机制下，个人为获得高等教育服务和高等教育产权权益需支付学费，学费为个人获得高等教育收益的货币成本。公办高等教育对人力资本生产的货币资本由学费和政府的补贴构成。社会对公办高等教育产生外部收益的评价，影响学费占人力资本的投资比例。对于学生个体，公办高校学费为个人获得人力资本增长所对

---

① 刘志民：《教育经济学》，北京大学出版社 2007 年版，第 137 页。

应成本的一部分；对于学生整体，公办高校学费为整个社会人力资本生产成本的一部分。

三　资源配置

在完全竞争的市场机制下，学费具有对资源的配置功能。学费通过其价格变化对高等教育供给与需求进行调节，一方面，将资源在高等教育机构和非高等教育机构进行配置，另一方面，将资源在高等教育机构内部进行配置。公办高校以社会公益为重，公办高校学费在一定程度上具有市场配置资源功能的同时，更多的体现政府对资源的调配功能。公办高校学费对资源的配置首先是将资源在公办高校和其他部门之间进行转移；其次是将资源在公办高校之间和内部进行转移。公办高校学费对资源的配置，不同于市场价格对资源的配置。根据高等教育的社会效益，政府利用补贴、价格管制或配给制，对公办高等教育供给进行调控。当某类高等教育外部效益极大而个人需求不足时，此类公办高等教育学费下降，但是此类公办高等教育供给不会下降，学费下降导致的亏损由政府给予补贴。当某类高等教育外部效益不大而个人需求旺盛时，学费标准会提高，削减出现的拥挤效应。但是同时，政府会对其进行价格管制或实行配给制，此类公办高等教育的学费不会按市场价格机制下的幅度上涨，此类公办高等教育供给也不会大幅度增加。

四　信息传递

在完全竞争的市场机制下，学费随着高等教育供求的变化而涨落，为高等教育提供者和接受者提供高等教育供给与需求的信息；学费是反映高等教育供给与需求的信号机。作为政府管制的价格，公办高校学费具有一定程度的市场信息传递的功能，但其主要反映政府的政策价值取向。公共政策的价值取向是对政策系统行为的选择，即对社会资源的提取和分配以及对行为管制的选择。[①] 政府的高等教育政策价值取向，以社会对高等教育外部收益的偏好为基础，所以，公办高校学费在一定程度上体现社会对高等教育外部收益的偏好。公办高校学费对高等教育政

---

① 陈振明:《政策科学》，中国人民大学出版社 1998 年版，第 59 页。

策的传递功能，一方面体现为传递社会对高等教育整体外部收益的价值判断；另一方面体现为传递社会对某类高等教育外部收益的价值判断。具体来说，当社会认为（某类）高等教育外部收益极大时，（此类）公办高等教育就会免费或者学费较低；（此类）公办高等教育的免费或者较低的学费，体现了社会对高等教育外部收益的价值判断。

第四节　制定公办高校学费标准的政策目标

私人产品的价格，由市场供求的均衡决定。纯公共产品的价格，由政府税收收入和相应的成本支出决定。公办高校学费的属性决定其标准既要有益于市场效益又要有益于社会效益。依据公共部门的首要目标为社会福利最大化，公办高校学费标准首先要有益于社会效益。不同的专业具有不同的社会效益和市场效益，社会效益高的专业的学费标准相对要低，市场效益高的专业的学费标准相对要高。当社会效益和市场效益发生冲突时，公办高校学费标准以遵循社会效益为准。不同条件下，学费的属性和功能表现不同。判断公办高校学费标准的合理性，要基于学费标准在社会偏好、国民经济、高等教育规模、国民支付能力等条件下对政策目标的实现情况。实践中，制定公办高校学费标准有以下具体政策目标。

一　保障高等教育的有效供给

高等教育能够使个人获得收益，政府以税收方式资助高等教育，实际上导致了收入的再分配效应，并且，由于社会资源是有限的，政府可调度的资源更为有限，政府不可能以有限的资源完全满足社会对高等教育的需求，公办高校对高等教育的提供需要考虑市场效益。学费标准要平衡政府和市场对社会资源在高等教育中的配置。合理地制定学费标准，能够较为精确地反映受益的直接性，较充分地揭示社会偏好，消除高等教育成本分担不公平的现象，促进高等教育的有效供给，避免高等教育资源扭曲性配置。实践中，公办高校的学费标准要合理地满足对高等教育成本的补偿，弥补教育财政的不足，扩大高等教育的规模和提高高等教育的质量。同时，公办高校的学费标准要体现受益者原则，适度显示高等教育接受者对高等教育需求的偏好。

二　平衡个人和社会的净收益

在不同经济体制下和不同社会发展时期，高等教育具有的公共产品属性和私人产品属性的程度不同，高等教育的间接受益者和直接受益者分担高等教育成本的比例也需要随之改变。各个时期，为了让各利益主体对高等教育成本分担的比例保持在一个合理的水平，公办高校的学费标准需要平衡高等教育的个人收益率和社会收益率。为了避免出现高等教育个人需求压制高等教育社会需求的不合理局面，需要调节高等教育的供给，调节高等教育的个人需求和社会需求。学费标准对高等教育个人收益率的调节，能够避免出现高等教育个人预期效益过高的现象，使高等教育个人需求与供给之间形成均衡的局面。在高等教育成本不变的情况下，学费标准对高等教育个人收益率的调节，也是对高等教育社会收益率的调节。这样会避免造成高等教育实际供给不足的情况，使社会需求得不到满足，从而降低社会效益。

三　维护高等教育机会公平

高等教育公平为社会效益的重要内涵，制定公办高校学费标准需要维护高等教育机会公平。"公平"（Fairness/Equity）的概念与"公正"或"正义"（Justice）的概念较为接近，与平等或均等却并不完全对等。公正、正义是指用于社会制度时的"道德"或"正当"，其对象或者说主题是社会的基本结构，即用来分配公民的基本权利和义务，划分由社会合作产生的利益和负担的主要制度。①社会各方选择有两个原则，第一个原则是平等自由的原则，第二个原则是机会的公正平等原则和差别原则。② 平等地分配高等教育各种基本权利和义务，尽量平等地分配高等教育的收益和成本，各种有利于个人发展的高等教育机会平等地向所有人开放，只允许给最少受惠者带来补偿利益的不平等分配，是两个原

---

①　何怀宏：《公平的正义：解读罗尔斯〈正义论〉》，山东人民出版社 2002 年版，第 43 页。

②　同上书，第 16—17 页。

则在高等教育中的内涵。依据高等教育公平的内涵，学费标准要保证不同性别、种族、地区、社会阶级的青年，只要其能力相同，就有相等的机会接受高等教育。高等教育作为客观存在的社会现象，本身不具有公平的价值内涵，当人们将其作为评价的对象依据一定的标准对其进行价值评判时，高等教育公平才有意义。因此，学费标准对高等教育机会公平的维护，不同时期具有不同的表现形式。

四　激发高等教育机构的活力

高等教育的健康发展，一定程度上需要市场竞争机制的参与。作为调节高等教育供给与需求的有效杠杆，学费能够促进高等教育机构的活力，据此，制定公办高校学费标准，需要将促进高校内部竞争和外部竞争作为政策目标。当今，公办高校的学费标准在维持高等教育精英性的同时，需要在一定程度上分层分类地体现高等教育的市场竞争性。实践中，为了促进高校有效地利用资源，提高高等教育的服务质量，满足高等教育的社会需求和市场需求，制定公办高校的学费标准需要将高等教育的成本、质量、声誉作为参考因素。民办高等教育是公办高等教育有力的竞争对手或者说是其有益的补充，受到税收资助的公办高校的学费标准需要有利于促进民办高等教育的活力，创造一个适度有序的高等教育竞争局面，促进高等教育整体的健康发展。

第五节　小结

高等教育兼有公共产品属性和私人产品属性，其效益可以定价，也可以通过收取费用实现排他性。学费为受教育者向教育提供者支付的费用。随着社会的发展和高等教育的发展，学费由学生支付给教师的工资演变为学生支付给学校的费用。受高等教育财政体制和社会对高等教育收益的受益主体认识的影响，学费标准与教育成本的大小关系不同。

第一，在完全竞争的市场机制条件下，高校学费围绕着个人收益所对应的高等教育服务的价值波动，为凝结在高等教育服务中的产权权益的货币表现。为了避免市场失灵，政府直接提供高等教育。高等教育的混合产品属性决定了公办高校为混合公共部门，公办高校学费由社会的偏好、供给与需求决定，为政府管制下的价格。

第二，在完全竞争的市场机制条件下，学费为高等教育机构维持简单再运转的补偿尺度，为个人高等教育的直接成本，具有成本补偿和人力资本投资的功能；学费调节高等教育的供给与需求，反映高等教育供给与需求的信息，具有对资源的配置功能和信息的传递功能。公办高校学费对高等教育成本的补偿，受到社会对高等教育外部收益的评价、国民支付能力、财政能力、传统文化、国民心理承受能力的影响。公办高校学费的资源配置功能和信息传递功能更多地体现政府对资源的调配和政策的价值取向。

第三，制定高校学费标准需要考虑充分实现学费的功能，避免高等教育资源扭曲性配置。制定公办高校学费标准，需要适度显示高等教育接受者需求的偏好，合理补偿高等教育成本，平衡高等教育的个人收益率和社会收益率。依据社会效益，制定公办高校学费标准需要维护高等教育机会公平。依据市场效益，制定公办高校学费标准需要促进公办高校的内部竞争和外部竞争，创造一个适度有序的高等教育竞争局面。

第三章　公办高校学费制度的变迁

公办高校学费的本质属性决定了其具有的功能，制定公办高校学费标准需要考虑充分发挥学费的功能。实践中，公办高校学费的收取和其标准的制定，受到政治、经济和高等教育政策的影响。社会对高等教育收益的评价、经济体制、高等教育需求、高等教育的发展，都会影响公办高校的学费政策。公办高校学费制度变迁的脉络、原因、方式及困境，可以为当今制定学费标准提供借鉴。

第一节　公办高校学费制度变迁的脉络

中国公办高校学费制度可以划分为三个阶段：第一个阶段为实行学生全部免费并补助生活费；第二个阶段为实行公费生免费而自费生收取学费；第三个阶段为取消公费生与自费生的区别，全部学生按统一标准收费。从整体上看，学费的"双轨制"为免费到全面收取学费的过渡。每一个阶段，不同时期的学费政策都存在差别。第一个阶段，不同时期学费政策的差别主要是享受助学金对象的变化。收取学费的两个阶段，都是在经过试点以后，才全面展开的。

一　免费时期

（一）免费加全部学生享受助学金

新中国成立初期，高校以收学费为主，部分实行公费制，公费制的主要内容是免学费，补助基本生活费。[①] 这个时期，各个高校根据各自

---

① 王康平：《高校学费政策的理论与实践》，厦门大学出版社 2001 年版，第 63 页。

的实际情况，建立了各具特色的学费政策和资助政策。原来收费的高校继续收取学费；老解放区的学校继续实行供给制；部分高校开始实行人民助学金制。各高校都对工农干部、烈士子女、家庭经济困难的学生给予了一定的照顾。华北高等教育委员会于 1949 年 10 月 1 日做出的《关于人民助学金评定工作的决定》提出，高校建立固定的人民助学金评定工作的组织；评定工作要实事求是，一切从人民政府及党的政策出发，反对单纯的经济观点、任务观点及平均主义的思想等八项要求。[①] 1950 年 3 月 23 日，教育部颁布了《华北区国立高等学校学生人民助学金暂行条例》。[②] 1950 年 6 月 16 日，教育部颁布了《关于各校暑期人民助学金发放办法的通知》。[③]

1952 年 7 月 2 日，教育部部长马叙伦在政务院举行的第 142 次会议上做了关于调整全国各级各类学校学生人民助学金标准的报告。[④] 1952 年 7 月 8 日，政务院发出的《关于调整全国高等学校及中等学校学生人民助学金的通知》规定，一般高等学校和中等学校废除供给制，实行人民助学金制；统一规定人民助学金标准；高等学校学生全部给予人民助学金；原供给制人员、产业工人的学生人民助学金标准高于一般学生；尽量照顾革命烈属、革命军人、工农干部、产业工人、少数民族及回国华侨子女的实际困难；并提出自 9 月起，一律依照新规定的标准执行。[⑤]此次调整是将全国高等学校的公费制一律改为人民助学金制，并对原有人民助学金的标准做了适当的调整。通过此次调整，公办高校学生免交学费，并全部享受助学金。

（二）免费加部分学生享受助学金

为了更合理地解决高校一般学生学习和生活的困难，保证完成培养国家建设人才的任务，全国高等学校学生人民助学金由发给全体学生改为发给部分学生。高等教育部 1955 年 8 月 22 日颁布的《全国高等学校

---

① 刘光：《新中国高等教育大事记（1949—1987）》，东北师范大学出版社 1990 年版，第 2 页。

② 王康平：《高校学费政策的理论与实践》，厦门大学出版社 2001 年版，第 63 页。

③ 同上。

④ 刘光：《新中国高等教育大事记（1949—1987）》，东北师范大学出版社 1990 年版，第 35 页。

⑤ 同上。

（不包括高等师范学校）一般学生人民助学金实施办法》规定，凡家庭富裕能自费者，凡能自费半数或伙食费者，发给所缺部分；完全无力负担者，发给全部伙食费；取消部分学校给烈士子女一律每月另加补助 8 元的规定；对革命烈士子女、少数民族学生、归国华侨学生，均根据在和一般学生同等经济条件下优先给予照顾的原则审批。1956 年 9 月 30 日，高等教育部颁布了《关于提高学生人民助学金享受比例等问题的原则意见》。① 1966 年，"文化大革命"开始，高等学校招生取消考试，采取推荐与选拔相结合的办法。1977 年，恢复高考，继续实行免学费加人民助学金制度。②

（三）免费加奖学金与无息贷款

为了改变国家包得太多、各类院校学生享受人民助学金的比例"一刀切"、人民助学金的发放没有同学生在校的表现适当地联系起来等问题，教育部对原来的助学金办法进行了改革。改革分两步走：第一步，先将人民助学金办法改为人民助学金、人民奖学金并存的办法；第二步，再过渡到以人民奖学金为主辅之以人民助学金的制度。1983 年 7 月 11 日，教育部、财政部联合颁布的《普通高等学校本、高职高专学生人民助学金暂行办法》和《普通高等学校本、高职高专学生人民奖学金试行办法》规定，享受人民奖学金的人数近两年暂按学生总人数的 10%—15% 掌握，可分为几个等级；最高金额每年不超过 150 元；师范、体育、农林和民族院校学生 100% 享受人民助学金；煤炭、矿业、地质石油院校（含单设专业）按学生人数的 80%，其他院校按学生人数的 60% 编制助学金经费预算。③

1986 年，国家教委颁布了《普通高等学校本、高职高专学生实行奖学金制度试行办法》和《普通高等学校本、高职高专学生实行贷款试行办法》。1987 年 7 月 31 日，国家教委重新印发这两个文件，文件规定，奖学金制度和学生贷款制度，在 1987 年后入学的学生和在试点院校 1986 年入学的学生中实行；学校可建立奖贷基金，其来源是从主

_____

① 王康平：《高校学费政策的理论与实践》，厦门大学出版社 2001 年版，第 66 页。
② 刘光：《新中国高等教育大事记（1949—1987）》，东北师范大学出版社 1990 年版，第 321 页。
③ 同上书，第 424 页。

管部门核拨给高校的经费中按原助学金标准计算总额的80%—85%转入奖贷基金账户；师范、农林、民族、体育、航海专业的全体学生均可享受不同等级的专业奖学金；凡领取定向奖学金的学生不再享受优秀学生奖学金或专业奖学金；学生贷款是由国家向学生提供的无息贷款，由学校负责贷款的发放和催还等全部管理工作；师范、农林、民族、体育、航海专业的学生按照专业奖学金的办法执行，不实行学生贷款。[①]

二　学费的"双轨制"

（一）学费"双轨制"的试点

1985年颁布的《中共中央关于教育体制改革的决定》提出，用人单位委托学校培养学生的制度要继续推行和逐步扩大，使之成为国家招生计划的重要补充，委托单位要按议定的合同向学校缴纳一定数量的培养费；还可以在国家计划外招收少数自费生，学生应缴纳一定数量的培养费；师范和一些毕业后工作环境特别艰苦的专业的学生，国家供给膳宿并免收学杂费；对学习成绩优异的学生实行奖学金制度，对确有经济困难的学生给予必要的补助。[②]

1989年3月2日，国家教委颁布的《高等学校毕业生分配制度改革方案》指出，国家任务招生计划招收的学生，培养费由国家提供，学生上学一般应交学杂费；师范（含各类师范专业，不含师范院校中非师范专业）、农林、体育、民族、航海等专业招收的学生，可按规定享受专业奖学金，免交学杂费；联合办学、委托培养的学生，凡是师范生或定向生，学杂费和享受的专业或定向奖学金，由联合办学或委托培养单位根据有关规定向学校支付，将来逐步实行由学生向用人单位申请后向学校缴付；其他学生应交学杂费，可以争取优秀学生奖学金，经济困难者也可以申请贷款；自费生应按学校规定缴纳培养费与学杂费，也可以争取优秀学生奖学金。[③] 该方案1988年在少数省属院校已经试行，1989

---

①　何东昌：《中华人民共和国重要教育文献1949—1997年》，海南出版社1998年版，第2647页。

②　教育部：《中共中央关于教育体制改革的决定》（http：//www.lzsc.net/edu/2004/8 - 14/18347 - 2.html）。

③　国家教委：《高等学校毕业生分配制度改革方案》（http：//www.chinabaike.com/law/zy/xz/gwy/1332573.html）。

年，在国家教委直属院校中实行。国务院其他部委和各省、自治区、直辖市所属院校，凡条件成熟的，也要求在 1989 年起步，争取在 1990 年全面实行。

（二）学费"双轨制"的全面展开

1989 年，国家教委、财政部、国家物价局联合制定的《关于普通高等学校收取学杂费和住宿费的规定》指出，学杂费具体标准由各省、自治区、直辖市教育、物价和财政部门根据本地经济发展水平、群众的收入水平和经济承受能力以及学校条件等实际情况研究确定。① 1990 年 7 月 9 日，国家教委、人事部、国家计委、公安部、商业部颁布的《普通高等学校招收自费生暂行规定》指出，自费生在校期间须向学校缴纳培养费与学杂费；收费标准原则上不高于国家任务招生培养同类学生所需的实际经常费用，也不要低于国家任务招生培养同类学生所需实际经常费用的 80%；有条件的省、自治区、直辖市可以适当减少学生的缴费金额，但减收金额部分应由地方政府补偿高等学校。② 国家教委、财政部、国家物价局 1992 年颁布的《关于进一步改革和完善普通高等学校收费制度的通知》规定，普通高等学校、地方政府和中央主管部门，在研究制定收费标准时，一定要从学校办学的实际情况出发，根据全国和本地区的经济发展水平、大多数群众的经济收入水平和经济承受能力，实事求是，统筹考虑，制定合理的收费标准；收费标准的制定，要依据区别办学质量的高低和同一地区同类型院校大体平衡的原则。③

三 学费的"并轨"

（一）学费"并轨"的试点

1994 年 4 月，国家教委《关于进一步改革普通高等学校招生和毕业生就业制度的试点意见》提出，高等教育不属于义务教育，高等学校

---

① 国家教委、国家物价局、财政部：《关于普通高等学校收取学杂费和住宿费的规定》（http：//www. law-lib. com/LAW/law_ view. asp？id = 5899）。

② 国家教委、人事部、国家计委等：《普通高等学校招收自费生暂行规定》（http：//www. pufa. cn/1/20/86293_ 1. html）。

③ 国家教委、财政部、国家物价局：《关于进一步改革和完善普通高等学校收费制度的通知》（http：//www. law-lib. com/law/law_ view. asp？id = 8740）。

可以向学生收取部分培养费用，但要建立科学的收费制度，制定合理的收费标准；收费标准可因地因校因专业而异，既要考虑实际培养费用，又要考虑学生家庭的承受能力，由学校提出意见后报学校主管部门实事求是地确定。① 1994 年 9 月，国家计委、国家教委《关于调整普通高等院校学杂费问题的通知》规定，今后国家教委和中央各部门所属院校调整学杂费标准，年内调整幅度超过 8% 的，由其主管部门核报国家计委审批；调整幅度不超过 8% 的，由其主管部门批准，报国家计委备案；各部门、各地区在调整和制定学杂费标准时，应充分考虑国家的经济发展水平和大多数人民群众的承受能力；调整后的收费标准只能对当年新入学的学生实行，对在校生仍按其入学当年的收费标准执行，不得提高。② 同年，北京大学等 37 所高等院校进行招生、收费制度改革试点，实行"公费"和"自费"招生"并轨"，"并轨"后的学杂费按其主管部门批准的标准执行。

（二）学费"并轨"的全面展开

1996 年 12 月，国家教委、国家计委、财政部颁布《高等学校收费管理暂行办法》规定，高等教育属于非义务教育阶段，学校依据国家有关规定向学生收取学费；标准根据年生均教育培养成本的一定比例确定；不同地区、不同专业、不同层次学校的学费收费标准可以有所区别；在现阶段，高等学校学费占年生均教育培养成本的比例最高不得超过 25%；具体比例必须根据经济发展状况和群众承受能力分步调整到位；农林、师范、体育、航海、民族专业等享受国家专业奖学金的高校学生免缴学费。③ 1997 年，中国高等学校收费全面并轨。1997 年，国家教委发出的《关于中央直属高等学校收费标准审批程序等问题的通知》明确在审定高等学校收费标准时，应注意学校教育培养成本、学校所在地物价水平和学生来源地的经济发展水平的审核原则。④

---

① 国家教委：《关于进一步改革普通高等学校招生和毕业生就业制度的试点意见》（http://www.law-lib.com/law/law_ view. asp? id = 10348）。

② 国家计委、国家教委：《关于调整普通高等院校学杂费问题的通知》（http://www.lawyee.cn/html/text/chl/113/11326.html）。

③ 财政部、国家发展和改革委员会、国家教育委员会：《高等学校收费管理暂行办法》（http://teaching.jyb.cn/info/jyzck/200603/t20060302_ 11832.html）。

④ 《高校收费政策备忘录》，《中国教育报》2002 年 5 月 31 日。

（三）学费"并轨"后的规制

2000年6月，教育部、国家计委、财政部颁布《关于2000年高等学校招生收费工作若干意见的通知》规定，学费标准应依据高等学校年生均日常运行费用、财政拨款、当地经济发展水平和居民承受能力等情况确定；高等学校的学费占其年生均日常运行费用的比例按25%掌握；未达到25%的可提高到25%；艺术类高校和专业、高等职业技术学院以及专业的学费占其年生均日常运行费用的比例可以高一些；不同地区、不同层次的学校，重点学校和一般学校，同一学校的不同专业的学费标准可以有所区别；但不得对同一学校的同一专业且同一年级的学生实行不同的收费标准，严禁搞"双轨"收费；对享受国家专业奖学金的高等学校学生继续实行免收学费制度；如确有必要对某些专业的学生收取部分或全部学费，其具体收费标准由省、自治区、直辖市人民政府确定。① 2001年、2002年，教育部、国家计委、财政部联合发文明确规定，当年的学费标准一律稳定在2000年的水平，不得提高。② 2003年，教育部、国家发展改革委、财政部联合发文规定，按照学分制制定学费标准的学校，学生完成学业所缴纳的学费总额不得高于实行学年制的学费总额。③ 此后，每年教育部等部门都会出台文件，对高校学费的收取进行规范。

第二节　公办高校学费制度变迁的动因

公办高校学费制度经历3个阶段的变化，有着深刻的背景。社会制度和经济体制对公办高校是否收费有着重要的影响。新民主主义向社会主义的转变为公办高校免费制度建立的政治背景。计划经济向市场经济

---

① 教育部、国家计委、财政部：《关于2000年高等学校招生收费工作若干意见的通知》（http：//www. neu. edu. cn/sjc/ShowArticle2. asp？ArticleID=359）。

② 教育部、国家计委、财政部：《关于2001年高等学校招生收费工作若干意见的通知》（http：//www. 66law. cn/channel/lawlib/2005 - 06 - 14/16684. aspx）；教育部、国家计委、财政部：《关于2002年高等学校招生收费工作若干意见的通知》（http：//vip. chinalawinfo. com/newlaw2002/SLC/slc. asp？gid=35383&db=chl&keyword=%B8%）。

③ 教育部、国家发展改革委、财政部：《关于做好2003年学校收费工作有关问题的通知》（http：//www. law-lib. com/law/law_ view. asp？id=96086）。

的转变公办高校收费制度建立的制度基础。单一的公有产权到多种产权并存，使高等教育的个人收益凸显，为公办高校学费的收取提供了现实基础。社会经济的发展，使社会对高等教育的需求增大。为了满足社会对高等教育的需求，高等教育的规模需要扩大，高等教育的质量需要提高。高等教育规模的扩大和质量的提高，需要拓展经费的来源，这推动了公办高校收费制度的建立。

一　经济体制的转变是外部环境

（一）新民主主义向社会主义的转变

高等教育完全由政府提供不是在新中国建立时就形成的，而是随着对社会政治、经济、文化的改造逐步完成的。解放初期，新中国存在着多种经济成分，经济运行是在新民主主义框架内进行的。这时候，百废待兴，国家财政薄弱。依据国民经济的状况，政府对老解放区高校和新解放区高校实行了不同的政策。老解放区高校实行公费和供给制，新解放区高校实行公费与自费并存的政策。

1956年年底，中国基本完成了对私营工商业产权制度的改造；单一公有产权制度的模式基本形成，计划体制运行的制度框架得以建立。相应地，国家对国民党统治时期的公办、民办高校进行了接管、改造、合并、撤销，建立了单一的公办高等教育体系。随着由新民主主义向社会主义改造的逐步深入，高校也改为免费加助学金制。1950年召开的第一次高等教育会议明确了高等教育的方向是为培养具有高度文化水平的、掌握现代科学和技术成就的、全心全意为人民服务的、高级的国家建设人才。[1] 大学毕业生作为国家的人才，由国家统一分配工作。单一的公有产权和政府为资源配置的唯一主体，决定了公办高等教育是公共产品，由政府通过税收来提供。随着国民收入的提高、高等教育规模的扩大，国家将全部实施助学金改为部分实行助学金，助学金的标准是根据学生的需求确定的，目标是帮助家庭经济困难的学生解决实际的生活困难。

---

① 刘光：《新中国高等教育大事记（1949—1987）》，东北师范大学出版社1990年版，第12页。

（二）计划经济向市场经济的转变

1983 年，随着计划经济向市场经济的转变，高等教育的效率受到了关注，高校由部分助学金改为奖学金和无息贷款。高等教育作为社会系统中的一个子系统，随着改革开放的逐步深入，计划经济向市场经济转变的影响逐步加深。1985 年，为了改变政府有关部门对高等学校统得过死的状况，增强学校应有的活力，中共中央决定扩大高等学校的办学自主权，加强高等学校同生产、科研和社会其他各方面的联系，使高等学校具有主动适应经济和社会发展需要的积极性和能力。这个时期，高校招生的方式分为计划招生、用人单位委托招生、计划外招生，与之对应形成了免费或者低学费、用人单位缴纳培养费、学生自己缴纳学费的多元学费政策。

随着社会主义市场经济的逐步完善，市场在国家宏观调控下对资源配置的作用越来越大，国有企业经营机制向市场机制的转换，产权清晰、权责明确、政企分开、管理科学的现代企业制度的逐步建立，促进了改变政府包揽办学的格局，逐步建立以政府办学为主体、社会各界共同办学的体制。高等教育逐步形成以中央、省（自治区、直辖市）两级政府办学为主、社会各界参与办学的新格局。改革高等学校毕业生分配制度是高等教育体制改革的重要组成部分。通过这项改革，逐步把竞争机制引入高等学校，增强了其活力和动力，公办高校的学费也由过渡时期的"双轨制"逐步"并轨"。

二　社会对高等教育需求的变化是直接动力

（一）高等教育需求主体的演变

在新民主主义时期，高等教育是为工农服务和为生产建设服务的。在对新民主主义社会进行社会主义改造完成以后，社会对高等教育人才的需求演变成了国家对高等教育人才的需求。国家对高等教育人才的需求导致高等教育由国家通过税收提供，高等教育的收益归属于国家。当时的大学生由国家统一分配工作，高等教育的个人收益没有得到体现。政务院 1954 年 7 月 1 日发出的《关于一九五四年暑假全国高等学校毕业生统筹分配工作的指示》指出，本届的分配方案是根据国家过渡时期总任务和第一个五年计划基本任务的要求，按照既定的"集中使用，重点配备"的分配方针和"学用一致"原则来制定的。① 1955 年 7 月 29 日,《人民日报》发表社论《合理分配今年暑期的高等学校毕业生》指出,农、林、政法、艺术等毕业生的分配原则,由 1954 年的"地方分配,中央调剂"改为根据全国的需要统筹考虑的原则;师范类毕业生则仍用"地方分配,中央调剂"的分配原则;对工科毕业生的分配,除必要留在上层机构者以外,应尽可能分配去基层单位直接参加生产技术工作,使之能在实际工作中得到锻炼。②

改革开放以后,企业经历了由自主权得到扩大到承包经营责任制再到现代企业制度的建立;资源配置经历了由计划调节为主转变为计划调节与市场调节相结合再到社会主义市场经济体制的建立。建国初期形成并逐渐发展、延续下来的高等学校毕业生分配制度是为了适应当时高度集中的、以产品经济为基本模式的经济体制。随着社会宏观经济环境的改变,对高等教育人才的需求由国家需求转变为社会需求。为了有利于调动学生学习、学校办学、用人单位合理使用人才的积极性,适应社会主义商品经济的发展,劳动制度和人事制度的改革,与新的经济运行机制相协调,高等学校毕业生由计划分配转变为计划与市场相结合,最终转变为在国家宏观调控下,以市场调节为主。随着社会经济体制的转变和毕业生分配制度的改革,高等教育收益的归属主体由国家变为社会、企业和个人。学费作为高等教育投资的来源,就由国家以税收支付转变为国家、社会和个人支付,学费的收取就由免费转变为"双轨制",最终"并轨"。

(二)高等教育需求的增长

新中国成立初期,中国高等教育力量薄弱,国家建设需要大量的人才。国家对高等教育人才采取了统筹分配的形式,根据实际情况,重点照顾国家重点建设的项目和地区。1949—1956 年,全国高校毕业生 8 年的总和仅有 30.25 万多人,不能满足国家的需求。③ 为了满足国家对高等教育的需求,国家改善了高校学生的就学环境和生活质量,激励高中生到大学继续深造,鼓励革命军人和机关干部到大学脱产学习。对大

---

① 刘光:《新中国高等教育大事记 (1949—1987)》,东北师范大学出版社 1990 年版,第 71 页。

② 同上书,第 89 页。

③ 同上书,第 120 页。

学生实行免费并补助生活费，为他们努力学习解决后顾之忧。高等教育拥有一定规模以后，对全体高校学生实行免费并补助生活费加重了财政负担。为了扩大高等教育规模，提高高等教育质量，国家将高校学生全部补助生活费改为部分补助生活费。

改革开放以后，在市场经济体制建立的过程中，高等教育逐步由国家需求演变为社会需求。随着生产力的发展，社会对高等教育人才的需求不断增长。市场对资源配置的逐步形成，个人高等教育收益逐步显现，高等教育的私人产品属性得到了加强，个人对高等教育需求迅速增长。社会和个人对高等教育需求的增长与国家免费提供的高等教育规模过小之间产生了矛盾，为了进一步扩大高等教育的规模、提高高等教育的质量，高等教育的投资由一元化转变成了多元化。1998 年通过的《中华人民共和国高等教育法》第六十条规定，国家建立以财政拨款为主、其他多种渠道筹措高等教育经费为辅的体制，使高等教育事业的发展同经济、社会发展的水平相适应；国务院和省、自治区、直辖市人民政府依照教育法第五十五条的规定，保证国家举办的高等教育的经费逐步增长；国家鼓励企业事业组织、社会团体及其他社会组织和个人向高等教育投入。高等教育由免费转变为收费，由"双轨制"演变为"并轨"。

三　高等教育的发展产生需求

（一）高等教育规模的扩大

新中国成立初期，高等教育规模偏小，高校自身的力量薄弱，高等教育规模的扩大需要国家的扶持。1950 年，全国共有高校 227 所，学生约 13.4 万人；其中，公办高校 138 所，私立高校 65 所，教会设立的高校 24 所。① 当时，国民收入水平低，社会财富贫乏，高校发展没有可依托的社会基础。民办高校和教会设立的高校被国家接管改造以后，这些学校的教师和学生的生活来源都需要国家予以资助。当时，高校学科门类不够齐全，国家建设急需的理工类学生缺乏。高校缺乏教学设备和

---

① 刘光：《新中国高等教育大事记（1949—1987）》，东北师范大学出版社 1990 年版，第 12 页。

仪器，高校教学环境的改善需要国家的经费投入。国家在改善高等教育硬件设施的同时，对高校学生实行免费和补助生活费，促进了高等教育规模的发展。

改革开放以后，高等教育规模迅速扩大，高等教育规模的扩大需要社会和个人对高等教育进行投入。1989 年，全国普通高等学校数为1075 所，在校学生数为 208.2 万人，当年招生数为 59.7 万人。① 高等教育规模的扩大，国家财政已经不能满足高等教育对经费的需求，高等教育规模的发展需要拓展经费的来源渠道。当时，社会财富已经有了较大的积累，沿海发达地区的居民有了一定的支付能力。为了保持政策的平稳过渡，依据国民对学费的心理承受能力和支付能力的差距，公办高校学费实行了"双轨制"。1996 年，全国普通高等学校数为 1032 所，在校学生数为 302.1 万人，当年招生数为 96.6 万人。② 这时，高等教育需要拓展经费的来源渠道已经变得十分迫切。此时，社会财富已经比较富足，国民已经具备了较强的心理承受能力和支付能力。由此，公办高校学费由"双轨制"变为"并轨"。

（二）高等教育质量的提高

新中国成立初期，高等教育不仅规模偏小，而且质量不高。1950年，在全国高等学校中，大学 65 所，学院 92 所，专科学校 70 所；在在校学生中，本科生 124650 人，专科生 12820 人，研究生 1261 人。③可见，综合型大学数目偏小，研究生人数太低。国家建设需要大批高级专业型和研究型人才，高等教育质量远不能适应国家日益发展的需要。当时，国家需要通过各种途径提高高等教育质量。在国民收入极端低下的情况下，使学生努力学习、提高教育质量的措施之一就是为学生解决后顾之忧。国家在提高办学条件和师资水平的同时，对高校学生实行免费并补助生活费制度，改善学生的生活条件，其目的之一是解决学生的经济负担，使他们安心学习成为国家建设的高级人才。

改革开放以后，在高等教育规模扩大的同时，高等教育质量也得到

---

① 中华人民共和国国家统计局：《中国统计年鉴 1996》，中国统计出版社 1996 年版。
② 中华人民共和国国家统计局：《中国统计年鉴 1997》，中国统计出版社 1997 年版。
③ 刘光：《新中国高等教育大事记（1949—1987）》，东北师范大学出版社 1990 年版，第12、20 页。

了提高。大学中，高职称、高学历的教师所占比例不断上升；大学的教学设施和校园环境不断得到改善。高等教育质量的提高，增加了对高等教育经费的需求。政府财政性教育经费的有限性制约了高等教育质量的进一步提高。高等教育质量的提高，需要财政性经费以外的资金来源。社会的发展和人民生活水平的提高，对高等教育的质量提出更高要求的同时，也为高校收取学费提供了社会基础。在综合考虑各种因素的情况下，公办高校的学费标准，依据各个时期高等教育质量对经费的需求，1985 年，由免费变为"双轨制"，1997 年，由"双轨制"最终"并轨"。

第三节　公办高校学费制度变迁的方式

公办高校学费制度的变化，影响社会的稳定与和谐。新中国成立初期，政府采取积极稳妥的步骤接收了新解放区高校。通过得力的措施，人民政府逐步将高校全部接管。高校全部为国家所有，为全部学生实行免费提供了可能。社会经济体制的改变，高等教育需求的变化，促使高等教育规模扩大和质量提高。高等教育财政体制需要随着高等教育规模的扩大和质量的提高进行改革。政府为了保证高等教育的发展，维持社会稳定，对公办高校学费制度的改革采取了渐进式的方式。

一　学费制度的变迁是渐进式制度变迁

新中国刚成立时，国家政权刚刚建立，国家财政力量薄弱，各地区高校的所有权不同。老解放区的高校实行免费和供给制，新解放区的高校维持原状。国家政权稳固之后，政府根据各高校的具体情况，采取积极稳妥的措施，逐步对民办高校和教会设立的高校进行了接收和改造。1951 年，政府对接受外国津贴补助的学校进行了接收；接收后改为公立的为 11 所，接收后改为中国人民自办、仍维持民办、政府予以补助的有 9 所。① 此后，高校由收取学费为主逐步转变为实行全部学生免费

---

① 刘光：《新中国高等教育大事记（1949—1987）》，东北师范大学出版社 1990 年版，第 22 页。

和补助生活费。依据国民经济条件的改变，学生生活补助费的发放逐步得以调整。新中国成立初期，公办高校依照老解放区的做法，对烈士子女的生活补助比一般学生的高；在条件成熟以后，对烈士子女的这一优惠政策被取消。当国民生活得到改善时，由高校学生全部发给助学金改为按家庭经济困难程度发给学生不同等级的助学金。

公办高校全面收费的实施，以学费的"双轨制"为过渡。为了避免引起学生和家长的抵触、引起社会不和谐，政府制定学费标准时，采取了区别办学质量的高低和同一地区同类型院校大体平衡的原则，考虑了国民的心理承受能力。1989年，对公费生收取学杂费时，为了让学生及家长能够接受，采取了起点从低逐步调整的原则；一般地区学费标准每学年100元，经济特区和广东、上海等经济比较发达的地方适当高些，但最高不得超出国家的有关规定。高校学费由"双轨制"到"并轨"，先在部分高校实行试点，然后才全面展开。为了避免高等教育精英意识和长期免费提供的不良影响，高等教育由免费到对全部学生收取学费采取了渐进的方式，经历了一个较长的时期。

二　学费制度的变迁是强制性制度变迁

强制性制度变迁由政府命令和法律引入并实行。[1] 政府依据经济体制环境的改变，利用国家政权对民办高校和教会设立的大学进行接收和改造，这为高校由收取学费为主转变为实行免费奠定了基础。高校由收取学费向实行免费的转变，虽然受高等教育自身发展需求的影响，但主要是政府依据国家的需要，通过行政命令实现的。公办高校对全体学生免费，体现了国家对高等教育收益归属主体的认识，是一种政府行为。为了减轻财政负担，政府将给全部学生发助学金改为发给部分学生助学金。

改革开放以后，政府面临两难的困境：一方面，高等教育的发展需要社会和个人的投入；另一方面，要保障高等教育机会的公平。为了在这两方面取得平衡，政府采取了"双轨制"的学费政策。公办高校招

---

① 林毅夫：《关于制度变迁的经济学理论》，载陈昕《财产权利与制度变迁》，上海三联书店1991年版，第384页。

收自费生，对自费生收取较高的学费，是按照政府的规定进行的。在国民对高等教育收费有了心理承受能力和支付能力以后，政府对公办高校学费实行了"并轨"。"并轨"后，政府明文规定，经济发展水平、大多数群众的经济收入水平和经济承受能力是制定学费标准考虑的重要因素。为了缓解收费和学费的上涨对贫困家庭高等教育公平性的影响，政府建立了助学贷款、困难补助的资助方式。在学费"并轨"以后，针对个别地区确定的学费标准偏高、地区间相互攀比、社会反映强烈等现象，全国对学费标准进行了统一规范。公办高校学费由免费到"双轨制"，由"双轨制"到"并轨"，体现了政府在高等教育发展和维持高等教育机会公平之间的抉择。因此，公办高校学费制度的变迁为渐进式强制性制度的变迁组合模式。

第四节　公办高校学费制度变迁面临的困境

公办高校学费制度的变迁，由政府通过行政命令实行。各个时期，社会经济体制对公办高校学费制度的变迁有着重要的影响。经济体制的不完善，政府对各种利益的平衡，导致公办高校学费制度变迁缺少理论支持和存在实践困境。公办高校学费制度变迁的困境表现为高等教育内部没有建立公平有效的竞争机制，学费标准没有有效地兼顾社会效益和市场效益，导致高等教育公平失衡，对高等教育人力资本投资属性体现不足；并且，由于理论和现实的约束，高等教育成本的核算和高等教育投资收益的计量缺少基础支撑。

一　学费标准的理论缺失

（一）高等教育人力资本投资属性的模糊

公办高校学费没有合理体现高等教育个人收益和社会收益。免费加助学金时期，高等教育的收益归属于国家，高等教育成为通过配给方式提供的公共产品，高等教育个人人力资本投资属性没有得到体现。"双轨制"时期，高等教育属于精英教育，在入学资格上，只有那些通过考试选拔出来的被认为有能力接受高深知识学习和思维培训的人才有机会接受高等教育。① 当时，作为社会主义现代化建设培养人才的一种方式，高等教育对公费生实行免费或者低学费政策，这没有体现高等教育能够给个人带来经济和非经济的收益，个人接受高等教育具有投资的属性。对自费生实行全成本补偿的学费政策，没有体现个人接受高等教育可以给社会带来收益，政府应该为此给予相应的补贴。当时，社会主义市场经济体制尚未建立，行政命令对资源的配置还占据着主导地位，一旦取得大学生的身份，个人就享受国家干部的待遇。接受高等教育更多地表现为获得"国家干部身份"的途径，成为个人在社会中获得发展机会的资本。自费生的学费标准，不是依据高等教育人力资本投资收益形成的，而是依据个人对享有高等教育特权的需求制定的。

"并轨"以后，公办高校学费一定程度上体现了高等教育的人力资本投资属性。随着社会主义市场经济体制的建立，高校毕业生由国家安排就业逐渐改革为自主择业，高等教育的个人投资属性逐步显现。大多数个人及其家庭对高等教育投资的目的就是获得一份职位稳定、工资收入高、生活环境好的工作。② 学生和家长在选择就读学校和专业的时候，更加看重毕业以后的就业机会和收益。由于高等教育供给的长期不足、高等教育的精英意识、劳动力市场的市场化程度不高等原因，公办高校学费没有及时、有效地反映高等教育的个人投资收益。高等教育的个人人力资本投资在一定程度上呈现出扭曲化和过度化的状态，越来越多的大学生和研究生失业，或者屈就于较低级的工作岗位。③ 公办高校学费没有随着高等教育个人投资收益相应调整，重点大学的学费相对学生将来预期较高的收益来说较低，学费对不同专业收益差别的体现具有滞后性和盲目性。

（二）高等教育产品属性的错位

公办高校学费没有体现高等教育的混合产品属性，没有遵循混合产品的价格形成机制。免费加助学金时期，计划经济体制和单一的公有产权从制度上使高等教育成为公共产品，致使高等教育规模偏小，高等教

① 朱新涛：《精英高等教育的传统价值及其现代危机》，《江苏高教》2007 年第 4 期。
② 杨开明：《高等教育投资及其风险防范措施初探》，《复旦教育论坛》2008 年第 1 期。
③ 张涛、张烈侠：《基于高等教育个人人力资本投资决策分析的研究》，《科技管理研究》2008 年第 6 期。

育长期供给不足。"双轨制"时期，国有经济占据国民经济的主导地位，市场经济初现端倪，导致高等教育在价格上对不同的学生表现为不同的产品属性。在计划经济体制下，高校产权的主体是国家，国家拥有学校的所有权和经营权，高校实行国家计划招生，毕业生实行国家分配或推荐就业。[①] 高等教育对公费生免费提供，表现为公共产品的属性；对自费生收取较高的学费，表现为私人产品的属性，这违背了混合产品的价格要根据外部正效应规模制定的规律。[②]

　　"并轨"以后，公办高校学费体现了高等教育混合产品的属性，但是没有有效地遵循混合公共部门的价格形成机制。高等教育长期保持计划经济运行的体制，没有建立市场竞争机制。中国民办高等教育从整体上看，办学实力不强，没有整体优势。[③] 公办高校在与民办高校竞争中处于绝对的优势，民办高校的规模、质量、声誉都无法与公办高校抗衡。公办高校学费没有充分地考虑市场因素，学费标准的形成没有有效地遵循市场效益和社会效益的双重机制。目前的学费价格并没有反映出经过充分竞争后由市场所形成的合理的价格水平。[④]

　　（三）高等教育成本的界定不科学

　　高校学费是个人对教育成本的分担，也是个人分担教育成本的一种方式。制定学费标准的依据是培养过程中所消耗教育资源的价值，不是当年高校的一切开支费用。高校作为非营利组织，不以营利为目的，资财使用者不要求取得经济上的回报，因此学校没有核算教育成本的内在要求。[⑤] "双轨制"时期，公办高校经费来源主要是国家财政拨款，没有成本核算的外在压力，没有建立科学的成本概念和核算程序。公费生学费的制定没有依据教育成本，自费生的学费制定虽然依据了教育成本，但是教育成本的概念和项目并没有被规范和明确。当时，公办高校制定学费标准依据的教育成本，由各个学校根据自身的开支确定，没有

　　① 徐文：《教育产权论》，湖北人民出版社 2007 年版，第 177—178 页。
　　② ［美］斯蒂芬·贝利：《公共部门经济学：理论、政策和实践》，白景明译，中国税务出版社 2005 年版，第 84 页。
　　③ 陈金春：《新时期我国私立高等教育的发展空间》，《黑龙江高教研究》2005 年第 11 期。
　　④ 包海芹：《高等教育学费制度变迁研究》，《清华大学教育研究》2008 年第 4 期。
　　⑤ 袁连生：《关于教育成本核算的几个问题》，《教育发展研究》1999 年第 3 期。

科学合理的依据。

"并轨"以后，虽然作为制定高校学费标准依据的教育成本得以明确，但是部分成本项目没有合理的依据和分摊比例。按教育成本的含义，凡是为使受教育者接受教育而发生的耗费都属于教育成本的内容。[1] 作为制定高校学费依据的教育成本，是指学校为培养合格的学生所耗费资源价值的货币形态表现的全部费用。本科生教育成本界定为高校为本科生提供教育及相关服务所支付的全部费用。[2] 目前，作为制定高校学费标准的依据，年生均日常运行费用等同于教育成本，这不符合高等教育成本的内涵。教育成本的项目应该与培养学生直接相关或者间接相关，对于直接相关的项目应该全部计入教育成本，对于间接相关的项目则按一定比例计入教育成本。设备购置费和修缮费应该根据使用年限分摊到各期的教育成本中，不应该一次性计入当期的教育成本。人员经费中的助学金、励志奖学金、学生贷款的风险补偿金是为了保障社会公平的转移支付，不是培养学生所耗费的资源，也不应该计入教育成本。

（四）高等教育公平的失衡

公办高校学费对高等教育公平的影响，在不同时期表现出不同的失衡。"双轨制"时期，社会对受过高等教育的专门人才的需求增大，国家财政无法支持免费高等教育规模的扩张，高等教育精英意识的传统和国民支付能力普遍较低的现状，不利于实行全面的收费政策。在政府没有力量扩展高等教育规模的情况下，利用人民群众的消费节余去发展高等教育，使得提高效率与维持平等之间产生了矛盾。[3] 在同等能力的基础上，经济状况和社会资本成为获得自费生资格的主要因素。接受高等教育的机会没有给予处于不利地位的社会群体，而是给予了处于强势地位的社会群体，复制了原有的社会阶层结构。这有悖于同等能力的学生有相同的高等教育入学机会的公平内涵，也有悖于罗尔斯的少数人获得利益的不平等是为了大多数人更加平等的差别原则。

---

① 袁连生:《教育成本计量探讨》,《北京师范大学学报》2000 年第 1 期。

② 沈红、徐东华:《基于收费政策的中国本科生教育成本初探》,《教育研究》2002 年第 2 期。

③ 苗苏菲:《高等教育实行收费制度与教育公平》,《高等教育研究》1996 年第 1 期。

"并轨"初期，公办高校学费相对贫困大学生家庭的支付能力来说过高，造成了贫困大学生入学、顺利完成学业的困难。低收入阶层的现实可选择性限制了其对子女高等教育的投资，而高校收费水平的不断上涨等因素可能会拉大贫富之间接受高等教育机会的差距。① 1999 年开始的高校扩招，进一步增加了贫困生的绝对人数，老机制条件下的国家助学贷款在数量上不能满足贫困生学费等开支的需求，其资助力度并不强。② 在资助体系尚未完善的时候，高校学费没有通过定价策略促进高等教育的公平，没有保证有能力接受高等教育的人入学机会均等。新的助学贷款政策和助学金政策实施以后，学费对不利人群高等教育公平的不利影响有所缓解，但是还存在一定程度的负面影响。由于高等教育精英意识传统的影响，高等教育实行优质低价、低质高价，没有体现高等教育的质量。当反映数量状况的高等教育整体参与率的不均等程度减少的时候，质量的不均等程度正在持续，甚至增加。③ 因此，对优质高等教育实施低学费政策有利于社会强势群体，这违背了高等教育的公平性。

二　学费标准的实践困境

（一）高等教育投资收益缺少计量的基础

高等教育投资是人力资本投资，高等教育可以给个人和社会带来收益，高等教育的收益是制定高校学费标准的主要依据之一。实践中，高等教育收益的计量十分困难。高等教育的个人收益和外部收益难以分割，高等教育的非经济收益还没有科学量化的技术手段。高等教育的外部收益在个人接受高等教育的过程中或者接受高等教育之后产生，往往与个人的收益同时产生，很难与个人收益分开。虽然为了说明教育外部收益的计量已经做了尝试，但是这些外部收益是否确实是社会的，还不清楚。④ 高等教育与个人的非经济收益之间存在着难以剥离的其他因

---

① 丁小浩：《对中国高等院校不同家庭收入学生群体的调查报告》，《清华大学教育研究》2000 年第 2 期。

② 沈红：《国家助学贷款与高等教育的大众化》，《高等工程教育研究》2006 年第 6 期。

③ 丁小浩：《规模扩大与高等教育入学机会均等化》，《北京大学教育评论》2006 年第 2 期。

④ ［美］E. 柯恩：《教育经济学》，王玉昆、陈国良、李超译，华东师范大学出版社1989 年版，第 33 页。

素，目前尚未能建立进行量化分析的数学模型。① 中国现阶段还没有按教育年限对国民收入进行统计，对高等教育的收益进行测算缺少全面的数据。

（二）高等教育的内部缺少公平有效的竞争机制

公办高校学费有效地反映了高等教育的私人产品属性，需要市场竞争机制的保障。在市场经济逐步完善和高等教育已经步入大众化的背景下，中国高等教育需要建立局部竞争来实现高等教育资源的优化配置。在弱的外部竞争对手和各居其位的内部环境下，公办高等教育的投资属性难以得到体现。中国公办高等教育在高等教育系统中一直处于垄断地位，这使民办高等教育的发展空间受到很大限制，也影响了整个高等教育系统的活力，同时，对进一步改革高等教育构成了一定的限制。② 公办高等教育内部，国家对高等教育控制严格，高校缺乏竞争的活力。政府为公有产权代理人，由国民委托其代理管理学校，而政府作为中间委托人再委托学校校长为代理人来具体经营管理学校，学校不直接分担教育成本，也不直接追求经济利润，实行学校所有权与管理权、经营权分离。③

（三）高校缺少成本核算的会计基础

高等教育成本的核算是制定高校学费标准的基础，为了保证高等教育成本核算的公正性、科学性和合理性，高等教育成本核算应该依据权责发生制原则、相关性原则、分类核算原则。公办高校现行会计制度的支出科目，是按支出性质分类的。教育成本核算的支出科目，需要按支出的功能分类。为确定学费标准的依据，核算生均教育成本需要对现有的支出数据按照支出功能重新归类和重组。从目前的研究现状和可利用的手段分析，教育成本的计量方法可以归纳为3类：统计调查方法、会计调整方法、会计核算方法。④ 对于计量高校生均教育成本，会计核算

---

① 赵海利：《高等教育公共政策》，上海财经大学出版社2003年版，第126页。
② 李继刚、汪锦军：《关于我国民办高等教育拾遗补缺性地位的思考》，《黑龙江高教研究》2007年第10期。
③ 刘湘玉：《明晰教育产权促进教育体制改革与创新》，《中国高教研究》2005年第9期。
④ 袁连生：《教育成本计量探讨》，《北京师范大学学报》2000年第1期。

方法是最适宜的方法，但是会计核算方法还只是理论探讨，并没有进入实践操作。利用现有学校会计资料转换计算的会计调整方法是实践中能够实施的方法。学者们曾利用会计调整方法进行过两种尝试，一是根据支出原始凭证按功能分类重新核算成本；二是利用会计科目细目数据按功能进行大致归类。第一种方法的缺陷在于工作量过大，很难推广；第二种方法的缺点在于比较粗略，用于高等教育会有一定的误差。[①]

（四）实现高等教育公平缺少保障

公办高校学费保障高等教育公平有两种途径，一种是通过差别定价来保障高等教育公平；另外一种是通过其配套措施——学生资助来实现高等教育公平。国民收入不透明，国民收入的地区差距、城乡差距、阶层差距大，成为高校学费依据国民支付能力实行差别定价来保证高等教育公平的障碍。不同家庭背景的学生在不同高校的分布，还有待进一步实证研究，这成为高校学费实现高等教育公平操作措施制定的现实困境。帮助贫困大学生实现高等教育入学机会、教育过程、教育结果平等的资助方式有直接赠予和助学贷款。由于学生家庭收入的不透明，助学金发放遇到了对贫困生身份确认的困难。完全意义上的、可持续发展的国家助学贷款制度在中国尚未完全发育成熟，对照其制度可持续发展的"效率性、稳定性与适应性"三大标准，还存在较为明显的制度缺陷。[②]

第五节　小结

新中国成立初期，高校以收费为主。在政府对高校接收和改造完成之后，高校实行全部学生免费加助学金制。当高等教育规模扩大和国民生活较为富足时，人民助学金由发给全体学生改为根据家庭经济状况发给部分学生。此后，为了减轻财政负担，激励学生努力学习，高校逐步将人民助学金制改为人民奖学金制。1985 年，中共中央规定高校可以招收少数自费生。在这以后，高校学费"双轨制"由部分学校试点变

---

① 蒋鸣和：《教育成本分析》，高等教育出版社 2000 年版，第 13 页。
② 黄维、沈红：《国家助学贷款制度：绩效、缺陷与可持续发展》，《教育研究》2007 年第 4 期。

为全面展开。1997 年，在部分高校实行学费"并轨"试点以后，高校收费全面"并轨"。

经济体制的转变、高等教育需求主体的变化和高等教育的发展是学费制度变迁的原因。解放初期，在多种经济成分并存的背景下，高校实行公费与自费并存。1956 年年底，计划经济体制建立，国家成为高等教育需求的唯一主体。当时，高校自身的力量薄弱，社会财富贫乏，高等教育规模的扩大和质量的提高需要国家的扶持。据此，高校实行免费并补助生活费。市场经济的出现，高等教育规模的扩大和质量的提高，需要社会和个人的投入。依据当时国民心理承受能力和支付能力的现状，高校学费实行"双轨制"。随着市场对资源配置的作用越来越大，对高等教育的需求主体由国家转变为国家、社会和个人。此时，有限的财政性教育经费，制约了高等教育的发展，高等教育的发展需要拓展经费的来源。同时，社会的发展和人民生活水平的提高，为高校收取学费提供了社会基础。由此，公办高校的学费由"双轨制"逐步"并轨"。

高校学费制度的变迁是渐进式强制性制度变迁。高校由收取学费为主到全部免费，由政府依据国家的需要通过行政命令实现。为了减轻财政负担，政府逐步将助学金由全部发给学生改为按家庭困难程度发给学生。为了避免引起学生和家长的抵触，造成社会的不和谐，高校全面收费的实施，以学费的"双轨制"为过渡。采取"双轨制"的学费政策，是政府在社会和谐与高等教育发展之间平衡的结果。在国民对高等教育收费有了心理承受能力和支付能力以后，高校学费由"双轨制"全面"并轨"。此过程，先在部分高校实行试点，然后才全面展开。

免费加助学金时期，学费制度没有体现高等教育个人人力资本投资属性。"双轨制"时期，对公费生实行免费或者低学费政策，对自费生实行全成本补偿的学费政策，没有体现高等教育的个人收益和社会收益。公费生学费标准没有依据教育成本，自费生的学费标准虽然依据了教育成本，但是教育成本的概念和项目并没有被规范和明确。当时，接受高等教育的机会没有给予处于不利地位的社会群体，而给予了处于强势地位的社会群体。"并轨"以后，由于高等教育缺少竞争机制，高等教育收益的计量缺少理论和现实基础。目前，作为制定高校学费标准的依据，年生均日常运行费用等同于教育成本，这不符合高等教育成本的内涵。在资助体系尚未完善的时候，高校学费没有通过定价策略促进高等教育公平。

第四章　公办高校学费状况及成因
（2004—2008 年）

高校学费"并轨"以后，随着高等教育成本的增长、国民经济承受能力的提高、高等教育财政性经费的变化，高校学费不断得到调整。高校学费的状况是学费政策在实践中应用的结果。对高校学费状况的分析，有助于对学费政策文本的分析，有助于对高校学费政策的调整。《高等学校收费管理暂行办法》规定，高校学费由各省、直辖市、自治区政府，根据当地的经济发展水平、办学条件、国民经济承受能力制定；不同地区、不同专业、不同层次学校的学费收费标准可以有所区别。[①] 这为制定高校学费标准确立了依据。本章以制定高校学费标准的依据为基础，对 2004—2008 年高校学费的状况、地区差异、学校层次差异及原因进行分析。

第一节　公办高校学费的状况

2004 年，全国各类高等教育人数总规模达到 2000 多万人，高等教育毛入学率达到 19%。[②] 在高等教育规模扩大的同时，中国公办高校学费已经达到了一定的水平，引起了社会各界的广泛关注。本书以 2004 年为起点，对近 5 年学费整体变化的情况进行分析，并通过多元线性回归方法，利用生均预算内教育事业费、城乡居民人均收入的数据对其形

---

① 财政部、国家发展和改革委员会、国家教育委员会：《高等学校收费管理暂行办法》（http：//teaching. jyb. cinfo/jyzck/200603/t20060302_ 11832. html）。

② 教育部：《2004 年全国教育事业发展统计公报》（http：//www. moe. edu. cn/edoas/web-site18/94/info14794. htm）。

成的原因进行探讨。本书中普通专业是指普通高等学校中的非艺术专业，普通专业学费受政府的管制相对较强，艺术专业学费受市场需求的影响相对较大。所以，本书在对学费整体状况分析之后，分别对普通专业和艺术专业学费进行了分析。

一　公办高校学费的整体状况

（一）全国学费的整体状况

本书中全国学费平均值是指艺术专业一本与二本、普通专业一本与二本学费的平均值。2004—2008 年，全国学费平均值在 5539—5900 元范围内变化（见图 4 - 1）。前 4 年，全国学费平均值逐年增长。2005 年，高校生均预算内事业费在 2004 年的基础上下降了 176.56 元。在此情况下，2005 年学费平均值的增长额度成为 5 年中的最大值。2007 年，国务院规定，在今后 5 年，各级各类学校收费标准除特别规定外，一律稳定在 2006 年的秋季水平。① 政府在对学费进行管制的同时，加大了对公办高校财政性经费的投入，高校生均预算内事业费 2006 年以后逐年增长（见图 4 - 1）。由于政府加大了对高等教育的投入，2006 年以后，学费平均值逐年变化的幅度不大，并且 2008 年学费平均值在 2007 年的基础上下降。

（二）普通专业学费的整体状况

本书中普通专业学费平均值是指普通专业一本与二本学费的平均值。2004—2008 年，普通专业学费平均值在 4130—4259 元范围内变化，前 4 年逐年增长，2005 年增长额度最大，其余年份增长的幅度不大，2008 年在 2007 年的基础上下降，在 2004 年的基础上上涨，但上涨幅度不大（见图 4 - 1）。2005 年，国家发展和改革委员会、教育部、财政部《关于做好 2005 年高等学校收费工作有关问题的通知》要求，各高等学校热门专业数量一律稳定在 2004 年的水平；各校热门专业只能在总数量不变的前提下根据实际情况做适当调整；不得通过将一般专

---

① 国务院：《国务院关于建立健全普通本科高校高等职业学校和中等职业学校家庭经济困难学生资助政策体系的意见》（http://www.chsi.com.cn/gjzxdk/news/200705/20070518/905754.html）。

业改名为热门专业的方式变相提高收费标准，或简单规定热门专业的学费标准与一般专业相比的上浮比例。① 按此规定，各地区对普通专业中热门专业的学费进行了上调。这样，2005 年，普通专业学费的平均值在 2004 年的基础上上涨了 106 元。

（三）艺术专业学费的整体状况

本书中艺术专业学费平均值是指艺术专业一本与二本学费的平均值。艺术专业的教育成本和个人收益高于普通专业的教育成本和个人收益。艺术专业的学费受市场需求的影响程度高于普通专业的学费。1999年，国家计委《关于调整艺术院校学费标准有关问题的通知》规定，培养成本和就业后收入较高的表演、导演、摄影、指挥、美术等专业的学费标准可从高确定；需要国家重点扶植的专业和培养成本相对较低的理论、教育等专业的学费标准应从低确定。② 依据此规定，艺术专业学费平均值 2004 年达到了 7653 元，其余的年份都在 8100 元左右（见表4-1）。其前 4 年逐年增长，2005 年的增长额度为 402 元，为 4 年中增

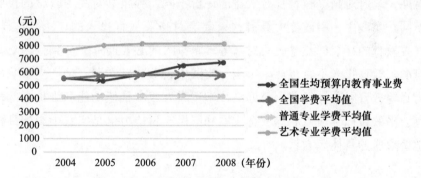

图 4-1 2004—2008 年全国生均预算内教育事业费与各种学费平均值

资料来源：学费数据由 2004—2008 年湖北省普通高等学校招生计划中相关数据计算得到。2004—2007 年生均预算内教育事业费的数据，由历年的《全国教育经费执行情况统计公告》相关数据计算得到。其中，2008 年的数据是以 2007 年的数据为基础，以 2004—2007 年年生均预算内教育事业费增长率的平均值为增长率估算得到的。

———————————

① 教育部、国家发展和改革委员会、财政部：《关于做好 2005 年高等学校收费工作有关问题的通知》（http：//tieba. baidu. com/f？ kz =568257603）。

② 国家计委：《关于调整艺术院校学费标准有关问题的通知》（http：//www. eol. cn/baokao_ zhinan_ 3196/20060323/t20060323_ 135205. shtml）。

长额度的最大值。2007 年，国务院规定学费标准稳定在 2006 年的秋季水平以后，2008 年，艺术专业的学费在 2007 年的基础上下降，但下降幅度不大（见图 4 - 1）。

　　根据上述分析可知，艺术专业学费平均值高于普通专业学费平均值。5 年中，全国学费平均值、普通专业学费平均值和艺术专业学费平均值，逐年的变化都是在前 4 年增长，2008 年在 2007 年的基础上下降（见图 4 - 1）。三种学费的平均值逐年增长额度的最大值，均出现在 2005 年。艺术专业学费平均值逐年增长额度整体上最高。这说明，高校学费在增长趋势上具有相同性，政府对其逐年变化额度的调控具有一致性，其逐年变化的额度存在一定的差异。

二　影响公办高校学费整体状况的原因

（一）影响学费整体状况的因素

　　理论上，政府依据社会效益的大小决定高等教育的投资额度。不同时期，政府对高等教育社会效益的评价不同，导致其对高等教育的投资不同。实践中，财政能力具有约束政府对高等教育投入的作用。这样，高等教育的社会效益是政府对高等教育投入的必要而非充分条件，对政府高等教育投入不直接产生影响。实践中，对高校学费直接产生影响的为高等教育财政性经费。公办高校学费具有成本补偿功能和维护高等教育公平的目标，所以高等教育成本和国民支付能力也是实践中影响高校学费形成的具体因素。

表 4 - 1　　　公办高校学费的平均值、生均预算内教育事业费、

城镇居民人均可支配收入、农村居民人均纯收入　　　单位：元

年份	2004	2005	2006	2007	2008
全国学费平均值	5539	5763	5814	5836	5784
普通专业学费平均值	4130	4236	4239	4259	4188
艺术专业学费平均值	7653	8055	8176	8202	8178
东部地区学费平均值	5956	6094	6056	6054	5974
中部地区学费平均值	5911	5918	6070	6210	6204
西部地区学费平均值	4958	5471	5504	5527	5512

续表

年份	2004	2005	2006	2007	2008
普通专业一本学费平均值	4497	4697	4571	4593	4520
普通专业二本学费平均值	3947	4005	4073	4092	4022
艺术专业一本学费平均值	8737	8943	9113	9097	9097
艺术专业二本学费平均值	6569	7166	7238	7306	7259
全国生均预算内教育事业费	5553	5376	5869	6546	6770
东部地区生均预算内教育事业费	6424	6646	6896	7901	8404
中部地区生均预算内教育事业费	3360	3288	3573	4180	4454
西部地区生均预算内教育事业费	4601	4572	4945	5871	6425
全国城镇居民人均可支配收入	9422	10493	11759	13786	15781
东部地区城镇居民人均可支配收入	11287	12584	14101	16132	18401
中部地区城镇居民人均可支配收入	7861	8787	9865	11517	13114
西部地区城镇居民人均可支配收入	7914	8598	9428	10922	12518
全国农村居民人均纯收入	2936	3255	3587	4140	4761
东部地区农村居民人均纯收入	4376	4904	5416	6132	6844
中部地区农村居民人均纯收入	2752	3025	3357	3922	4563
西部地区农村居民人均纯收入	2072	2278	2480	2887	3343

　　资料来源：全国学费数据由 2004—2008 年湖北省普通高等学校招生计划中相关数据计算得到。2004—2007 年生均预算内教育事业费的数据，由历年的《全国教育经费执行情况统计公告》相关数据计算得到。其中，2008 年的数据是以 2007 年的数据为基础，以近 4 年生均预算内教育事业费增长率的平均值为增长率估算得到的。城乡居民人均收入的数据，由《2008 年中国统计年鉴》以及全国和各省、自治区、直辖市的《2008 年国民经济和社会发展统计公报》相关数据计算得到。

　　国家教委、国家计委、财政部颁布的《高等学校收费管理暂行办法》规定，学费标准根据年生均教育培养成本的一定比例确定，不同专业的学费收费标准可以有所区别；学费标准审批权限在省级人民政府，由省级教育部门提出意见，物价部门会同财政部门根据当地经济发展水平、办学条件和居民经济承受能力进行审核。体现当地经济发展水平、办学条件和居民经济承受能力的因素为政府的财政能力、高等教育成本、国民支付能力。可见，高校学费政策已经明文规定政府的财政能力、高等教育成本、国民支付能力为影响学费的因素。教育部、国家计委、财政部颁布的《关于 2000 年高等学校招生收费工作若干意见的通知》规定，高等学校的学费占其年生均日常运行费用的比例按 25% 掌握；艺术类高校和专业学费占其年生均日常运行费用的比例可以高一些。由此可知，影响学费形成的因素对艺术专业与普通专业学费的影响作用将会不同。

根据上述分析，公办高校学费是依据高等教育财政经费、高等教育成本、居民支付能力形成的。高等教育财政经费为政府对高等教育财政性拨款，其重要指标为生均预算内教育事业费。2004—2008 年，全国生均预算内教育事业费在 5376—6770 元范围内的变化，2005 年在 2004 年的基础上下降，下降幅度为 3.19%；其他年份逐年增长，2007 年增长幅度最大，达到了 11.54%（见表 4－1）。居民经济承受能力的主要指标为国民收入，城乡居民人均收入为国民收入的统计指标。2004—2008 年，全国城镇居民人均可支配收入由 9422 元逐年增长到 15781 元；全国农村居民人均纯收入由 2936 元逐年增长到 4761 元。生均预算内教育事业费的变化和城乡居民人均收入的增长，应该对学费状况具有重要影响，并且，上述因素对普通专业学费和艺术专业学费的影响应该不同。

（二）学费对影响因素的多元线性回归

为了探讨实践中各因素对学费的影响，本书以 2004—2008 年的生均预算内教育事业费、城乡居民人均收入为自变量，分别以 2004—2008 年各省的学费平均值、普通专业学费平均值、艺术专业学费平均值为因变量进行线性回归，探讨生均预算内教育事业费、城乡居民人均收入对学费整体状况的影响（见表 4－2）。

生均预算内教育事业费、城镇居民人均可支配收入对全国学费平均值具有显著影响，线性回归模型的整体解释力度为 0.34。模型中，生均预算内教育事业费的标准化系数为 －0.721，城镇居民人均可支配收入的标准化系数为 0.466。生均预算内教育事业费、农村居民人均纯收入对普通专业学费具有显著的影响，线性回归模型的整体解释力度为 0.371。模型中，生均预算内教育事业费的标准化系数为 －0.794，农村居民人均纯收入的标准化系数为 0.529。生均预算内教育事业费、城镇居民人均可支配收入对艺术专业学费平均值具有显著的影响，线性回归模型的整体解释力度为 0.241。生均预算内教育事业费的标准化系数为

-0.552，城镇居民人均可支配收入的标准化系数为 0.567。

表4-2 学费对生均预算内教育事业费、城乡居民人均收入的线性回归

因变量	模型的 R^2	模型的 Sig.	生均预算内教育事业费		城镇居民人均可支配收入		农村居民人均纯收入	
			标准化系数	Sig.	标准化系数	Sig.	标准化系数	Sig.
全国学费	0.340	0.000	-0.721	0.000	0.466	0.014	0.298	0.098
普通专业学费	0.371	0.000	-0.794	0.000	0.173	0.345	0.529	0.003
艺术专业学费	0.241	0.000	-0.552	0.000	0.567	0.005	0.103	0.592
东部地区学费	0.115	0.076	-0.123	0.538	0.792	0.030	-0.460	0.215
中部地区学费	0.367	0.000	-0.690	0.000	-0.407	0.178	0.816	0.014
西部地区学费	0.772	0.000	-0.884	0.000	0.664	0.000	-0.163	0.206
普通一本学费	0.291	0.000	-0.516	0.000	0.202	0.299	0.537	0.004
普通二本学费	0.397	0.000	-0.841	0.000	0.103	0.565	0.388	0.025
艺术一本学费	0.263	0.000	-0.476	0.000	0.400	0.044	-0.317	0.096
艺术二本学费	0.094	0.002	-0.393	0.000	0.532	0.016	-0.253	0.230

资料来源：全国学费数据由 2004—2008 年湖北省普通高等学校招生计划中相关数据计算得到。2004—2007 年生均预算内教育事业费的数据，由历年的《全国教育经费执行情况统计公告》相关数据计算得到。其中，2008 年的数据是以 2007 年的数据为基础，以近 4 年生均预算内教育事业费增长率的平均值为增长率估算得到的。城乡居民人均收入的数据，由《2008 年中国统计年鉴》以及全国和各省、自治区、直辖市的《2008 年国民经济和社会发展统计公报》相关数据计算得到。

(三) 对学费整体状况形成原因的分析

由线性回归模型的整体解释力度可知，全国学费整体变动的 34%、艺术专业学费变动的 24.1%，由生均预算内教育事业费和城镇居民人均可支配收入的变动引起；普通专业学费平均值变动的 37.1%，由生均预算内教育事业费和农村居民人均纯收入引起。农村居民人均纯收入对全国学费平均值、艺术专业学费平均值没有显著的影响。城镇居民人均可支配收入对普通专业学费平均值没有显著的影响。本书中，没有将高等教育成本等因素作为多元线性回归自变量引入，模型对学费变动不能解释的部分是由它们引起的。因此，全国学费整体变动的 66%、普

通专业学费变动的 62.9%、艺术专业学费变动的 75.9%，是由高等教育成本等因素引起的。高等教育成本等因素，对全国学费整体、普通专业学费、艺术专业学费变动的影响程度都在 60% 以上。这说明，高等教育成本等因素，对学费形成的影响作用占据着主导地位。高等教育成本等因素对艺术专业学费的作用力度比对普通专业学费的作用力度显得更强。

由线性回归标准化系数的正负可知，生均预算内教育事业费与全国学费平均值、普通专业学费平均值、艺术专业学费平均值负相关；城镇居民人均可支配收入与全国学费平均值、艺术专业学费平均值正相关；农村居民人均纯收入与普通专业学费平均值正相关。由线性回归标准化系数绝对值的大小可知，全国学费平均值、艺术专业学费平均值、普通专业学费平均值的变动，受生均预算内教育事业费影响的程度高于受城镇居民可支配收入、农村居民人均纯收入影响的程度；普通专业学费平均值受生均预算内教育事业费影响的程度高于艺术专业学费平均值受生均预算内教育事业费影响的程度。

除了受高等教育成本等因素影响以外，普通专业学费状况的形成受两方面的影响，一方面，为政府对普通专业的拨款，另一方面，为农村居民人均纯收入对制定普通专业学费的影响。艺术专业学费状况的形成受两方面的影响，一方面，为政府对艺术专业的拨款，另一方面，为城镇居民人均可支配收入对制定艺术专业学费的影响。受高等教育成本等因素影响的程度，艺术专业学费高于普通专业学费。由于城镇居民人均可支配收入对艺术专业学费作用的程度高于农村居民人均纯收入对普通专业学费作用的程度，所以，全国学费整体的变动受生均预算内教育事业费、城镇居民人均可支配收入的影响，而不受农村居民人均纯收入的影响。

由上述分析可知，学费的形成是以高等教育成本、高等教育财政性经费、居民的支付能力为依据的。制定普通专业学费是以农村居民人均纯收入为居民支付能力指标，制定艺术专业学费是以城镇居民人均可支配收入为居民支付能力指标，这体现了艺术专业教育成本和收益相对普通专业较高的特征。高等教育财政性经费，对艺术专业学费的影响作用高于对普通专业学费的影响作用。从全国学费整体来看，城镇居民人均可支配收入为制定学费标准时参考的指标。

第二节　公办高校学费的地区差异

东部地区包括北京、天津、河北、辽宁、上海、江苏、浙江、福建、山东、广东、广西、海南 12 个省、自治区、直辖市，资源丰富，在整个经济发展中发挥着龙头的作用。中部地区包括山西、内蒙古、吉林、黑龙江、安徽、江西、河南、湖北、湖南 9 个省、自治区，重工业基础较好，地理上承东启西。西部地区包括重庆、四川、贵州、云南、西藏、陕西、甘肃、宁夏、青海、新疆 10 个省、自治区、直辖市，因开发历史较晚，经济发展和技术管理水平与东部、中部地区差距较大。根据公办高校学费形成的依据，东部、中部、西部地区的学费理论上应该存在着差距。

一　公办高校学费的地区差异状况

东部地区，2004—2008 年高校学费的平均值在 5956—6094 元之间变化，2005 年在 2004 年的基础上上升，后 4 年逐年下降，2008 年高于 2004 年（见表 4-1）。其逐年变动幅度与全国学费平均值一样，2005 年变动额度最大，其他年份逐年变动额度较小。中部地区，2004—2008 年高校学费的平均值在 5911—6210 元之间变化，前 4 年逐年增长，2008 年在 2007 年的基础上略有下降，2008 年高于 2004 年。5 年中，其前两年和后两年逐年变动的额度都很小，2006 年增长额度最大。西部地区，2004—2008 年高校学费的平均值在 4958—5527 元之间变化。其逐年变动与中部地区相同，即前 4 年逐年增长，2008 年在 2007 年的基础上略有下降，2008 年高于 2004 年。2005 年，西部地区高校学费逐年增长额度最大，增长额度达到 513 元，其他年份逐年变化的额度都较小。

东部地区高校学费平均值大部分时间是逐年下降的，中部与西部地区高校学费平均值大部分时间是逐年上升的。学费逐年变化额度的最大值，东部地区与西部地区均出现在 2005 年，中部地区出现在 2006 年。学费逐年变化的额度，中部地区总体上要低于东部地区与西部地区。各地区 2008 年学费平均值均在 2007 年的基础上下降，下降额度依大小顺序依次为东部、西部、中部。

2004—2005 年，东部地区学费平均值高于中部地区，逐年的差值分别为 45 元、176 元（见表 4 - 3）。2006—2008 年，中部地区学费平均值高于东部地区，差值逐年增大，由 14 元上升到 230 元。东部地区学费平均值 5 年都高于西部地区，差值由 998 元逐年降到 462 元，年降额度最大的是 2005 年，下降额度为 375 元。中部地区学费平均值 5 年都高于西部地区，2004 年差值最大，其值为 953 元。其差值 2005 年在 2004 年的基础上下降，下降额度为 506 元；其余年份由 447 元逐年上升到 692 元。

学费平均值的差值，东中部地区是先正后负，东西部地区和中西部地区 5 年均为正；东中部地区前两年和后 3 年都是逐年上升，东西部地区 5 年一直下降，中西部地区是先降后升。在各地区学费平均值的差值中，中西部地区 5 年都是最大，东中部地区 5 年都是最小。学费平均值差值变化额度的最大值，依大小顺序依次为中西部、东西部、东中部。地区之间学费平均值差值的差异，主要为差值大小的差异。

表 4 - 3　　　各地区学费、生均预算内教育事业费、城乡居民
人均收入，一本与二本学费的差值①　　　　　　单位：元

年份	2004	2005	2006	2007	2008
东中部学费差值	45	176	− 14	− 156	− 230
东西部学费差值	998	623	552	527	462
中西部学费差值	953	447	566	683	692
东中部生均预算内教育事业费差值	3064	3358	3323	3721	3950
东西部生均预算内教育事业费差值	1823	2074	1952	2030	1979
中西部生均预算内教育事业费差值	− 1242	− 1284	− 1372	− 1691	− 1971
东中部城镇居民人均可支配收入差值	3425	3797	4236	4614	5288
东西部城镇居民人均可支配收入差值	3373	3986	4672	5210	5883

---

① 本书中各变量的差值是指前面变量减去后面变量的差。例如，东中部学费差值 = 东部学费 − 中部学费。

续表

年份	2004	2005	2006	2007	2008
中西部城镇居民人均可支配收入差值	-53	189	436	595	595
东中部农村居民人均纯收入差值	1625	1880	2059	2210	2281
东西部农村居民人均纯收入差值	2305	2626	2936	3244	3501
中西部农村居民人均纯收入差值	680	746	878	1035	1220
普通专业一本与二本学费差值	550	692	498	501	498
艺术专业一本与二本学费差值	2168	1777	1875	1791	1838

资料来源:全国学费数据由2004—2008年湖北省普通高等学校招生计划中相关数据计算得到。2004—2007年生均预算内教育事业费的数据,由历年的《全国教育经费执行情况统计公告》相关数据计算得到。其中,2008年的数据是以2007年的数据为基础,以近4年生均预算内教育事业费增长率的平均值为增长率估算得到的。城乡居民人均收入的数据,由《2008年中国统计年鉴》以及全国和各省、自治区、直辖市的《2008年国民经济和社会发展统计公报》相关数据计算得到。

二 公办高校学费的地区差异产生的原因

(一) 影响学费地区差异的因素

东部、中部、西部地区高校学费的差异,理论上是由高等教育成本、政府对高等教育投入、国民支付能力综合作用形成的。国家教委、国家计委、财政部颁布的《高等学校收费管理暂行办法》规定,不同地区学费收费标准可以有所区别;学费标准的调整,由省级教育、物价、财政部门根据本行政区域内的物价上涨水平和居民收入平均增长水平提出方案,报省级人民政府批准后执行。因此,各地区高等教育成本的差异、政府对高等教育投入的差异、国民收入的差异,理论上是影响各地区学费差异的重要因素。各地区政府对高等教育投入差异的重要指标为各地区生均教育事业费的差异;国民支付能力差异的重要指标为城乡居民人均收入的差异。

高等教育成本受当地经济发展水平的影响,在其他因素相同时,当地经济越发达,支付给教职员工的工资福利和其他方面的开支越高,这导致高等教育成本越高。由此推断,整体上东部地区高等教育成本高于中部、西部地区,中部地区高等教育成本高于西部地区。东部地区经济发达,政府对高等教育经费保障能力强;中西部地区经济欠发达,政府对高等教育经费保障能力较弱。东部地区经济发展水平高，国民收入水平高，国民支付能力强；中西部地区经济发展水平相对落后，国民收入水平较低，国民支付能力相对较弱。

东部地区高校生均预算内教育事业费 2004 年为 6424 元，此后逐年增长，2008 年达到 8404 元。中部地区高校生均预算内教育事业费 2004 年为 3360 元，2005 年在 2004 年的基础上下降，此后逐年上升，2008 年达到 4454 元。西部地区高校生均预算内教育事业费 2004 年为 4601 元，2005 年在 2004 年的基础上下降，此后逐年上升，2008 年达到 6425 元。中部地区与西部地区高校生均预算内教育事业费的变化趋势相同。2004—2008 年，东部地区城镇居民人均可支配收入由 11287 元逐年增长到 18401 元；中部地区的城镇居民人均可支配收入由 7861 元逐年增长到 13114 元；西部地区的城镇居民人均可支配收入由 7914 元逐年增长到 12518 元。2004—2008 年，东部地区农村居民人均纯收入由 4376 元逐年增长到 6844 元；中部地区的农村居民人均纯收入由 2752 元逐年增长到 4563 元；西部地区的农村居民人均纯收入由 2072 元逐年增长到 3343 元。

2004—2008 年，东部地区生均预算内教育事业费、城乡居民人均收入高于中部地区（见表 4 - 3）。除了 2006 年在 2005 年的基础上下降以外，东中部地区生均预算内教育事业费的差值逐年增长。城镇居民人均可支配收入、农村居民人均纯收入 5 年都是东部地区高于中部地区，其差值逐年增长。东西部地区之间，生均预算内教育事业费、城镇居民人均可支配收入、农村居民人均纯收入，5 年都是东部地区高于西部地区；其中，城乡居民人均收入的差值逐年增长，生均预算内教育事业费的差值逐年变化是先升后降，反复波动。西部地区生均预算内教育事业费，5 年都高于中部地区。2004 年，西部地区城镇居民人均可支配收入高于中部地区，其余年份都是中部地区高于西部地区，差值总体上趋于增长。中部地区农村居民人均纯收入 5 年都高于西部地区，差值逐年增长。

实践中，各地区各因素的差异与理论分析的结果相符合。受政府财政能力等因素的影响，东部地区生均预算内教育事业费 5 年来都高于中部、西部地区。受高等教育规模等因素的影响，西部地区生均预算内教育事业费高于中部地区。东部地区城乡居民人均收入 5 年来都高于中西部地区，这表明东部地区国民支付能力高于中西部地区。整体上，中部地区城乡居民人均收入高于西部地区，这说明中部地区国民支付能力高于西部地区。

（二）各地区学费对影响因素的多元线性回归

本书以各地区 2004—2008 年生均预算内教育事业费、城乡居民人均收入为自变量，以 2004—2008 年各省学费平均值为因变量进行线性回归，探讨各地区高等教育成本、生均预算内教育事业费、城乡居民人均收入对学费的影响（见表 4 - 2）。

东部地区学费对生均预算内教育事业费、城乡居民人均收入的线性回归模型不显著，即 3 种因素对学费不存在影响，模型的整体解释力度为 11.5%。生均预算内教育事业费、农村居民人均纯收入，对中部地区学费存在影响，线性回归模型的解释力度为 36.7%。模型中，生均预算内教育事业费的标准化系数为 - 0.690，农村居民人均纯收入的标准化系数为 0.816。城镇居民人均可支配收入对中部地区学费没有影响。生均预算内教育事业费、城镇居民人均可支配收入，对西部地区学费存在影响，线性回归模型的解释力度为 77.2%。模型中，生均预算内教育事业费的标准化系数为 - 0.884，城镇居民人均可支配收入的标准化系数为 0.664。农村居民人均纯收入对西部地区学费没有影响。

（三）对学费地区差异原因的分析

生均预算内教育事业费、城乡居民人均收入引起东部地区学费 11.5% 的变动，高等教育成本等因素引起东部地区学费 88.5% 的变动。生均预算内教育事业费、农村居民人均纯收入引起中部地区学费 36.7% 的变动，高等教育成本等因素引起中部地区学费 63.3% 的变动。生均预算内教育事业费、城镇居民人均可支配收入引起西部地区学费 77.2% 的变动，高等教育成本等因素引起西部地区学费 22.8% 的变动。中部地区，学费与生均预算内教育事业费负相关，与农村居民人均纯收入正相关；农村居民人均纯收入对学费的作用高于生均预算内教育事业费对学费的作用。西部地区，学费与生均预算内教育事业费负相关，并且相关程度较高。西部城镇居民人均可支配收入与学费正相关，但其作用力度要低于生均预算内教育事业费。

在财政性经费充足的情况下，东部地区学费 5 年保持相对稳定，所以多元线性回归的结果为各因素对学费的变动没有影响。在财政经费较低的情况下，为了补偿高等教育成本的增长，中部地区学费随着农村居民人均纯收入的增长不断增长。地区经济发达程度越高，高等教育成本等因素对学费的变动影响程度越高。各地区城乡居民人均收入和生均预算内教育事业费是否对学费变动具有影响，与地区经济发达程度没有明显的关系。各地区城乡居民人均收入和生均预算内教育事业费对学费变动影响程度的差距，与地区经济发达程度没有明显的关系。

2004—2005 年，东部地区学费高于中部地区，东部地区生均预算内教育事业费高于中部地区。东部地区政府对高等教育的投入一直较高，学费没有根据国民人均收入的增长而增长。中部地区政府对高等教育的投入一直较少，学费随着农村居民人均收入的增长而增长。由此可见，东部地区与中部地区的学费在 2004—2005 年的差异，一方面，是东部地区高等教育成本高于中部地区的结果；另一方面，是中部地区地方政府依据农村居民人均纯收入对学费管制的结果。2006 年以后，中部地区学费高于东部地区，其差值逐年增长。东部地区生均预算内教育事业费、城乡居民人均可支配收入同期都高于中部地区，且差值逐年增长。东部地区，国民人均收入的增长对学费没有影响。中部地区，农村居民人均纯收入的增长较快，学费随之增长较快。因此，东部地区与中部地区的学费在 2006—2008 年的差异是政府对高等教育投入差异的结果，是中部地区学费随着农村居民人均纯收入增长过高的结果。

2004—2008 年，东部地区学费高于西部地区，东部地区生均预算内教育事业费、城乡居民人均收入都高于西部地区。当其他条件保持不变时，依据生均预算内教育事业费的差距，东部地区的学费应该低于西部地区；依据高等教育成本与城乡居民人均收入的差距，东部地区的学费应该低于西部地区，因此，东部地区学费与西部地区学费的差异，是生均预算内教育事业费、高等教育成本、城乡居民人均收入的差异综合作用的结果。虽然随着西部地区生均预算内教育事业费的上升，对学费降低作用的力度很强，但是东部与西部的生均预算内教育事业费的差距总体上升，同时，西部地区的学费随着城镇居民人均可支配收入的增长而提高，所以，东部地区学费与西部地区学费的差值逐年降低。

2004—2008 年，西部地区生均预算内教育事业费高于中部地区，生均预算内教育事业费对学费作用的力度是西部地区高于中部地区。西部地区学费随着城镇居民人均可支配收入增长，中部地区学费随着农村居民人均纯收入增长。中部地区与西部地区之间，城镇居民人均可支配收入在 2004 年以后都是中部地区高于西部地区；农村居民人均纯收入 5 年都是中部地区高于西部地区，且差值逐年增长。当其他条件保持不变时，依据生均预算内教育事业费，西部地区学费应该低于中部地区；依据城乡居民人均收入，西部地区学费应该低于中部地区；依据高等教育成本，西部地区学费应该低于中部地区。在此情况下，中部地区学费高于西部地区学费。中部地区农村居民人均纯收入对学费作用的力度高于西部地区城镇居民人均可支配收入对学费作用的力度，并且，生均预算内教育事业费和居民支付能力对学费作用的整体力度，中部地区要低于西部地区，所以，中部地区与西部地区学费的差值逐年增长。

由上述分析可知，各地区学费差异的原因是多种因素作用的结果。东部地区与中部地区、东部地区与西部地区、中部地区与西部地区学费差异主要是由政府财政投入的差异导致的。高等教育成本、国民人均收入等因素，对东部地区与西部地区、中部地区与西部地区学费的差异具有显著影响。中部地区农村居民人均纯收入的变化，对东部地区与中部地区学费差值的变化具有显著影响。西部地区城镇居民人均可支配收入的变化，对东部地区与西部地区学费差值的变化具有显著影响。生均预算内教育事业费和居民支付能力的变化，对中部地区与西部地区学费差值的变化具有显著影响。

第三节　公办高校学费的学校差异

公办高校分为重点大学和一般省属院校。由于不同层次学校的教育成本、学生毕业后的收益、政府财政经费投入不一样，制定学费标准时依据国民经济承受能力的标准不一样，不同层次学校的学费也不一样。由于普通专业与艺术专业学费形成的依据不同，本书在对不同层次高校学费差异进行分析时，对艺术专业和普通专业学费分开进行。本书对艺术专业一本与二本、普通专业一本与二本之间的学费差异进行分析，分析生均预算内教育事业费、城乡居民人均可支配收入对不同层次学校各专业学费的影响，以此来探讨不同层次高校学费差异形成的原因。

一 学费的学校层次差异状况

（一）普通专业学费差异

2004—2008 年，普通一本学费平均值在 4497—4697 元之间变化，逐年变化是先升后降，反复波动（见表 4 - 1）。普通一本学费平均值的最小值出现在 2004 年，最大值出现在 2005 年。2006 年以后，政府对普通一本热门专业的学费标准进行了调整，严格限制热门专业学费的上涨。同时，为了吸引优秀的人才报考毕业后从事个人收益比较低而社会效益比较高的专业，国家加大了对该类专业的投入。因此，2006 年以后，普通一本学费平均值都低于 2005 年，2008 年在 2007 年的基础上下降了 73 元。

普通二本的学校一般属于各省或直辖市的一般本科院校，教育成本和学生毕业后的收益相对普通一本较低，学费相对较低。2004—2008 年，普通二本学费平均值在 3947—4092 元之间变化，前 4 年逐年上升，2008 年在 2007 年的基础上下降，下降额度为 70 元，为逐年变化额度的最大值（见表 4 - 1）。普通二本学费平均值的最大值出现在 2007 年，最小值出现在 2004 年。

逐年的变化，普通一本学费比普通二本学费波动性强。最大值出现的时间，普通一本学费与普通二本学费相差两年。普通一本学费的最小值高于普通二本学费的最大值。由此可见，普通一本学费平均值与普通二本学费平均值相差较大。普通一本与普通二本学费平均值的差值在 498—692 元之间变化，差值的最大值出现在 2005 年，差值的最小值出现在 2006 年和 2008 年。普通一本与普通二本学费平均值的差值逐年的变化是先升后降，反复波动。

（二）艺术专业学费差异

2004—2006 年，艺术专业一本学费平均值从 8737 元逐年上涨到 9113 元（见表 4 - 1）。2007 年，国务院规定，在今后 5 年，各级各类学校收费标准除特别规定外，一律稳定在 2006 年的秋季水平。[①] 在此规定出台以后，政府加大了与社会主义文化事业发展有着密切联系但学生毕业后收入不高且需重点扶持的艺术类专业的投入，所以，2007 年在 2006 年的基础上略有下降，2008 年在 2007 年的基础上保持不变。艺术专业一本学费的最小值出现在 2004 年，最大值出现在 2006 年。

艺术专业二本教育成本和学生就业后的收入相对艺术专业一本较低，学费相对较低。2004—2007 年，艺术专业二本学费平均值从 6569 元逐年增长到 7306 元；逐年变化额度的最小值为 68 元，出现在 2007 年，最大值为 597 元，出现在 2005 年。2007 年，国务院对高校学费标准进行调控以后，2008 年艺术专业二本学费的平均值在 2007 年的基础上下降了 47 元。

2004—2008 年，艺术专业一本与艺术专业二本学费平均值的差值在 1777—2168 元之间变化，逐年的变化是先降后升，反复波动（见表 4 - 3）。这说明，艺术专业一本与二本学费平均值差值的变化，在一定程度上不具有可预测性，差值逐年变化额度的最小值为 47 元，出现在 2008 年，最大值为 391 元，出现在 2005 年。艺术专业一本与艺术专业二本学费平均值差值的最大值出现在 2004 年，最小值出现在 2005 年，可见艺术专业一本与艺术专业二本学费平均值的差值在前两年波动性较大，在后期相对保持平稳。

二　学费在学校层次间存在差异的原因

（一）影响学费学校层次差异的因素

国家教委、国家计委、财政部颁布的《高等学校收费管理暂行办法》规定，不同层次学校的学费收费标准可以有所区别。教育部、国家计委、财政部颁布的《关于 2000 年高等学校招生收费工作若干意见的通知》规定，重点学校和一般学校学费标准可以有所区别。上述规定是实践中不同层次学校学费差异的政策依据。高校学费政策如此规定的理

---

① 国务院：《国务院关于建立健全普通本科高校高等职业学校和中等职业学校家庭经济困难学生资助政策体系的意见》（http://www.chsi.com.cn/gjzxdk/news/200705/20070518/905754.html）。

由，一方面，是不同层次学校的办学成本不同，学生毕业后的就业机会和就业以后的个人收益不同；另一方面，是社会认为不同层次学校的学生对社会发展的作用不同，国家对于重点大学的学生和一般院校的学生给予的财政支持力度不同。

根据上述分析，不同层次学校学费差异的原因，一方面，是由于学校层次不同，高等教育成本、高等教育个人收益不同；另一方面，是生均预算内教育事业费、城乡居民人均收入对不同层次学校学费的作用不同。当学费受到高等教育成本、高等教育个人收益影响程度越大时，生均预算内教育事业费、城乡居民人均收入对其影响程度越低。由于高等教育成本、高等教育个人收益的数据难以获得，本书对生均预算内教育事业费、城乡居民人均收入对不同层次学校学费的影响程度进行分析，一方面，探讨它们对不同层次学校学费作用的差异；另一方面，推断高等教育成本、高等教育个人收益对不同层次学校学费的影响。通过对不同层次学校学费受各因素影响程度的比较，探讨学费学校层次差异形成的原因。

（二）不同层次学校学费对影响因素的多元线性回归

为了探讨不同层次学校学费差异形成的原因，本书以各省不同层次学校学费为因变量，生均预算内教育事业费、城乡居民人均收入为自变量进行线性回归（见表4-2）。通过对不同层次学校学费受生均预算内教育事业费、城乡居民人均收入的影响，来推断它们受高等教育成本、高等教育个人收益的影响。在此基础上，探讨不同层次学校学费差异形成的原因。

生均预算内教育事业费、农村居民人均纯收入对普通专业一本学费具有显著影响，线性回归模型整体解释力度为29.1%。模型中，生均预算内教育事业费的标准化系数为-0.516，农村居民人均纯收入的标准化系数为0.537。生均预算内教育事业费、农村居民人均纯收入对普通专业二本学费具有显著影响，线性回归模型整体解释力度为39.7%。模型中，生均预算内教育事业费的标准化系数为-0.841，农村居民人均纯收入的标准化系数为0.388。城镇居民人均可支配收入对普通专业一本学费和二本学费没有影响。

生均预算内教育事业费、城镇居民人均可支配收入对艺术专业一本学费具有显著影响，线性回归模型整体解释力度为 26.3%。模型中，生均预算内教育事业费的标准化系数为 - 0.476，城镇居民人均可支配收入的标准化系数为 0.400。生均预算内教育事业费、城镇居民人均可支配收入对艺术专业二本学费具有显著影响，线性回归模型整体解释力度为 9.4%。模型中，生均预算内教育事业费的标准化系数为 - 0.393，城镇居民人均可支配收入的标准化系数为 0.532。农村居民人均纯收入对艺术专业一本学费和二本学费没有影响。

（三）学费学校层次差异的原因分析

普通专业一本学费变动的 29.1% 是由生均预算内教育事业费、农村居民人均纯收入引起的。普通专业二本学费变动的 39.7% 是由生均预算内教育事业费、农村居民人均纯收入引起的。普通专业一本学费变动的 70.9%，普通专业二本学费变动的 60.3%，是由高等教育成本、高等教育个人收益引起的。高等教育成本、高等教育个人收益等因素，对普通专业一本、普通专业二本学费的作用较强。它们对普通专业一本学费和普通专业二本学费的影响程度存在差距，但相差不大。一般来说，整体上，普通专业一本的教育成本高于普通专业二本的教育成本，普通专业一本的个人收益高于普通专业二本的个人收益。由此可见，普通专业一本学费比普通专业二本学费高，主要是由高等教育成本、高等教育个人收益引起的。

生均预算内教育事业费与普通专业一本和普通专业二本学费负相关；其对普通专业一本学费影响的力度，低于其对普通专业二本学费影响的力度。这说明，随着生均预算内教育事业费增长而降低的额度，普通专业一本学费要低于普通专业二本学费，因此，政府财政对普通专业一本和普通专业二本投入的差距，对普通专业一本学费与普通专业二本学费的差距具有增大作用。农村居民人均纯收入与普通专业一本学费和普通专业二本学费正相关；其对普通专业一本学费影响的力度高于其对普通专业二本学费影响的力度。这说明，随着农村居民人均纯收入增长而上升的额度，普通专业一本学费要高于普通专业二本学费，因此，农村居民人均纯收入对普通专业一本学费与普通专业二本学费的差距具有增大作用。普通专业一本学费与普通专业二本学费的差距程度是二者综合作用的结果。

　　艺术专业一本学费变动的 26.3% 是由生均预算内教育事业费、城镇居民人均可支配收入引起的。艺术专业二本学费变动的 9.4% 是由生均预算内教育事业费、城镇居民人均可支配收入引起的。艺术专业一本学费变动的 73.7% 是由高等教育成本、高等教育个人收益等因素引起的。艺术专业二本学费变动的 90.6% 是由高等教育成本、高等教育个人收益等因素引起的。高等教育成本、高等教育个人收益等因素，对艺术专业一本、艺术专业二本学费的作用较强。其对艺术专业二本学费的作用力度，高于对艺术专业一本学费的作用力度。一般来说，整体上艺术专业一本的教育成本高于艺术专业二本的教育成本，艺术专业一本的个人收益高于艺术专业二本的个人收益。由此可见，高等教育成本、高等教育个人收益的差异，是艺术专业一本学费高于艺术专业二本学费的主要原因。

　　生均预算内教育事业费与艺术专业一本与艺术专业二本学费负相关；其对艺术专业一本学费作用的力度，高于其对艺术专业二本学费作用的力度。可见，政府对艺术专业一本的财政支持力度，大于其对艺术专业二本的财政支持力度。城镇居民人均可支配收入与艺术专业一本和艺术专业二本学费正相关；其对艺术专业一本学费作用的力度，低于其对艺术专业二本学费作用的力度。可见，艺术专业一本和艺术专业二本学费，随着城镇居民人均可支配收入增长而上升。艺术专业二本学费相对于艺术专业一本学费而言，受市场影响的程度更高。生均预算内教育事业费、城镇居民人均可支配收入对艺术专业一本和艺术专业二本学费作用力度的差异，对它们差距的程度具有降低作用。

　　不同层次学校学费差异主要是由高等教育成本和高等教育个人收益的差异引起的。政府的高等教育投入、城乡居民人均收入，对不同层次学校学费差异的程度具有影响。政府的高等教育投入，对不同层次学校普通专业与艺术专业之间差距程度的作用方向相反。影响不同层次学校之间普通专业学费的差距与艺术专业学费的差距的国民支付能力指标不同，且各指标影响的方向也不同，这主要是由制定普通专业学费与艺术专业学费依据的国民支付能力的指标不同造成的。

第四节　小结

2004—2008 年，全国学费平均值、普通专业学费平均值、艺术专业学费平均值，在前 4 年逐年增长，逐年增长额度的最大值都出现在 2005 年；2008 年，各种学费的平均值高于 2004 年，但在 2007 年的基础上下降。学费平均值，先是东部地区高于中部地区，然后是中部地区高于东部地区；5 年来，东部地区和中部地区一直高于西部地区。学费平均值的差值，东部地区高于中部地区时与中部地区高于东部地区时，都是逐年上升；东西部地区 5 年来一直下降，中西部地区是先降后升。学费平均值在学校层次间相差较大，差值逐年的变化都是先升后降，反复波动。根据理论分析和高校学费政策的规定，公办高校学费受高等教育成本、高等教育财政性经费、居民支付能力的影响。上述因素在地区间、学校层次间的差异，及其对学费作用的差异，是学费在地区间、学校层次间差异的原因。

学费整体上受高等教育财政性经费、城镇居民人均可支配收入的影响。影响艺术专业学费的因素，与影响学费整体状况的因素相同。普通专业学费受高等教育财政性经费、农村居民人均纯收入的影响。高等教育成本等因素对艺术专业学费的影响程度高于其对普通专业学费的影响程度。

前两年东中部地区学费的差异，是东部地区高等教育成本高于中部地区，中部地区学费以农村居民人均纯收入为制定依据的结果。后 3 年东中部地区学费的差异，是政府对高等教育投入差异增大、中部地区学费随着农村居民人均纯收入的增长而快速增长的结果。东西部地区学费的差异及差值的变化，是东西部地区政府对高等教育投入差异的变化、西部地区学费随着城镇居民人均收入的增长而增长的结果。中西部地区学费的差异及差值的变化，是生均获得高等教育财政性教育经费的差异，是国民支付能力的指标不同及各指标作用力度差异的结果。

高等教育成本、高等教育个人收益的差异，是引起学校层次间学费差异的主要因素。政府财政性经费和农村居民人均纯收入作用力度的差距，对普通专业一本与普通专业二本学费的差距具有增大作用。生均预算内教育事业费和城镇居民人均可支配收入作用力度的差距，对艺术专业一本和艺术专业二本学费差距的程度具有降低作用。

第五章　公办高校学费对贫困学生家庭的影响

维护高等教育机会公平，是政府制定高校学费标准需要考虑的重要内容，因而，学费对高等教育公平的影响，成为本书重点关注的问题。实践中，高校学费对学生家庭的影响，体现为学费政策对高等教育公平的影响。贫困学生是参与高等教育的弱势群体，通过探查学费对其家庭的影响，可以检验学费标准是否合理。学费对贫困学生家庭的影响，体现在学生家庭学费承受能力、学费对学生经济来源和需求的影响。根据《高等学校收费管理暂行办法》中关于制定学费标准依据的规定，本章从全国、地区和学校层次展开高校学费对贫困学生家庭影响的分析。

第一节　贫困学生家庭对学费的承受能力

依据社会效益，贫困学生家庭对学费的承受程度是检验学费是否合理的重要指标。对贫困学生家庭学费承受能力的状况及影响因素的分析，可为高校学费政策的调整提供科学的依据。实践中，由于各地区学费和经济状况的不同，各层次学校的生源结构和资助的不同，贫困学生家庭对学费承受能力有可能不同。本节利用抽样调查得到的数据，对贫困学生家庭学费承受能力进行分析。

一　反映学生家庭对学费承受能力的指标

高等教育投资是人力资本投资，高等教育对社会阶层的流动有很强的推动作用。保障有能力接受高等教育群体的高等教育入学机会，是公办高校作为公共部门的社会责任。国民经济承受能力，成为制定公办高校学费标准的依据。国民的收入水平是反映国民经济承受能力的重要指标，因此，合理确立学费占国民收入的比例，对合理确立学费标准具有重要的实践意义。由于中国国民收入水平存在城乡差距、阶层差距，在实践中合理确立学费占国民收入的比例十分困难。

过高的学费，会导致高等教育入学机会和过程的不公平，影响社会和谐；过低的学费，则会导致学生对高等教育成本分担的能力未能充分利用。为了确立一个合理的学费标准，王善迈提出，依据高等教育需求价格弹性系数、城乡居民收入及增长率来确定学费标准，通过检测低收入家庭学生占学生总数的比例变化来检验学费标准是否合理。① 据此，学生家庭的收入及支出，是判断高校学费标准合理性的重要因素。学费对在校大学生家庭的影响，是体现学费标准是否合理的一个重要方面。检验学费对贫困大学生家庭的影响程度，是一种很好的检测学费标准是否合理的途径。

从学生整体角度来看，学生家庭对学费承受能力的指标，是不同程度承受能力的学生家庭所占的比例，其体现的是学费标准对学生整体的合理性；从学生个体角度来看，学生家庭对学费承受能力的指标，是学费占学生家庭的收入与支出的比例。学生家庭经济状况、学校所在地的消费水平、学费、学生资助，对学生家庭个体和学生家庭整体对学费承受能力的指标都有影响。

影响学生家庭对学费承受能力的因素，有学生家庭的收入、支出、学费、学生在学校的其他开支、学生获得的资助。理论上，学生家庭的收入、学生获得的资助，与学生家庭对学费的承受能力呈正相关；学生家庭的支出、学费、学生在学校的其他开支，与学生家庭对学费的承受能力呈负相关关系。每个学生缴纳的学费、学生家庭的收入、学生家庭的开支、学生在学校的开支都不相等；学生家庭对学费的承受能力，一方面，受学费绝对数值大小的影响；另一方面，也是更重要的，是受学费占学生家庭经济收入与支出比重的影响。因此，学费占学生家庭收入与支出的比例、学费占学生在校开支的比例、学生获得的资助是学费对学生家庭影响的重要因素，亦是学生家庭对学费承受能力的重要指标。一般而言，学费对学生家庭的影响，主要体现为对贫困大学生家庭的影响。在此，本书

---

① 王善迈：《关于教育产业化的讨论》，《北京师范大学学报》2000 年第 1 期。

以高校获得助学贷款的学生为样本，以上述指标为自变量，以学生家庭对学费的承受能力为因变量，进行描述统计、方差分析、逻辑回归分析，寻求贫困学生家庭对学费承受能力的状况，及其在各地区、各层次高校的差异，探寻以上变量的变化对贫困学生家庭学费承受能力的影响。

二　数据说明

本章研究的数据，如果没有做特别说明，均来源于全国教育科学"十五"规划重点课题——"高等学校学生贷款制度实施效益的国际比较"课题组，于2007年9月对高校已贷款的本专科生实施的问卷调查。问卷是按照地区、学校层次和类型分层抽样的，有效问卷为71818份。此项研究，由华中科技大学学生资助研究中心承担。征得课题负责人沈红教授同意，本书用其中的第11、13、17、18、19、22题来进行研究。其内容为学生家庭一年总收入、一年总支出、学生上学的一年经济来源、学生上学的一年支出、学生未满足的需求、学生家庭对学费承受能力、学生对资助方式有效性的排序。学生家庭对学费承受能力的选项以五分法进行分类，分别为没有问题、尚能承受、有点困难、非常困难、无法承受。学生对资助方式有效性的排序，是指学生对奖学金、助学贷款、勤工助学、助学金、学费减免按照资助的有效性进行的排序。

表 5 - 1　　　　　　　　　　　　样本特征

变量	百分比（%）	变量	百分比（%）
性别		年级	
男	53.0	一年级	5.6
女	47.0	二年级	36.3
		三年级	37.1
		四年级	21.0
父亲受教育程度		母亲受教育程度	
小学及小学以下	29.2	小学及小学以下	49.8
初中	38.2	初中	31.3
高中	29.6	高中	17.7
大学专科	1.9	大学专科	0.7
大学本科及以上	1.0	大学本科及以上	0.6
学校所在地区		学校层次	
东部	28.2	部属本科	21.0
中部	49.1	地方本科	67.0
西部	22.7	高职高专	12.0

三 研究步骤

（一）对贫困大学生家庭学费承受能力进行描述统计。

（二）分别以学校层次、学校所在地区为自变量，以学费占学生家庭总收入的比例、学费占学生家庭总支出的比例、学费占学生在校开支的比例为因变量进行方差分析，探讨因变量在学校层次和学校所在地区间是否存在差异。

（三）将学生家庭对学费承受能力为能够承受、尚能承受、有点困难的编码为"0"，将学生家庭对学费承受能力为非常困难、无法承受的编码为"1"；以学费、学费占学生家庭总收入的比例、学费占学生家庭总支出的比例、学费占学生在校开支的比例为自变量，对学生家庭学费承受能力进行逻辑回归，探讨它们对学生家庭学费承受能力的影响。

四 数据分析结果

（一）认为家庭能够承受学费的贫困大学生仅占极少数，大多数的贫困大学生认为家庭承受学费存在困难（见图5-1）。

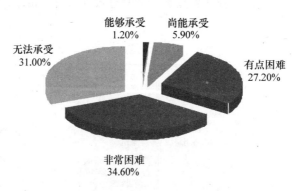

能够承受
1.20%

尚能承受
5.90%

无法承受
31.00%

有点困难
27.20%

非常困难
34.60%

图5-1 贫困学生家庭对学费承受能力的分布

（二）东部地区、中部地区、西部地区的贫困大学生家庭对学费的承受能力，与全国状况一样（见图5-2）。即各地区中，认为家庭能够承受学费的贫困大学生仅占极少数，大多数的贫困大学生认为家庭承受学费存在困难；承受学费的困难程度越大，其对应的贫困大学生所占比例越高。对学费承受困难程度较低的贫困大学生所占比例进行地区排序，根据其大小依次为中部地区、东部地区、西部地区。反之，对学费承受困难程度较高的贫困大学生所占比例进行地区排序，根据其大小依次为西部地区、东部地区、中部地区。

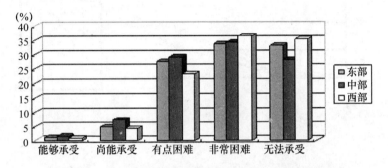

图 5-2　各地区贫困大学生家庭对学费承受能力的分布

（三）部属本科、地方本科、高职高专的贫困大学生家庭对学费的承受能力，与整体状况一样（见图 5-3）。即各学校层次中，认为家庭能够承受学费的贫困大学生仅占极少数，大多数的贫困大学生认为家庭承受学费存在困难；承受学费的困难程度越大，其对应的贫困大学生所占比例越高。部属本科、地方本科、高职高专之间，学费承受能力对应学生所占的比例相差不大。

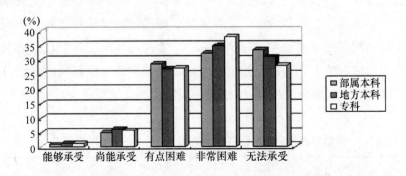

图 5-3　不同层次学校贫困大学生家庭对学费承受能力的分布

（四）学费占学生家庭全年总收入的比例越高，其所对应的学生比例越大（见图5-4）。学费占学生家庭全年总收入的比例在东部地区、中部地区、西部地区的学校之间，及不同层次学校之间不存在显著差异（见表5-2）。

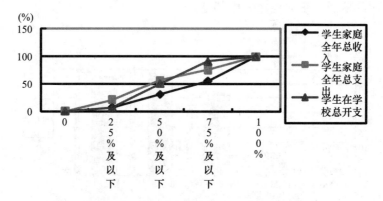

图5-4　学费占各种变量的累积分布

（五）学费占学生家庭全年总支出的各种比例所对应的学生比例，相差不大（见图5-4）。学费占学生家庭全年总支出的比例在东部地区、中部地区、西部地区的学校之间，及不同层次学校之间存在显著差异（见表5-2）。学费占学生家庭全年总支出的比例的平均值从大到小依次为东部地区、中部地区、西部地区；部属本科、地方本科、高职高专。

（六）学费占学生在校总开支的比例所对应学生的比例，先是随其增长而增长，然后是随其增长而下降（见图5-4）。学费占学生在学校总开支的比例，在东部地区、中部地区、西部地区的学校之间，不同层次学校之间存在显著差异（见表5-2）。学费占学生在学校总开支的比例的平均值，从大到小依次为中部地区、东部地区、西部地区；地方本科、部属本科、高职高专。

表5-2　　　学费占各种变量比例的单因素方差分析（ANOVA）

因变量	学校所在地区		学校层次	
	F	Sig.	F	Sig.
学费占家庭全年总收入的比例	2.226	.108	1.374	.253

续表

因变量	学校所在地区		学校层次	
	F	Sig.	F	Sig.
学费占家庭全年总支出的比例	3.563	.028	2.998	.050
学费占学生在校总开支的比例	239.552	.000	229.650	.000

（七）由逻辑回归中学费的系数为正得到，学生缴纳的学费高低与贫困生家庭的承受能力负相关。由各影响因素的标准化回归系数可知，学费对贫困生家庭承受能力的影响，小于学生家庭全年总收入、学生家庭全年总支出对贫困生家庭承受能力的影响，大于学生在学校的总开支对贫困生家庭承受能力的影响（见表5-3）。

表5-3　　　　　贫困生家庭学费承受能力的逻辑回归系数及检验

自变量	B	S.E.	Wald	df	Sig.	Exp（B）
以百元为单位本学年缴纳学费	.007	.001	109.306	1	.000	1.007
以千元为单位最近一年全家总收入	-.181	.003	3413.859	1	.000	.834
以千元为单位最近一年全家总支出	.050	.002	769.334	1	.000	1.052
以千元为单位学生在学校总开支	.023	.003	43.066	1	.000	1.023
常数	1.071	.038	786.942	1	.000	2.919

五　对数据的讨论

（一）贫困学生家庭对学费的承受能力

数据显示，有7.1%的贫困大学生家庭能够承受或者尚能承受学费；有34.3%的贫困大学生家庭能够承受学费、尚能承受学费或者有点困难；有65.6%的贫困大学生家庭对学费承受非常困难或者无法承受。贫困学生家庭对学费承受能力的分布，按其程度由高到低的变化是非平稳的，其增长变化的拐点在学生家庭对学费承受有点困难。这说明，学费已经超过了大部分贫困学生家庭的支付能力；学生所占的比例，按学费对贫困学生家庭经济压力的程度，由低到高逐等级增长。

东部地区、中部地区、西部地区贫困大学生能够承受学费的比例分别为 33.3%、37.8%、28.3%，东部地区、中部地区、西部地区贫困大学生家庭对学费承受非常困难或者无法承受的比例分别占 66.8%、62.2%、71.7%。部属本科、地方本科、高职高专贫困大学生能够承受学费的比例分别为 35.9%、34.3%、34.2%，部属本科、地方本科、高职高专贫困大学生家庭对学费承受非常困难或者无法承受的比例分别为 64.1%、65.7%、65.8%。这表明，地区之间对学费的承受能力有一定的差异，学校层次之间对学费的承受能力基本上没有什么差异。

学费占学生家庭总支出比例的各个区间所对应学生的分布情况相差不大。学费占学生在校总开支在 50% 及以下的比例为 50.7%，在 50% 以上比例的为 49.3%。这表明，缴纳学费只是贫困大学生在校支出的一部分，学生家庭对学费的承受能力还受到其他开支的影响。接近 2/3 的贫困大学生家庭承受学费有困难，这一方面是学费的作用，另一方面也是学校其他开支的作用。由于贫困大学生在其他开支的总额上具有一定的伸缩性，而缴纳的学费具有较强的刚性，因此，学费对贫困大学生家庭承受能力的影响大于学校其他开支的影响。

（二）能力支付原则的现实比例

家庭年总收入对其学费承受能力的作用，大于家庭年总支出、学费、学生在校的总开支。这表明，影响贫困大学生对学费承受能力的主要因素是学生家庭的总收入，收入低是贫困大学生家庭对学费承受能力低的主要原因。学费占贫困大学生家庭总收入的比例越大，说明贫困大学生家庭对学费的承受能力越低。学费占贫困大学生家庭总收入的比例，在以四分法划分的区间逐级增长，其逐级增长的幅度是先上升后下降。东部地区、中部地区、西部地区之间，学费对贫困大学生家庭的经济压力没有区别；部属本科、地方本科、高职高专之间，也是一致的。

44.4% 的贫困大学生缴纳的学费占其家庭总收入比例在 3/4 以上，与有 31% 的贫困大学生家庭对学费无法承受相对应；69.4% 的贫困大学生缴纳的学费占其家庭总收入的比例在 50% 以上，与有 65.6% 的贫困大学生家庭对学费承受非常困难或者无法承受相对应；有 23.3% 的大学生缴纳的学费占其家庭总收入的比例在 1/4 至 1/2 之间，与有 27.2% 的贫困大学生家庭承受学费有点困难相对应；有 7.3% 的大学生缴纳的学费占贫困大学生家庭年总收入的比例在 25% 及以下，与有

7.1%的贫困大学生认为家庭能够承受或者尚能承受学费相符合。从以上数据对应的分析可以得出，学费占学生家庭年总收入的比例，与大学生家庭对学费的承受能力之间存在着对应关系。

为了进一步探讨上述对应关系存在的真实性和可推广性，本书对学费占大学生家庭总收入的比例与大学生家庭对学费的承受能力进行相关分析。由于学费占大学生家庭总收入的比例是定比变量，大学生家庭对学费的承受能力是定序变量，本书对它们进行相关分析时，采用的是Spearman's rho 相关系数。两变量的 Spearman's rho 相关系数为 0.328，Sig. 为 0.000。由此可见，学费占大学生家庭总收入的比例与大学生家庭对学费的承受能力存在较强的正相关关系。也就是说，学费占大学生家庭总收入比例的高低程度，与大学生家庭对学费承受能力的困难程度存在一定的对应关系，并且，这一结论可以由样本推广到总体。

根据上述分析可以得出，在一定的误差范围内，学费占贫困大学生家庭总收入的比例在25%及以下时，大学生家庭对学费是可以承受的；学费占贫困大学生家庭总收入的比例在50%及以下时，虽然导致部分大学生家庭对学费承受有点困难，但是大学生家庭是可以接受的；学费占贫困大学生家庭总收入的比例在50%以上时，就会导致大学生家庭难以承受。通过运用相同的统计分析方法得出，以上学费占贫困大学生家庭总收入的比例所对应的结论，在各地区、各层次的学校都是适用的。

第二节　学费对学生经济来源的影响

学费是学生开支的主要部分，当学生缴纳学费出现困难的时候，就会寻求其他类型的经济来源。研究学费对学生经济来源的影响，能够为学费和资助政策的调整提供科学的依据。由于各种资助的政策目标、各地区的财政收入、各层次学校的资源不同，学费对学生获得各种资助的影响在地区之间、学校层次之间可能存在差异。本节利用抽样调查得到的数据，对学费对学生经济来源的影响进行分析。

一　反映学生经济来源的指标及学费对其可能的影响

受中国传统文化和经济运行环境的影响，供孩子上大学是父母的心愿，也是父母的社会责任，所以家庭供给是学生经济的主要来源。当学生家庭支付学费存在困难的时候，学生就会寻求家庭之外的经济来源。学生上大学的开支包括学费、住宿费、生活费等。学费是学生上大学必须开支的费用，是学生在校开支的重要组成部分。帮助学生缴纳学费，是助学贷款政策的目标之一；其他直接性或间接性资助有助于学生缴纳学费。国家在高等教育阶段，建立起奖学金、助学金、助学贷款、勤工助学、学费减免等多种形式并存的高校家庭经济困难学生资助政策体系。助学金由中央与地方政府共同出资设立，用于资助家庭经济困难的在校大学生；奖学金的政策目标是激励在校大学生勤奋学习、努力进取，在德、智、体、美等方面全面发展；国家助学贷款由政府主导，财政贴息，财政和高校共同给予银行一定风险补偿金，生源地信用助学贷款由政府主导，财政贴息，财政给予银行一定风险补偿金，其政策目标都是帮助高校家庭经济困难学生支付在校学习期间所需的学费、住宿费及生活费；勤工助学津贴是学生在学校的组织下，利用课余时间，通过自己的劳动取得的合法报酬，其政策目标是改善学生的学习和生活条件。①

学生获得的资助，一方面说明了贫困学生在现行学费和资助制度的背景下对获得各种资助的努力程度；另一方面也说明了贫困学生获得资助的可能性。资助的来源与中央政府的政策和当地政府的财政能力高度相关，因此，学生获得的各种资助，在各地区、各学校层次之间可能存在差异。在经济资源的约束下，学生为顺利接受高等教育，会倾向于寻求经济资助。学生寻求经济资助的努力程度，会受自身需求的影响。学费是学生接受高等教育所需开支的重要组成部分，学费必定对学生寻求资助的努力程度产生很强的影响。学生寻求经济资助的努力程度，还会

---

① 中华人民共和国财政部教科文司、中华人民共和国教育部财务司、全国学生资助管理中心：《高等学校学生资助政策简介》（http://www.xszz.cee.edu.cn/show_news.jsp?id=1217）。

受各种资助的政策目标和额度的影响。各种资助政策目标的不同，会导致学生获得资助的可能性不一样；额度的不同，会导致各种资助满足学生资助需求的程度不一样，因此，这就会导致学生在寻求资助时，对各种资助的努力程度不一样；最终会导致学生获得各种资助的结果不一样。由于资助资源的有限性，学校为保证自身的正常运转，资助的发放会倾向于有利学费收缴的方式。据此，学费对学生获得各种资助的影响结果也不一样。

本书的学生资助包括奖学金、学校各种补助、学校勤工助学基金、助学贷款、校外打工收入；其中，奖学金包括国家奖学金、地方政府奖学金、学校奖学金；助学贷款包括国家助学贷款、生源地助学贷款、一般商业性助学贷款。根据本书的研究目的，本书以学校层次、学校所在地区为自变量对学生的经济来源进行方差分析，探讨学校层次之间、地区之间学生经济来源的差异；以学校所在地区、学校层次为控制变量，对学生各种经济来源与学费进行相关分析，探讨各地区学费对学生经济来源的影响。

二　研究步骤

（一）对学生上大学的经济来源进行描述统计。

（二）分别以学校所在地区、学校层次为自变量，以家庭供给、亲友资助、奖学金、助学贷款、助学金、学校勤工助学津贴、校外打工收入为因变量进行方差分析，探讨各因变量在自变量组间是否存在差异。

（三）以学校所在地区、学校层次为控制变量，对家庭供给、亲友资助、奖学金、助学贷款、助学金、学校勤工助学津贴、校外打工收入与学费进行相关分析，探讨学费对它们的影响。

三　数据分析结果

（一）学生获得各种经济来源所占的比例，由高到低的排列顺序依次为父母供给、助学贷款、亲友资助、助学金、校外打工收入、奖学金、学校勤工助学津贴（见图 5-5）。

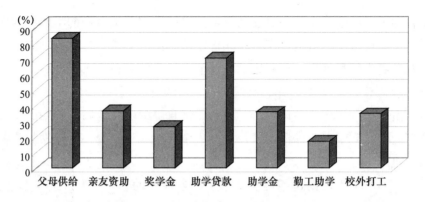

图5-5 学生获得各种资助的百分比

（二）在地区之间，中部地区获得父母供给的学生比例最高；获得亲友资助的学生比例由高到低依次为西部地区、中部地区、东部地区；获得奖学金、助学金的学生比例由高到低依次为东部地区、中部地区、西部地区；在地区之间，中部地区获得助学贷款、学校勤工助学津贴的学生比例最低；获得校外打工收入的学生比例由高到低依次为中部地区、东部地区、西部地区（见图5-6）。

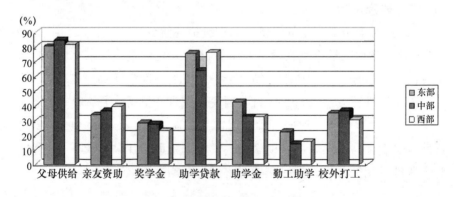

图5-6 各地区获得各种资助的学生的百分比

（三）获得奖学金、助学贷款、助学金的学生比例，由高到低依次为部属本科、地方本科、高职高专；获得家庭供给、亲友资助、校外打工收入的学生比例，由低到高依次为部属本科、地方本科、高职高专（见图5-7）。

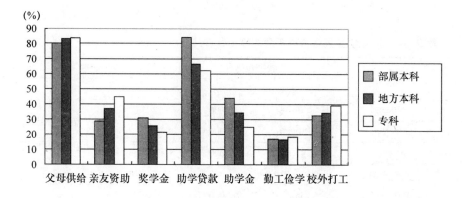

图 5 - 7　不同层次学校获得各种资助的学生的百分比

（四）学生获得的各种资助的均值由大到小依次为助学贷款、父母供给、亲友资助、奖学金、助学金、校外打工收入、学校勤工助学津贴（见图 5 - 8）。

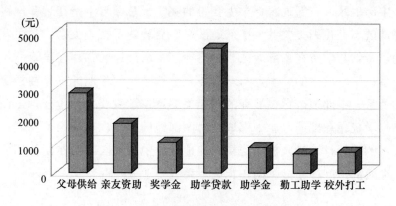

图 5 - 8　学生获得的各种资助的平均值

（五）地区之间学生获得的父母供给、亲友资助、奖学金、助学贷款、校内勤工助学津贴、校外打工收入、助学金存在显著差异；其中，父母供给均值大小依次为中部地区、东部地区、西部地区，亲友资助均值大小依次为西部地区、中部地区、东部地区，奖学金、校外打工收入均值大小依次为东部地区、中部地区、西部地区，助学贷款、校内勤工助学津贴、助学金均值大小依次为东部地区、西部地区、中部地区（见表 5 - 4）。

表 5 - 4   学生获得各种资助的单因素方差分析（ANOVA）

因变量	学校所在地区		学校层次	
	F	Sig.	F	Sig.
父母供给	148.866	.000	37.752	.000
亲友资助	11.176	.000	94.681	.000
奖学金	145.952	.000	477.466	.000
助学贷款	552.910	.000	1357.786	.000
校内勤工助学津贴	155.191	.000	92.613	.000
校外打工收入	109.092	.000	42.388	.000
助学金	519.633	.000	338.215	.000

（六）学生获得的父母供给、亲友资助在东部地区、中部地区、西部地区与学费存在显著的正相关关系，相关强度由高到低依次为西部地区、中部地区、东部地区；学生获得的奖学金总额与学费在东部地区与西部地区不存在相关关系，中部地区存在显著的正相关关系；学生获得的助学贷款与学费在东部地区、中部地区、西部地区都存在显著的正相关关系；学生获得的助学金与学费在东部地区、西部地区不存在显著的相关关系，中部地区存在显著的正相关关系；学生获得的学校勤工助学津贴与学费在东部地区、中部地区、西部地区不存在显著相关关系；学生获得的校外打工收入与学费在东部地区、中部地区不存在显著相关关系，在西部地区存在显著的正相关关系（见表 5 - 5）。

表 5 - 5   学费与贫困大学生经济来源的相关性

变量	学校所在地区						学校层次					
	东部		中部		西部		部属本科		地方本科		高职高专	
	r	Sig.	r	Sig.	r	Sig.	r	Sig.	r	Sig.	r	Sig.
父母供给	.084	.000	.087	.000	.107	.000	.077	.000	.102	.000	.033	.000
亲友资助	.043	.000	.100	.000	.101	.000	.084	.000	.094	.000	.015	.319
奖学金	.000	.968	.034	.000	.013	.244	-.017	.002	.019	.002	.086	.000

续表

变量	学校所在地区						学校层次					
	东部		中部		西部		部属本科		地方本科		高职高专	
	r	Sig.	r	Sig.	r	Sig.	r	Sig.	r	Sig.	r	Sig.
助学贷款	.045	.000	.059	.000	.029	.010	.054	.000	.023	.000	.100	.000
校内勤工助学津贴	-.014	.159	-.021	.063	-.021	.063	.002	.877	-.003	.589	.063	.000
校外打工收入	-.001	.919	.010	.153	.051	.000	.030	.005	.019	.002	-.007	.641
助学金	.007	.452	.028	.000	.005	.656	.038	.000	.020	.002	.012	.449

（七）学校层次之间，学生获得的父母供给、亲友资助、奖学金、助学贷款、助学金、学校勤工助学津贴、校外打工收入存在显著的差异；其中奖学金、学校勤工助学津贴的均值大小依次为部属本科、高职高专、地方本科，父母供给、助学贷款、助学金的均值大小依次为部属本科、地方本科、高职高专，校外打工的收入的均值大小依次为高职高专、部属本科、地方本科。亲友资助的均值大小依次为高职高专、地方本科、部属本科（见表5-4）。

（八）部属本科、地方本科、高职高专的学生获得的父母供给与学费存在正相关关系；部属本科、地方本科的学生获得的亲友资助与学费存在正相关关系，高职高专的学生获得的亲友资助与学费不存在显著相关关系；部属本科的学生获得的奖学金总额与学费不存在显著相关关系，地方本科、高职高专的学生获得的奖学金总额与学费存在正相关关系；部属本科、地方本科、高职高专的学生获得的助学贷款与学费存在正相关关系；部属本科、地方本科学生获得的助学金与学费存在正相关关系，高职高专学生获得的助学金与学费不存在显著相关关系；部属本科、地方本科的学生获得的校内勤工助学津贴与学费不存在显著相关关系，高职高专的学生获得的校内勤工助学津贴与学费存在正相关关系；部属本科、地方本科的学生校外打工的收入与学费存在正相关关系，高职高专的学生校外打工的收入与学费不存在显著相关关系（见表5-5）。

四　对数据的讨论

（一）学生的经济来源

地区之间，贫困学生家庭为支持学生缴纳学费，节省开支的程度由高到低依次为东部地区、中部地区、西部地区。学校层次之间，贫困学生家庭为支持学生缴纳学费，节省开支的程度由高到低依次为部属本科、地方本科、高职高专。在各区间，学费占学生家庭全年总支出的比例与学费占学生家庭全年总收入的比例的差，由高到低分别为 13.4%、12.3%、−5.5%、−20.2%。这说明，贫困学生家庭为支付学费会寻求经济资助，获得的资助与学生家庭的贫困程度正相关。

有 17.4% 的贫困大学生没有获得父母的供给，这表明部分大学生缴纳学费的资金全部来自资助。由父母供给的平均值为 2842 元、学费占学生家庭年总收入的 75% 及以上的学生比例达到 44.4% 得知，获得资助成为大部分贫困生重要的经济来源。学生获得各种经济来源的可能性在地区之间存在差异；东部地区的学生获得财政资助的可能性最高；中部地区的学生获得家庭供给的可能性最大。学生获得财政资助的可能性随着学校层次的上升而上升；学生获得的校外经济来源随着学校层次的上升而下降。

（二）学费对学生经济来源的地区影响

父母供给是学生经济来源的主要组成部分，东部地区、中部地区、西部地区都是如此。学费对父母供给的额度具有很强的影响，其影响强度，由高到低依次为西部地区、中部地区、东部地区。从学费对父母供给影响的强度可以得出，为了缴纳学费，许多贫困大学生家庭不得不节衣缩食，这在西部地区尤为明显。亲友资助是学生经济来源的重要组成部分，东部地区、中部地区、西部地区都具有这一特征。学费对亲友资助的额度具有较强的影响，学费越高，学生获得的亲友资助越高。学费对东部地区学生获得亲友资助的影响强度要低于中部地区、西部地区。获得校外打工的机会和打工的收入与学校所在地的经济发达程度正相关，所以学生校外打工收入的均值由高到低依次为东部地区、中部地区、西部地区。各地区学费对学生校外打工的收入没有影响，这表明缴纳学费的差异不是影响学生校外打工收入差异的因素。

　　奖学金的额度、覆盖面与政府财政能力、学校的收入有关，学生获得的奖学金额度在地区之间存在显著差异，且其均值的大小由高到低依次为东部地区、中部地区、西部地区。中部地区学费对学生获得奖学金有较强的影响，东部地区、西部地区学费对学生获得奖学金没有影响。中部地区的奖学金随着学生缴纳的学费的升高而升高，奖学金对促进学生缴纳学费的作用比东部地区、西部地区强。

　　实践中，助学贷款主要是帮助贫困学生缴纳学费的，这在东部地区、中部地区、西部地区都得到了体现。由于东部地区地方财政能力强，西部地区中央政府给予财政支持，所以东部地区、西部地区学生获得的助学贷款均值高于中部地区。中部地区助学贷款对帮助学生支付学费的强度要低于东部地区、西部地区。

　　由于东部地区政府财政收入高，中央政府对西部地区的财政倾斜，所以东部地区、西部地区的学生获得的助学金、学校勤工助学津贴的均值高于中部地区。在相对有限的资源的情况下，中部地区的助学金发放的对象，选择了学费相对较高专业的贫困大学生。学校勤工助学津贴主要是帮助学生解决基本生活费用，其选择发放的对象不是依据学生缴纳的学费确定的，所以各地区学费对学生获得的勤工助学没有影响。

　　（三）学费对学生经济来源的学校层次影响

　　学费对部属本科、地方本科、高职高专学生获得父母供给具有较强的影响。学费对父母供给的影响强度，由高到低依次为地方本科、部属本科、高职高专。学费对部属本科、地方本科学生获得亲友资助具有较强的影响；对高职高专学生获得亲友资助没有影响。学费对地方本科学生获得亲友资助的影响强度要高于部属本科。部属本科、地方本科学生校外打工收入受学费的影响，对帮助学生缴纳学费具有直接作用，其强度依次为部属本科、地方本科。高职高专学生校外打工收入的均值最高，这主要是因为高职高专学生课余时间比较充足，所学习的知识在社会中实际运用性较强；学生获得校外打工的收入不受学费影响。

　　由于奖学金是奖励优秀学生的，所以部属本科学生获得奖学金的均值最高。在资源丰富的情况下，部属本科的奖学金发放对象主要是优秀的大学生，学费对学生获得奖学金没有影响，奖学金帮助学生缴纳学费的直接作用不强。在资源有限的情况下，地方本科、高职高专的奖学金的发放受学费影响，对帮助学生缴纳学费有一定的直接作用。

在实际操作中，银行为了规避风险，助学贷款的发放对将来获得工作机会较多、收益较好的学生有所倾斜，因此，学生获得助学贷款的均值由高到低依次为部属本科、地方本科、高职高专。各学校层次的学生获得的助学贷款都受到学费影响。助学贷款对帮助各学校层次的学生缴纳学费都起到较强的直接作用；其作用的强度依次为部属本科、地方本科、高职高专。

部属本科、地方本科学生获得助学金的额度受学费影响。助学金对帮助学生缴纳学费有直接的促进作用；其作用的强度由高到低依次为部属本科、地方本科。学费对高职高专的学生获得助学金的额度没有影响。助学金对帮助高职高专的学生缴纳学费没有直接的作用。学费对部属本科、地方本科学生获得校内勤工助学津贴的额度没有影响。校内勤工助学津贴对帮助部属本科、地方本科学生缴纳学费没有直接的作用。高职高专学生获得校内勤工助学津贴的额度受学费的影响。校内勤工助学津贴对帮助高职高专学生缴纳学费有直接的作用。

第三节　学费对学生经济需求的影响

学生经济需求反映了学生为满足基本生活和学习对经济资源的需要。实践中，由于资源的有限性，贫困学生的经济需求并没有得到满足。研究学费对学生经济需求的影响，可为完善学生资助政策提供科学的依据。地区之间、学校层次之间的学费、学生经济状况和学生资助的不同，有可能导致学费对学生经济需求的影响不同。本节利用抽样调查得到的数据，对学费对学生经济需求的影响进行分析。

一　反映学生经济需求的指标及学费对其可能的影响

学生对经济的需求，一方面，表现为对数量的需求；另一方面，表现为对来源方式的需求。从理论上来说，学生家庭支付能力不足时，学费越高，学生对家庭之外经济来源的需求量越大。学生家庭的收入与支出是影响学生经济需求数量的重要因素，因此，学费对学生经济需求数量的影响受学费占学生家庭总收入、学生家庭总支出比例的影响。各个地区，学生缴纳的学费和消费支出不同；各个学校层次，学生缴纳的学费不同，因此，学费对学生经济需求的影响，在地区之间、学校层次之间有可能存在差异。

学生家庭之外的经济来源，包括亲友资助和学生资助。不同资助方式的针对群体的侧重点不同，学生获得各种资助的难易程度和数额不同。学费会影响学生家庭对各种资助方式的需求程度。助学贷款的政策目标是帮助贫困生顺利完成学业，随着助学贷款制度的日益完善，助学贷款发放的额度和范围都在不断地扩大，助学贷款在资助贫困生上学中的作用日益凸显。实践中，助学贷款主要提供给学生用于支付学费、住宿费及生活费；学费的收缴关系到学校的正常运转，所以，学校倾向于将助学贷款用于支付学生的学费。学费减免是直接免除学生的学费，对学生缴纳学费有直接的促进作用，因此，学费有可能影响学生对于助学贷款、学费减免的需求程度。奖学金主要是为了激励学生努力学习，或者毕业后从事社会公益性职业；奖学金的发放对象，主要是学习成绩优秀的学生或者特定专业的学生。助学金、学校勤工助学津贴，主要是为了解决学生的生活困难问题，很少有学生将其用来支付学费，因此，学费有可能对学生寻求奖学金、助学金、学校勤工助学，不产生直接影响。

根据本书的目的，本书以学生在校的支出和未满足的需求为学生的总需求，以地区、学校层次为控制变量，对学费对学生经济需求数量、资助方式需求程度的影响进行分析；对学生未满足的需求在地区之间、学校层次之间的差异进行探讨。

二 研究步骤

（一）对学生经济需求数量、资助方式需求的程度进行描述统计。

（二）以地区、学校层次为控制变量，对学生的经济需求数量与学费，学费占学生家庭总收入、总支出的比例进行相关分析。

（三）以地区、学校层次为控制变量，对学生对资助方式的需求程度与学费进行相关分析。

（四）以学生未满足的需求为因变量，以学校所在地区、学校层次为自变量进行方差分析，探讨地区、学校层次之间未满足需求的差异。

（五）以地区、学校层次为控制变量，对学生未满足的需求与学费进行相关分析。

三　数据分析结果

（一）学生经济需求的平均值，由高到低依次为东部地区、中部地区、西部地区；中部地区、西部地区学生经济需求的平均值，低于全国平均值（见图5-9）。学生经济需求的平均值，由高到低依次为部属本科、地方本科、高职高专；地方本科、高职高专学生经济需求的平均值，低于全国平均值（见图5-9）。

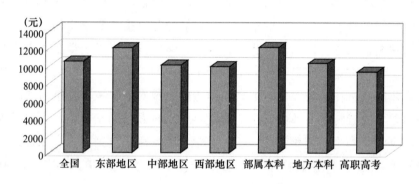

图5-9　学生经济需求的平均值

（二）东部地区，学费与学生经济需求存在显著的正相关关系；学费占学生家庭收入比、学费占学生家庭支出比与学生经济需求存在显著的负相关关系。中部地区，学费与学生经济需求存在显著的正相关关系；学费占学生家庭收入比与学生经济需求不存在显著的相关关系；学费占学生家庭支出比与学生经济需求存在显著的正相关关系。西部地区，学费与学生经济需求存在显著的正相关关系；学费占学生家庭收入比、学费占学生家庭支出比与学生经济需求不存在显著相关关系（见表5-6）。

（三）部属本科学费与贫困学生经济需求，存在显著的正相关关系；学费占学生家庭收入比、学费占学生家庭支出比与贫困学生经济需求不存在显著相关关系。地方本科学费与学生经济需求存在显著的正相关关系；学费占学生家庭收入比与学生经济需求存在显著的负相关关系；学费占学生家庭支出比与学生家庭经济需求不存在显著相关关系。学费与学生经济需求存在显著的正相关关系；学费占学生家庭收入比、学费占学生家庭支出比与学生经济需求不存在显著相关关系（见表5-6）。

表5-6 　　　　　　　　　学生经济需求与各变量的相关性

变量	学校所在地区						学校层次					
	东部地区		中部地区		西部地区		部属本科		地方本科		高职高专	
	r	Sig.	r	Sig.	r	Sig.	r	Sig.	r	Sig.	r	Sig.
学费	.199	.000	.273	.000	.258	.000	.274	.000	.253	.000	.242	.000
学费占家庭收入比	-.037	.014	-.003	.789	-.028	.051	-.012	.464	-.022	.010	.004	.817
学费占家庭支出比	-.038	.012	.026	.007	-.021	.147	-.013	.432	.004	.644	-.012	.537

（四）认为助学贷款是最有效资助方式的学生所占比例最大（见表5-7）。认为助学金是第三有效、第四有效资助方式的学生所占比例最高。认为奖学金为第三有效的学生所占比例最高。认为勤工助学、学费减免是第五有效资助方式的学生所占比例最高。

表5-7 　　　　　　　　学生对资助方式排序的百分比 　　　　　　　　单位:%

排序 资助方式	第一	第二	第三	第四	第五
助学贷款	54.7	20.4	10.7	7.9	6.3
助学金	3.8	23.3	31.0	31.0	11.0
奖学金	13.5	22.5	24.8	22.4	16.7
勤工助学	6.1	19.2	22.8	25.6	26.2
学费减免	22.2	14.8	10.7	12.8	39.5

（五）东部地区，学费与学生对助学贷款的需求程度正相关；与学生对奖学金、勤工助学、助学金、学费减免的需求程度不相关（见表5-8）。中部地区，学费与学生对助学贷款的需求程度正相关；与学生对勤工助学的需求程度负相关；与学生对奖学金、助学金、学费减免的

需求程度不相关。西部地区，学费与学生对奖学金、学费减免的需求程度正相关；与学生对助学贷款、勤工助学的需求程度负相关；与学生对助学金的需求程度不相关。

表 5 – 8　　　　　　　　　　学费与各种资助排序的相关性

变量	学校所在地区						学校层次					
	东部地区		中部地区		西部地区		部属本科		地方本科		高职高专	
	r	Sig.	r	Sig.	r	Sig.	r	Sig.	r	Sig.	r	Sig.
奖学金	-.011	.123	.006	.194	.020	.008	-.034	.000	.017	.000	-.045	.000
助学贷款	.019	.000	.021	.000	-.043	.000	.028	.000	-.019	.000	.021	.051
勤工助学	-.010	.144	-.025	.000	-.029	.000	-.009	.221	-.008	.056	-.009	.410
助学金	.003	.709	-.002	.634	.012	.114	.026	.001	.002	.618	.004	.704
学费减免	-.001	.927	-.006	.209	.029	.000	-.006	.404	.001	.783	.020	.060

（六）部属本科学费与学生对助学贷款、助学金的需求程度正相关；与学生对奖学金的需求程度负相关；与学生对勤工助学、学费减免的需求程度不相关（见表 5 –8）。地方本科学费与学生对奖学金的需求程度正相关；与学生对助学贷款的需求程度负相关；与学生对勤工助学、助学金、学费减免的需求程度不相关。高职高专学费与学生对奖学金的需求程度负相关；与学生对助学贷款、勤工助学、助学金、学费减免的需求程度不相关。

（七）学生未满足的需求，在东部地区、中部地区、西部地区之间存在差异，其均值大小依次为东部地区、中部地区、西部地区；在部属本科、地方本科、高职高专之间存在差异，其均值大小依次为地方本科、部属本科、高职高专（见表 5 –9，图 5 –10）。

表 5 –9　　　　　　　学生未满足需求的单因素方差分析（ANOVA）

因变量	学校所在地区		学校层次	
	F	Sig.	F	Sig.
未满足的需求	45.701	0.000	17.508	0.000

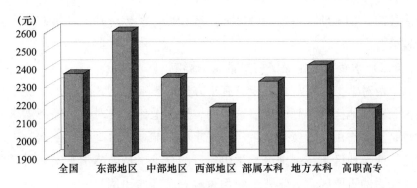

图 5 – 10　学生未满足需求的平均值

（八）东部地区、中部地区、西部地区的学生未满足的需求，与学费都存在正相关关系，相关强度由高到低依次为西部地区、中部地区、东部地区；部属本科、地方本科、高职高专的学生未满足的需求，与学费都存在正相关关系，相关强度由高到低依次为部属本科、地方本科、高职高专（见表 5 – 10）。

表 5 – 10　　　　　　大学生未满足的需求与学费的相关性

变量	学校所在地区						学校层次					
	东部地区		中部地区		西部地区		部属本科		地方本科		高职高专	
	r	Sig.	r	Sig.	r	Sig.	r	Sig.	r	Sig.	r	Sig.
未满足的需求	.091	.000	.110	.000	.159	.000	.139	.000	.139	.000	.059	.002

四　对数据的讨论

（一）学生的经济需求

学生经济需求的平均值与地区经济的发达程度正相关；东部地区学生的经济需求与中部地区、西部地区学生的经济需求的差值较大。部属本科学生的经济需求比地方本科、高职高专学生的经济需求高，且差值较大。助学贷款资助的额度和广度较大，学生对助学贷款的需求程度最高，其资助效应受到大部分学生的认可。学费减免资助的额度和广度较低，学生对学费减免的需求程度最低，认可其资助效应的学生较少。奖学金、助学金的资助具有一定的针对性，学生对奖学金、助学金的需求程度较高。勤工助学资助的额度和广度较低，学生对勤工助学的需求程度较低。

（二）学费对学生经济需求数量的影响

学费对学生经济需求数量具有正方向的影响，这在东部地区、中部地区、西部地区都得到验证。这表明，整体上，学费对学生经济需求的数量是正向作用。学费对学生经济需求的影响强度由高到低依次为中部地区、西部地区、东部地区。学生家庭的总支出是影响学生家庭对学费承受能力的重要因素。学费占学生家庭总支出的比例，一方面，是学生家庭对学费承受能力的指标；另一方面，是反映学生家庭寻求经济资助的重要参数。东部地区，学费占学生家庭收入、支出的比，对学生家庭经济需求都为负方向的影响。这表明，学费承受能力低的学生，会节省在其他方面的开支；东部地区经济较为发达，其他方面的开支较大；因此，学费承受能力低的学生的经济需求数量较低。中部地区、西部地区，除了中部地区学费占学生家庭支出的比例对学生经济需求有强度较低的正方向影响外，学费占其他变量的比例对学生经济需求没有显著影响。这表明，中部地区、西部地区经济发达程度较低，其他方面的开支较小；因此，学生其他方面的开支与学费对学生经济需求数量的影响大致相当。

学费对学生经济需求具有正方向的影响，这在部属本科、地方本科、高职高专中都得到验证。由于在同一地区，学费由高到低依次为部属本科、地方本科、高职高专，所以，学费对学生经济需求的影响强度由高到低依次为部属本科、地方本科、高职高专。这表明，在其他经济条件相同的情况下，学生的经济需求主要取决于学费。除了学费占学生家庭收入比对地方本科学生经济需求有较低的显著影响外，学费占学生家庭收入比、学费占学生家庭支出比，对各学校层次的学生经济需求数量没有显著影响。这表明，由于缴纳学费是大学生的义务，在学费开支为刚性的约束条件下，贫困大学生家庭不得不承受着学费带来的经济压力。

（三）学费对学生资助方式需求程度的影响

东部地区、中部地区，学费对学生之于奖学金的需求程度没有影响；西部地区，学费对学生之于奖学金的需求程度存在显著的低强度影响。由此可知，奖学金对帮助学生缴纳学费的作用得到西部学生的认可。东部地区、中部地区，缴纳学费较高的学生对助学贷款的需求程度较高；西部地区，缴纳学费较高的学生对助学贷款的需求程度较低。这表明，对于各种资助，东部地区、中部地区学生对助学贷款在帮助缴纳学费作用的认可度要高于西部地区学生。中部地区、西部地区，缴纳学费较高的学生对勤工助学的需求程度较低；东部地区，学费对学生之于勤工助学的需求程度没有显著影响。这表明，东部地区勤工助学资助的范围和额度要高于中部地区、西部地区。东部地区、中部地区、西部地区，学费对学生之于助学金的需求程度都没有显著影响。东部地区、中部地区，学费对学生之于学费减免的需求程度没有显著的影响；西部地区，缴纳学费较高的学生对学费减免认可度较高。西部地区学生，对学费减免之于帮助缴纳学费作用的认可度要高于东部地区、中部地区。整体来说，西部地区学生对于直接赠予式的资助方式需求度较高。

部属本科、高职高专缴纳学费越高的学生，对奖学金需求程度越低；地方本科缴纳学费越高的学生，对奖学金需求程度越高。部属本科缴纳学费越高的学生，对助学贷款的需求程度越高；地方本科缴纳学费越高的学生，对助学贷款的需求程度越低。这表明，由于部属本科学生较容易获得助学贷款，地方本科学生获得助学贷款比较困难，所以部属本科学生对助学贷款的认可度高于地方本科学生。学费对部属本科、地方本科、高职高专的学生，对勤工助学的需求程度没有影响。部属本科缴纳学费越高的学生，对助学金的需求程度越低；地方本科、高职高专的学生，对助学金的需求程度不受学费的影响。部属本科、地方本科、高职高专的学生，对学费减免的需求程度不受学费的影响。整体上，学费对各学校层次的学生对激励式资助方式的需求程度具有影响；对非激励式资助方式的需求程度，则没有影响。

（四）学费对学生未满足需求的影响

学校所在地的经济发达程度是影响学生支出的重要因素；学生的支出是影响学生未满足需求的重要因素。学费是学生在校开支的重要组成部分，有49.3%的贫困生缴纳的学费，占其在学校开支的50%以上。学费对各地区学生未满足的需求都有影响；其影响的程度，由高到低依次为西部地区、中部地区、东部地区。学费占学生在校总开支比重的均值，从大到小依次为中部地区、东部地区、西部地区。因此，学费对学生未满足需求的影响，不取决于学费占学生在校开支比例的大小，而取决于学校所在地区的经济发展程度。地方本科生、高职高专生获得各种资助的机会，比部属本科生少；地方本科生校外打工的收入，比高职高专学生少。部属本科学费标准高于地方本科学费标准，地方本科学费标准高于高职高专学费标准，因此，学费对学生未满足需求的影响程度，依次为部属本科、地方本科、高职高专。由此可见，资助对学生经济需求满足的作用，小于学费对学生经济需求的作用。

第四节　小结

超过了 2/3 的贫困学生家庭，难以承受学费。地区之间，学生家庭对学费的承受能力存在差距；学校层次之间，学生家庭对学费的承受能力没有差异。学生获得各种经济来源的可能性，在地区间存在差异。学生获得财政资助的可能性，与学校层次正相关。学生获得的校外经济来源的可能性，与学校层次负相关。学生经济需求的数量，与地区经济发达程度和学校层次正相关。学生对各种资助方式需求的程度存在差异。学生经济需求的数量，与地区经济发达程度和学校层次正相关。

对学生家庭学费承受能力的影响，学费小于家庭经济收入与支出，大于学生在学校的开支和获得的资助。在各地区、各层次学校中，贫困学生家庭可以承受的学费占家庭总收入的 25% 及以下；贫困生家庭可以接受的学费占家庭总收入的 50% 及以下。高校学费给学生家庭带来了经济压力，这种压力产生的主要原因是学生家庭经济收入低。学费、社会经济环境、学生资助也是影响家庭学费承受能力的因素。对学生的资助，应该从学校所在地区和所处层次综合考虑。资助力度可以根据政府和社会的实际能力，使学生实际负担的学费在其家庭总收入的 50% 以下。

学生的经济来源受财政能力、学校层次、社会习俗的影响。学费对学生校外经济来源的影响强度，与地区经济发达程度正相关。学费对学生校内经济来源的影响强度，与地区经济发达程度无关。学费对学生家庭供给的影响强度，与学校层次无关。学费对学生校外经济来源的影响强度，整体上与学校层次正相关。学费对学生校内经济来源的影响强度，整体上与学校层次负相关。

学费对学生经济需求数量具有正方向的影响，影响强度与地区经济发达程度无关。各地区之间，学费占学生家庭收入与支出的比，对学生经济需求的影响存在差异。学费对学生对各种资助需求程度的影响存在差异。学费对学生经济需求的影响强度，与学校层次正相关。除了学费占学生家庭收入比，对地方本科学生经济需求有较低的影响外；学费占学生家庭收入与支出比，对不同层次学校的学生经济需求数量没有影响。不同层次学校，学费对学生对激励式资助方式的需求程度具有影响；对学生对非激励式资助方式的需求程度没有影响。

学费对学生未满足需求的影响，不取决于学费占学生在校开支比例的大小。学费对学生经济需求的正向作用，大于资助对学生经济需求的负向作用。学费对学生经济需求数量影响的强度，与地区经济发达程度没有关系，与学校层次正相关。学费对学生之于资助方式认可程度的影响，整体上与经济发达程度有关。学费对学生之于激励式资助方式的认可程度，与学校层次正相关。学费对学生之于非激励式资助方式的认可程度，与学校层次无关。学生未满足的需求，整体上与地区经济发达程度和学校层次正相关。学费对学生未满足需求的影响，与地区经济发达程度负相关，与学校层次正相关。

第六章　公办高校学费存在的问题及解决的条件

学费整体、普通专业学费、艺术专业学费，各自具有不同的特征。各地区学费的差异与各地区高等教育成本、国民付费能力的差异不一致；各层次学校学费的差异与各层次学校高等教育成本和高等教育收益不一致。高等教育财政性经费、国民人均收入对学费整体、普通专业学费、艺术专业学费影响的程度存在差异。高等教育财政性经费、国民人均收入，对各地区学费、各层次学校学费的影响程度不同。整体学费、普通专业学费、艺术专业学费所依据的国民付费能力指标不同。各地区学费、各层次学校学费所依据的国民付费能力指标不同。本章对学费的变化及差异、影响因素对学费作用的程度、制定学费所依据的国民付费能力指标的合理性进行分析，探讨解决学费存在的问题所需要的条件。

第一节　公办高校学费存在的问题

一　学费的状况与学费制定依据的状况不一致

（一）学费整体变化趋势与加强成本分担的趋势相反

2004—2008 年，全国城镇居民人均可支配收入由 9422 元逐年增长到 15781 元；全国农村居民人均纯收入由 2936 元逐年增长到 4761 元（见表 4 - 1）。2004—2008 年，全国学费平均值、普通专业学费平均值、艺术专业学费平均值在前 4 年逐年增长，2008 年在 2007 年的基础上下降。学费整体的变化趋势，在前 4 年与国民付费能力的变化趋势保持一致，在 2008 年与国民付费能力的变化相反。

当今，高等教育成本不断增长，高等教育社会收益下降，加强个人对高等教育成本分担的力度成为国际趋势。2004—2008 年，全国居民消费价格指数在 101.5—105.9 之间变化（见表 6-1）。这说明，这 5 年期间，货币的实际购买力持续下降。全国学费平均值、普通专业学费平均值、艺术专业学费平均值，在前 4 年逐年增长，这与国际上加强个人对高等教育成本分担力度的趋势一致。2008 年，全国学费平均值、普通专业学费平均值、艺术专业学费平均值在 2007 年的基础上下降。依据货币实际购买力的变化可以得出，个人对高等教育成本分担的力度降低，这与国际上个人对高等教育成本分担力度加强的趋势相反。

表 6-1　　　　　全国居民消费价格指数（2004—2008 年）

年份	2004	2005	2006	2007	2008
居民消费价格指数（CPI）	103.9	101.8	101.5	104.8	105.9

资料来源：http://cn.chinagate.cn/data/2009-09/14/content_18521788.htm.01。

　　为了实现保障高等教育公平的功能，增强社会和谐，学费逐年的增长应该保持平稳。政府应该对学费逐年的变化进行调控，使学费逐年的变化在一定程度上遵循市场经济规律变化的同时，学费逐年增长额度的变化保持在合理的范围内。2005—2008 年，全国学费平均值逐年变化的额度逐年下降，由 2005 年的 224 元下降到 2008 年的 52 元（见表 6-2）。全国学费平均值 2005 年与 2006 年逐年增长额度的差值为 173 元，2006 年与 2007 年逐年增长额度的差值为 29 元，2007 年与 2008 年逐年增长额度的差值为 74 元。普通专业学费平均值、艺术专业学费平均值与全国学费平均值一样，逐年增长额度变化较大，逐年增长额度的差值不具有平稳性（见表 6-2）。

　　学费整体要依据国民付费能力的变化而变化。在国民付费能力不断增长的情况下，学费整体要不断增长。为了有效地补偿高等教育成本，当货币实际购买力下降时，学费整体要上升。在一定程度上遵循市场规律的同时，学费逐年变化的额度要保持平稳。学费整体在 2008 年下降，这与国民付费能力的变化不一致。这表明，学费整体上没有有效地补偿高等教育成本。2005—2008 年，学费整体逐年的变化波动性较强，没有遵循公共部门价格的变化要保持平稳的要求。

表 6 - 2　　　学费、国民人均收入逐年增长额度（2005—2008 年）　　　单位：元

年份	2005	2006	2007	2008
全国学费平均值	224	51	22	-52
普通专业学费平均值	106	3	20	-71
艺术专业学费平均值	402	121	26	-24
东部地区学费平均值	138	-38	-2	-80
中部地区学费平均值	7	152	140	-6
西部地区学费平均值	513	33	23	-15
东部地区城镇居民人均可支配收入	1297	1517	2031	2269
中部地区城镇居民人均可支配收入	926	1078	1652	1597
西部地区城镇居民人均可支配收入	684	830	1494	1596
东部地区农村居民人均纯收入	528	512	716	712
中部地区农村居民人均纯收入	273	332	565	641
西部地区农村居民人均纯收入	206	202	407	456

　　资料来源：学费逐年增长额度由 2004—2008 年湖北省普通高等学校招生计划中相关数据计算得到。城乡居民人均收入由《2008 年中国统计年鉴》以及全国和各省、自治区、直辖市的《2008 年国民经济和社会发展统计公报》相关数据计算得到。

（二）地区间学费的差异与国民付费能力的差异不一致

2005—2008 年，东部地区学费逐年下降（见表 6 - 2）。2005—2007 年，中部地区、西部地区学费逐年上升。2005—2008 年，东部地区国民人均收入逐年增长，高于中部地区、西部地区。东部地区学费下降的趋势与东部地区国民付费能力增长的趋势不相符合。东部地区学费的下降，中部地区、西部地区学费的上升，与东部地区、中部地区、西部地区国民付费能力增长额度的差异不相符合。东部地区、中部地区、西部地区的学费，2008 年在 2007 年的基础上下降的额度也不符合各地区国民付费能力的状况。国民付费能力最强的东部地区，下降额度最大，其下降额度是中部地区的 13.3 倍，是西部地区的 7.3 倍。

2004—2008 年，东部地区与中部地区城镇居民人均可支配收入差值由 3425 元逐年增长到 5288 元；东部地区与中部地区农村居民人均纯收入差值由 1625 元逐年增长到 2281 元（见表 4 - 3）。这说明，东部地区

国民付费能力高于中部地区。依据国民的付费能力，东部地区学费应该高于中部地区。东部地区经济发达程度高于中部地区，东部地区高等教育成本整体上要高于中部地区。依据学费对高等教育成本补偿的力度，东部地区学费应该高于中部地区，但是，2006—2008 年，中部地区学费高于东部地区，且差值逐年增大，其差值由 2006 年的 14 元上升到 2008 年的 230 元。

2004—2008 年，东部地区与西部地区城镇居民人均可支配收入差值，由 3373 元逐年增长到 5883 元；东部地区与西部地区农村居民人均纯收入差值，由 2305 元逐年增长到 3501 元。2004—2008 年，东部地区学费高于西部地区，这符合东部地区、西部地区国民付费能力的差异和高等教育成本的差异，但是，东部地区与西部地区的学费差值，却由 2004 年的 998 元逐年降低到 2008 年的 462 元。可见，东西部地区国民付费能力差距逐年加大，而其学费差距却逐年减小。

2004—2008 年，中部地区与西部地区城镇居民人均可支配收入差值，由 −53 元逐年增长到 595 元；中部地区与西部地区农村居民人均纯收入差值，由 680 元逐年增长到 1220 元。中部地区与西部地区学费差值的最大值为 953 元，最小值为 447 元。中部地区学费高于西部地区，这符合中西部地区国民付费能力的差异和高等教育成本的差异，但是，中部地区与西部地区学费差值增长过快，学费差值增长的速度超过了城镇居民人均可支配收入差值增长的速度。

国民经济的发展是高等教育发展的基础，高校学费的变化应该依据国民经济发展的变化而变化。学费对高等教育成本分担的力度，应该与国民付费能力相符合。各地区学费增长的变化，应该与各地区国民付费能力的变化保持一致。东部地区、中部地区、西部地区学费的差异，与国民付费能力的差异不一致，这有悖于高等教育的地区公平，不利于高等教育的均衡发展。

（三）学校层次间学费的差异与教育成本、教育收益的差异不一致

普通专业是高等教育的主要组成部分，政府对普通专业学费的管制程度相对艺术专业学费较高，其目的是发挥高校学费的资源配置功能，以学费为杠杆调节高等教育的供给与需求，推动高等教育的均衡发展。普通专业一本的教育成本、高等教育个人收益，一般要高于普

通专业二本。普通专业一本与普通专业二本学费差值逐年的变化，应该保持平稳。2004—2008 年，普通专业一本的学费高于普通专业二本的学费，这与普通专业一本、普通专业二本的教育成本和高等教育个人收益的差异相符合。但是，普通专业一本与普通专业二本学费差值逐年的变化，波动性较强，这不利于高等教育在不同层次上的均衡发展。

艺术专业是高等教育的组成部分，其对丰富人们精神文化生活有重要的作用。受其专业本身特点的影响，艺术专业学费受市场影响的程度高于普通专业学费，艺术专业学费相对普通专业学费较高。艺术专业一本的教育成本、高等教育个人收益，高于艺术专业二本。2004—2008 年，艺术专业一本与艺术专业二本学费差值，在 1777—2168 元之间变化。艺术专业一本的学费高于艺术专业二本的学费，这符合艺术专业一本与艺术专业二本教育成本和高等教育个人收益的差异，但是，艺术专业一本与艺术专业二本学费的差距太大，不符合其教育成本与高等教育个人收益的差距，没有体现出市场对艺术专业学费的调节。

各层次学校学费的差距，要体现高等教育成本、高等教育个人收益的差距。普通专业是高等教育的主要组成部分，普通专业一本与普通专业二本学费逐年的差距要保持平稳。2004—2008 年，普通专业一本与普通专业二本学费差距的波动性较强，这不利于普通专业在各层次上的均衡发展。艺术专业是为培养丰富人们精神文化生活的人才服务的，艺术专业的学费受市场影响程度较高。2004—2008 年，艺术专业一本与艺术专业二本学费的差距，没有体现出市场对艺术专业的调节程度。

学费对高等教育成本分担的力度逐步加大是世界发展的趋势。中国高等教育人才的供给，已经由短缺变为充足。发挥学费调节高等教育供给与需求的力度，成为现实的需要。学费增长趋势的状况，与此相矛盾。东部地区、中部地区、西部地区学费，对高等教育成本分担的力度不均衡，有悖于高等教育的公平。普通专业学费学校层次的差异，不利于高等教育平稳发展。艺术专业学费学校层次的差异，没有体现市场调节的力度。

二　影响学费的因素作用程度不符合实际需要

（一）学费整体受财政拨款的影响程度太高

全国学费平均值、普通专业学费平均值，受生均预算内教育事业费的影响程度较高（见表4－2）。这说明，政府财政拨款对全国学费整体、普通专业学费变动的影响较强。各地区政府的财政能力、高等教育的财政政策差异较大，导致各省、自治区、直辖市生均预算内教育事业费的差异较大（见表4－1）。不同时期，各地区政府的财政能力、高等教育的财政政策不同，导致各地区生均预算内教育事业费逐年的变化不同，因此，各地区高等教育财政性拨款不具有稳定性，导致学费的变化波动性较强。

政府财政拨款对全国学费整体、普通专业学费变动的影响较强，说明全国学费、普通专业学费受政府管制的程度很高，其依据市场变化进行调整的灵活程度不高（见表4－2），因此，学费不能在一定程度上依据市场规律在合理的范围内进行变动。由此导致的结果是高校学费标准主要依据高等教育财政拨款政策制定，其受市场的影响程度较低。这说明，在高等教育内部没有建立以学费为调节杠杆的市场竞争机制。

高等教育财政拨款政策是影响高校学费的重要因素。各地区高等教育财政拨款政策的差异、时间序列变化的不稳定导致高校学费整体、普通专业学费波动性较强，不利于高等教育平稳发展。政府对全国学费整体、普通专业学费的管制程度较高，这不利于依据市场变化以学费为杠杆对高等教育进行调整。由此可见，高等教育财政拨款政策，对高校学费整体作用程度不合理。

（二）各地区学费受影响因素的作用程度不符合经济发展水平

生均预算内教育事业费是高等教育财政拨款的重要指标。城乡居民人均收入是国民付费能力的重要指标。东部地区生均预算内教育事业费、城乡居民人均收入对学费的变动没有影响。这表明，东部地区学费没有随着生均预算内教育事业费、城乡居民人均收入的变动而变动。这说明，高等教育财政拨款和国民付费能力对东部地区学费没有影响。高等教育财政拨款、国民付费能力是影响学费的重要因素，二者对东部地区学费的变动没有影响，表明东部地区学费的制定存在偏差。

　　中部地区农村居民人均纯收入对学费线性回归的标准化系数为0.816。这说明，中部地区农村居民人均纯收入对学费的影响程度很大。2007—2008年，中部地区农村居民人均纯收入逐年的增长率超过了城镇居民人均可支配收入逐年的增长率，分别达到了16.83%、14.05%（见表6-3），因此，中部地区学费随着农村居民人均纯收入的增长而快速增长。随着农村居民人均纯收入的快速增长，中部地区学费最终超过了东部地区学费。农村居民人均纯收入的增长对中部地区学费的影响，导致学费在地区间的差异，不符合地区间的经济差异和国民付费能力的差异。

表6-3　　　中部地区国民人均收入逐年增长率（2005—2008年）　　　单位:%

年份	2005	2006	2007	2008
城镇居民人均可支配收入逐年增长率	11.78	12.27	16.75	12.18
农村居民人均纯收入逐年增长率	9.92	10.98	16.83	14.05

　　资料来源：由《2008年中国统计年鉴》以及中部地区各省、自治区的《2008年国民经济和社会发展统计公报》相关数据计算得到。

　　西部地区学费对生均预算内教育事业费、城镇居民人均可支配收入线性回归模型的解释力度为77.2%（见表4-2）。这表明，生均预算内教育事业费、城镇居民人均可支配收入的变动是导致西部地区学费变动的主要原因。生均预算内教育事业费、城镇居民人均可支配收入对西部地区学费影响作用很大。西部地区，生均预算内教育事业费线性回归的标准化系数为-0.884。这表明，西部地区学费受高等教育财政性经费的影响很大。政府财政拨款对西部地区学费的影响程度很高，学费受市场影响的程度较低。

　　政府财政拨款、国民付费能力对各地区学费的影响程度要依据各地区的实际情况和全国整体情况确定。东部地区，政府财政拨款、国民付费能力对学费的变动没有影响，这不符合制定学费要依据当地的经济发展水平和国民付费能力的原则。中部地区，农村居民人均纯收入快速增长引起学费快速增长，导致国民对高等教育成本分担的力度在地区间不均衡。西部地区，政府财政拨款对学费变动的影响很强，导致学费随市场变化而变化的灵活度降低。

（三）各层次学校学费受影响因素的作用程度不符合教育成本、教育收益

普通专业二本学费线性回归模型中，生均预算内教育事业费的标准化系数为 -0.841。这表明，普通专业二本学费受政府财政性经费的影响程度很高，受政府的管制程度很高，学费依据市场的变动而变动的灵活性较小。这说明，普通专业二本之间，没有建立以学费为调节杠杆的市场竞争机制，学费没有充分发挥其调节高等教育供给与需求的功能，学生在选择就读普通专业二本学校时，没有将学费作为决策的重要参考变量。

受高等教育个人收益的影响，艺术专业二本在市场中的生存能力低于艺术专业一本。艺术专业二本学费受生均预算内教育事业费的影响程度低于艺术专业一本学费。这说明，在市场中，生存能力较弱者受市场的影响程度高于在市场中生存能力较强者。艺术专业二本学费随着城镇居民人均可支配收入的变化高于艺术专业一本学费。受师资和教学设施的影响，艺术专业二本的教育成本，低于艺术专业一本。艺术专业二本学费随着城镇居民人均可支配收入增长的额度高于艺术专业一本学费。这说明，就读教育成本较低的学生分担教育成本力度的增长高于就读教育成本较高的学生。上述情况，不利于艺术专业的均衡发展，有悖于高等教育的公平原则。

各影响因素对各层次学校学费的影响，要在社会效益和市场效益中取得平衡。普通专业二本学费受政府财政拨款的影响程度过高，不利于其在市场中的竞争发展。艺术专业二本和艺术专业一本受市场影响程度的差异，与其应具有的差异不相符合，这是制定各层次学校学费过程中，没有平衡社会效益和市场效益的结果。各影响学费的因素作用程度，取决于学费平衡社会效益和市场效益的程度。随着国民经济市场化程度逐步深化，高校学费依据市场效益的变化要逐步加强，学费整体受财政拨款影响的程度要减弱。东部地区、中部地区、西部地区高校学费依据财政拨款、国民付费能力的变动要均衡，要符合各地区的实际情况。各影响因素对各层次学校学费的影响，要根据各层次学校的实际情况，平衡社会效益和市场效益，保障高等教育公平。

三 依据的国民付费能力指标不具备代表性

（一）学费整体依据的国民付费能力指标高于国民整体付费能力

全国学费平均值，以城镇居民人均可支配收入为国民付费能力指标，这不符合中国国民整体付费能力的状况。2004—2008 年，全国城镇居民人均可支配收入与农村居民人均纯收入的差值，由 6486 元逐年增长到 11020 元（见表 6 – 4）。城乡居民人均收入差距大，农村人口占国民人口的比重大，以城镇居民人均可支配收入为国民付费能力指标，高于国民实际整体付费能力。依据城乡居民人均收入的差距和城乡人口比重的差距，全国学费平均值应该以城镇居民人均可支配收入与农村居民人均纯收入的加权平均值为国民付费能力指标。全国学费整体以城镇居民人均可支配收入为付费能力指标，导致国民认为学费整体偏高。

表 6 – 4　　城镇居民人均可支配收入与农村居民人均纯收入的差值　　单位：元

年份	2004	2005	2006	2007	2008
全国差值	6486	7238	8172	9646	11020
中部地区差值	5109	5762	6508	7595	8551
西部地区差值	5842	6320	6948	8035	9175

资料来源：由《2008 年中国统计年鉴》以及全国和各省、自治区、直辖市的《2008 年国民经济和社会发展统计公报》相关数据计算得到。

普通专业学费平均值，以农村居民人均纯收入为国民付费能力指标（见表 4 – 2），这与普通专业教育成本和高等教育个人收益不相符。农村居民人均纯收入相对较低，普通专业学费平均值以农村居民人均纯收入为国民付费能力指标，将导致学费不能对高等教育成本有效地补偿。当今，教育财政性经费用于高等教育开支的比重逐渐减小，普通专业的学费对教育成本的补偿程度应该加强，并且，某些普通专业的高等教育个人收益相对较高。以农村居民人均纯收入为国民付费能力指标，进一步提高了这些专业的高等教育个人收益，导致个人对这些专业的需求过旺，学费没有充分发挥其平衡高等教育供给与需求的功能。

制定学费标准依据的国民付费能力指标，要能够代表国民整体实际的支付能力，要能够保证学费有效地分担高等教育成本。全国学费平均值以城镇居民人均可支配收入为国民付费能力指标，不符合整体国民支付能力的状况。普通专业学费平均值以农村居民人均纯收入为国民付费能力指标，不能有效地补偿教育成本和发挥学费调节高等教育供给与需求的功能。

（二）各地区学费依据的国民付费能力指标不符合地区特征

2004—2008 年，东部地区城镇居民人均可支配收入由 11287 元逐年增长到 18401 元；东部地区农村居民人均纯收入由 4376 元逐年增长到 6844 元（见表 4 - 1）。东部地区学费没有随着城乡居民人均收入的变化而变化。这表明，东部地区学费的制定没有依据国民付费能力的变化而变化，这违背了制定学费标准，要以国民付费能力为参考指标的规定。同时，这没有充分发挥学费平衡高等教育供给与需求的功能，导致国民对高等教育的需求过旺，特别是对优质高等教育的需求过旺。

中部地区学费以农村居民人均纯收入为国民付费能力指标（见表 4 - 2），这不符合中部地区国民整体付费能力和教育成本。中部地区学费随着农村居民人均纯收入的增长而快速增长，最终高于东部地区学费，这导致学费对高等教育成本分担的力度在地区间不均衡。2004—2008 年，中部地区城镇居民人均可支配收入与农村居民人均纯收入的差值由 5109 元逐年增长到 8551 元（见表 6 - 4）。中部地区农村居民人均纯收入较低，与中部地区国民整体付费能力差距较大。中部地区学费不应该以农村居民人均纯收入为国民付费能力指标，应该以城乡居民人均收入的加权平均值为付费能力指标。

西部地区学费以城镇居民人均可支配收入为国民付费能力指标（见表 4 - 2），这不符合西部地区国民整体付费能力。2004—2008 年，西部地区城镇居民人均可支配收入与农村居民人均纯收入的差值由 5842 元逐年增长到 9175 元（见表 6 - 4）。西部地区城镇居民人均可支配收入较高，与西部地区国民整体付费能力差距较大。西部地区学费不应该以城镇居民人均可支配收入为国民付费能力指标，应该以城乡居民人均收入的加权平均值为付费能力指标。

制定各地区学费依据的国民付费能力指标，要与各地区国民整体付费能力相符合。东部地区学费，没有依据国民收入的变化而变化，这导致学费没有有效地分担高等教育成本。中部地区学费以农村居民人均纯收入为国民付费能力指标，这低于中部地区国民整体付费能力。西部地区学费以城镇居民人均可支配收入为国民付费能力指标，这高于西部地区国民整体付费能力。

（三）各层次学校学费依据的国民付费能力指标不符合专业层次特征

普通专业一本学费以农村居民人均纯收入为国民付费能力指标（见表4-2），这不符合普通专业一本的教育成本和高等教育个人收益。普通专业一本的高等教育个人收益比普通专业二本的高。普通专业一本的学生获得各种资助的可能性和金额要高于普通专业二本的学生，因此，普通专业一本学生缴纳的净学费相对较低。普通专业一本学费以农村居民人均纯收入为国民付费能力指标，导致学费没有有效地补偿高等教育成本，进一步提高了普通专业一本的个人高等教育收益率。

艺术专业二本学费以城镇居民人均可支配收入为国民付费能力指标，这不符合艺术专业二本的高等教育个人收益。艺术专业二本学费依据城镇居民人均可支配收入制定，降低了艺术专业二本的高等教育个人收益率，不利于艺术专业二本的发展。艺术专业二本的高等教育个人收益率比艺术专业一本的低，比普通专业二本的高，因此，艺术专业二本学费依据的付费能力指标，应该综合考虑城镇居民人均可支配收入和农村居民人均纯收入。

各层次学校的学费依据的国民付费能力指标，要能够有效地补偿高等教育成本，平衡高等教育的社会收益和个人收益。普通专业一本学费依据农村居民人均纯收入制定，导致其没有有效地补偿高等教育成本，不能平衡高等教育社会收益与个人收益。艺术专业二本学费依据城镇居民人均可支配收入制定，降低了艺术专业的个人高等教育收益率，不利于艺术专业二本的长远发展。制定学费标准依据的国民付费能力指标，要能够有效地发挥学费的成本补偿功能和资源配置功能。全国学费平均值、普通专业学费平均值依据的国民付费能力指标，与整体国民支付能力不相符。中部地区、西部地区学费依据的国民付费能力指标，与各地区整体国民支付能力不相符。普通专业一本学费、艺术专业二本学费依据的国民付费能力指标，与其教育成本和高等教育个人收益不相符。

第二节　解决公办高校学费存在问题的条件

一　学费的状况与学费制定依据的状况保持一致的条件

（一）学费整体变化趋势符合加强成本分担趋势的条件

学费整体逐年变化的趋势与全国居民消费价格指数变化的趋势保持一致，这是为了保证个人对高等教育成本有效地分担。有效地实施个人分担高等教育成本，需要具备的条件：一是国民付费能力的提高，二是社会对高等教育成本分担的心理承受能力的提高。为了保证个人有效地分担高等教育成本，学费逐年变化的程度要以货币购买力的变化程度为下限。为了保证国民能够承受分担高等教育成本的力度，学费逐年增长的额度要以国民付费能力的增长额度为上限。

学费逐年变化的程度需要保持在一个合理的范围内。对学费逐年变化程度的调整，应该综合高等教育成本的变化、货币购买力的变化、国民付费能力的变化进行。当高等教育成本增加、国民付费能力提高、高等教育财政性经费减少时，学费整体上就应该提升。当高等教育成本保持不变、国民付费能力增强、货币购买力降低时，学费的名义价格应该上升。当高等教育成本保持不变、货币购买力变化程度较低时，学费应该依据国民付费能力的变化进行调整。调整学费整体逐年变化不合理的趋势，使学费逐年变化的额度保持平稳，不仅需要综合考虑高等教育成本、国民付费能力、货币购买力的变化，还需要政府宏观调控能力的增强、高等教育内部市场竞争机制的完善。

（二）地区间学费的差异符合国民付费能力的差异的条件

地区间学费的差异是由地区间高等教育财政性经费的差异、高等教育成本的差异、国民付费能力的差异造成的。各地区在制定学费时，没有平衡好地区间高等教育财政性经费的差异、高等教育成本的差异、国民付费能力的差异，这就形成地区间学费不合理的差异。

部属院校的财政性经费主要由中央政府拨给，地方所属院校的财政性经费由地方政府拨给。由于历史发展、地理条件等原因，各地区经济发展呈现出不平衡的状态。东部地区经济发达程度高于中部地区，中部地区经济发达程度高于西部地区。中部地区的学费逐年攀升，最终超过了东部地区、西部地区。其原因为东部地区地方政府财政能力强，对高等教育的财政拨款高于中部地区、西部地区（见表4－3）。西部地区高等教育规模较小，中央政府在财政经费上给予了一定的支持，导致西部地区生均预算内教育事业费高于中部地区，因此，调整地区间学费不合理的差异，需要调整地区间高等教育财政拨款的差异。

调整地区高等教育财政拨款的差异，需要减少各地区政府财政能力的差异，需要加强中央政府对高等教育财政拨款的宏观调控能力。各地区政府财政能力差异的减少，需要各地区经济平衡发展，这在短期内难以实现。在短期内，改变地区间学费不合理的状况，需要中央政府加强对高等教育财政拨款的宏观调控。地区间财政经费的差异，需要中央政府通过拨款进行调节。中央政府进行宏观调控的拨款，需要均衡地分配到部属院校和地方院校。有效地实施中央政府通过拨款进行宏观调控，还需要制定相关政策和完善相关配套措施。

（三）学校层次间学费的差异符合教育成本、教育收益的差异的条件

普通专业一本与普通专业二本，学费差异的逐年变动波动性较强。这表明，政府对各层次学校间普通专业学费的差异调控力度较弱。政府可以通过价格管制和财政拨款调控普通专业学费。当今，政府管制普通专业学费的力度已经很强，通过拨款来改变各层次学校学费差异的力度不足。通过拨款来改变各层次学校学费的差异，需要政府有足够的财力支撑。目前，中央政府财力较为雄厚，地方政府财力在地区间存在差异，很多省份的财政能力还很薄弱，在短期内调整各层次学校普通专业学费之间差异的波动性，尚存在一定的困难。

艺术专业一本与艺术专业二本学费存在很大的差异。其原因是政府对艺术专业学费管制的力度过高。受专业特征的影响，市场对艺术专业学费的影响程度应该高于普通专业学费。加大市场对艺术专业一本与艺术专业二本学费差异的调控力度是缩小艺术专业一本与艺术专业二本学费差异的有效途径。市场对艺术专业一本与艺术专业二本学费差距的调节，需要完善高等教育市场机制。在市场机制作用下，艺术专业一本与艺术专业二本学费的差距将会减小，部分艺术专业的学费会上升。在艺术专业学费已经比较高的情况下，社会对艺术专业学费的心理承受能力

会降低，因此，调整艺术专业一本与艺术专业二本学费的差异，需要谨慎实施。

调整学费不合理问题，需要政府的财政能力、国民付费能力、国民心理承受能力、高等教育运行机制符合一定的特征。调整整体学费逐年不合理的变化趋势，需要增强国民付费能力，完善相关制度。调整地区间学费不合理的差异，需要降低地区间国民付费能力差异和地方政府财政能力差异。调整学校层次间学费不合理差异，需要地方政府财政能力的增强和高等教育内部市场机制的完善。

二　影响学费的因素作用程度符合实际需要的条件

（一）降低学费整体受财政拨款影响程度的条件

调整生均预算内教育事业费对全国学费平均值、普通专业学费平均值不合理的影响程度，需要保证高等教育财政性经费投入具有稳定性、平衡性、持续性。高等教育财政性经费投入的稳定性是指高等教育财政性经费逐年变化的幅度波动性较小。高等教育财政性经费投入的平衡性是指各地区之间高等教育财政性经费的差异较小。高等教育财政性经费投入的持续性是指高等教育财政性经费拨款政策具有稳定性。

保证高等教育财政性经费投入具有稳定性、平衡性、持续性，需要具备的条件：一是高等教育社会收益能够被地方政府所认同；二是政府财政具备支持高等教育的能力。高等教育社会收益已经被广泛认同，但政府财政能力在地区间差距较大。因为财政能力的差距导致的各地区高等教育财政性经费投入的差距，在短期内不能消除，因此，在一定时期内，生均预算内教育事业费对全国学费平均值、普通专业学费平均值不合理的影响程度还会存在。

（二）各地区学费受影响因素的作用程度符合经济发展水平的条件

2004—2008 年，东部地区学费保持平稳，生均预算内教育事业费、城乡居民人均收入对学费的变动没有影响。这表明，东部地区高校学费对高等教育成本补偿的程度没有随着生均预算内教育事业费、城乡居民人均收入的变化而变化，其原因是东部地区的高等教育财政性经费充足，能够满足高等教育成本的增长对经费的需求。对东部地区学费的调整需要具备的条件一是学费不能高于国民付费能力，学费有增长的空间，二是国民心理上能够承受学费的增长，即学费增长的幅度要在国民能够接受的范围内。目前，东部地区已经具备上述条件，其学费可以根据生均预算内教育事业费、城乡居民人均收入的变化进行调整。

中部地区学费随着农村居民人均纯收入的增长而快速增长。这表明，中部地区学费对高等教育成本补偿的力度逐年加大。其原因为中部地区的高等教育财政性经费不足。对中部地区学费随着农村居民人均纯收入增长而快速增长的调整，需要加大中部地区高等教育财政性经费的投入。虽然，随着国民经济的发展，中部地区财政能力不断提高，但是，在政府对基础教育、职业教育财政支持力度不断加大的情况下，中部地区地方政府大幅度加大对高等教育财政性经费的投入，不具备可行性。

西部地区学费受生均预算内教育事业费影响程度在各地区之间最高。这说明，西部地区学费受财政性经费影响程度最大。其原因为西部地区经济不发达，国民整体支付能力在各地区间最低。调整财政性经费对西部地区学费的不合理影响程度，需要提高西部地区国民整体支付能力，特别需要提高农村居民人均纯收入，减小城乡人均收入的差距。只有在国民整体支付能力提高以后，西部地区学费才能随着国民人均收入的变化而变化，才能降低对高等教育财政性经费的依赖程度。因此，对西部地区学费受财政性经费不合理影响程度的调整是一个长期的过程。

受地区间财政性经费、国民付费能力差异的影响，对各地区影响学费的因素作用程度不合理的调整，各地区需要具备的条件不同。调整东部地区影响学费的因素作用程度不合理的条件为国民付费能力和心理承受能力能够承受学费的调整；调整中部地区影响学费的因素作用程度不合理条件为地方政府财政能力的提高；调整西部地区影响学费的因素作用程度不合理的条件为西部地区国民整体支付能力的提高。

（三）各层次学校学费受影响因素的作用程度符合教育成本、教育收益的条件

财政性教育经费对普通专业二本学费的影响程度较高。这表明，高等教育内部没有形成市场竞争。其原因一方面是政府对普通专业二本学费的管制程度较高，另一方面是学校没有利用学费来调节高等教育供给与需求的意识。政府对普通专业二本学费管制程度较高的原因为国民对学费的心理承受能力较低，普遍认为学费较高。目前，在招生制度、学

校评价体制没有改变、国民对学费作为人力资本投资资本的认识还不充分的情况下，有效发挥学费调节高等教育供给与需求的功能存在困难，因此，对财政性教育经费对普通专业二本学费的不合理影响程度的调整存在困难。

艺术专业二本学费受市场影响的程度高于艺术专业一本学费，其原因为艺术专业二本一般属于地方高校，办学经费主要来源于地方财政。许多地方政府财政能力有限，学费对高等教育成本的补偿力度相对较高。对艺术专业二本学费受市场影响的程度高于艺术专业一本学费的调整，需要地方政府对艺术专业财政性经费的投入与中央政府对艺术专业财政性经费的投入相同。这需要具备的条件一是地方政府对艺术专业的社会效益认同度较高，二是地方政府的财政能力能够对艺术专业进行补贴。目前，满足上述条件尚存在困难，因此，对艺术专业二本学费受市场影响的程度高于艺术专业一本学费的调整不可能在短期内实现。

受专业特征的影响，调整影响学费的因素对普通专业二本、艺术专业二本学费作用程度不合理程度，需要的条件不相同。调整财政性教育经费对普通专业二本学费不合理影响程度，需要高等教育内部完善市场竞争机制；调整市场对艺术专业二本学费影响的程度高于艺术专业一本学费，需要地方政府提高对艺术专业二本的财政补贴。

对影响学费的因素作用程度不合理的调整，整体学费、各地区学费、各层次学校学费所需要的条件不相同。对影响学费的因素作用程度不合理的调整，所需要具备的条件主要包括政府财政能力和对高等教育社会收益认同度的提高、国民付费能力和心理承受能力的提高、政府管制与市场调节的平衡。这些条件的具备是经济发展和制度完善的过程。

三 依据的国民付费能力指标具备代表性的条件

（一）学费整体依据的国民付费能力指标能够反映国民整体付费能力的条件

全国学费平均值，以城镇居民人均可支配收入为国民付费能力指标。其原因是城镇居民人均可支配收入对艺术专业学费平均值的影响程度高于农村居民人均纯收入对普通专业学费平均值的影响程度。当艺术专业学费平均值受城镇居民人均可支配收入的影响程度与普通专业学费平均值受农村居民人均纯收入的影响程度的差值降低到一定程度时，全国学费平均值将会以国民人均收入为国民付费能力指标。提高艺术专业一本学费与普通专业一本学费受城镇居民人均可支配收入的影响程度，上述目标即可实现。

对普通专业学费平均值以农村居民人均纯收入为国民付费能力指标的调整，需要具备以下条件：一是农村居民人均纯收入与城镇居民人均可支配收入差距较小；二是农村人口所占国民人口的比重较低；三是普通专业高等教育个人收益较高；四是学生在完成学业期间能够获得较高的资助。当条件一或者条件二成立时，普通专业学费就可以以国民人均收入为付费能力指标，同时需要条件四成立，以此保障贫困学生高等教育机会和过程的公平。当条件三成立时，普通专业学费可以以国民人均收入为付费能力指标，同时也需要条件四成立，此时，学生获得资助应该以延迟支付的资助方式为主，这样既能够让个人有效地分担高等教育成本，又能够保障学生不会因为交不起学费而失学。

（二）各地区学费依据的国民付费能力指标符合地区特征的条件

东部地区学费的制定，应该综合考虑东部地区国民人均收入，以东部地区国民人均收入为国民付费能力指标；调整以后的学费既要有效地补偿高等教育成本，又要符合国民心理承受能力。学费快速地增长，或者波动性太强，不易被国民所接受，会导致社会不和谐，因此，东部地区学费以国民人均收入为国民付费能力指标，需要东部地区国民人均收入增长的速度不能太快。

中部地区学费依据的国民付费能力指标的调整，要根据城乡国民人均收入的差距和城乡人口的比重进行；调整以后的学费既要满足对高等教育成本有效地补偿，又要符合国民付费能力和心理承受能力，所以，当城乡居民人均收入差距较大时，要综合考虑居民人均收入的差距和城乡人口比重；当城乡居民人均收入差距不大，城乡人口比重相差较大时，则要侧重于城乡人口的比重。

西部地区学费，以城镇居民人均可支配收入为国民付费能力指标，其目的是保证学费对高等教育成本有效地补偿。西部地区，城乡居民人均收入差距大，农村居民人口所占比重大。对西部地区学费依据的国民付费能力指标的调整，既要保证学费符合国民付费能力和心理承受能力,又要保证高等学校的正常运转。这就需要政府加大对高等教育财政性经费投入,其中,特别要加强对贫困学生的财政资助,使贫困学生不会因为经济原因而失学。

受各地区国民经济发展水平的影响,各地区学费依据的付费能力指标的调整所需要具备的条件不同。在国民人均收入以平稳的速度增长的情况下,东部地区学费可以以国民人均收入为国民付费能力指标。中部地区学费依据的国民付费能力的指标,要综合城乡居民人均收入的差距和城乡人口比重确定。西部地区学费依据的国民付费能力指标的调整,需要高等教育财政性经费投入的加大。

(三)各层次学校学费依据的国民付费能力指标符合专业层次特征的条件

普通专业一本学费以农村居民人均纯收入为国民付费能力指标,这不具有合理性。制定普通专业一本学费依据的国民付费能力指标,应该根据国民整体付费能力确定。对普通专业一本学费依据的国民付费能力指标的调整,要满足调整以后的学费在国民付费能力和心理承受能力范围之内。在调整以后的学费不超过国民付费能力的情况下,加大学费对高等教育成本有效地补偿,需要提高国民人均收入整体。在调整以后的学费不超过国民心理承受能力的情况下,加大学费对高等教育成本有效地补偿,需要提高国民对高等教育成本分担的社会效益的认同度。同时,需要进一步提高普通专业一本学生能够获得的资助。

艺术专业二本学费以城镇居民人均可支配收入为国民付费能力指标,不具有合理性。对制定艺术专业二本学费依据的国民付费能力指标的调整,要保证调整以后的学费能够有效地补偿高等教育成本,使高校能够正常地运转。这需要政府加大对艺术专业二本财政补贴的力度,提高财政性经费对艺术专业二本教育成本的补偿程度,减少艺术专业二本教育成本对学费补偿力度的需求。这需要地方政府财政经费充足,有能力对艺术专业二本进行补偿。同时,也需要提高地方政府对艺术专业社会收益的认同度。

由于普通专业二本与艺术专业二本高等教育成本和收益的不同,对二者学费所依据的国民付费能力指标的调整所需要具备的条件不同。普通专业二本学费依据的国民付费能力指标的调整,需要国民付费能力和心理承受能力的提高。艺术专业二本学费依据的国民付费能力指标的调整，需要地方政府加大对艺术专业二本的投入。

全国学费平均值依据的国民付费能力指标的调整，需要降低艺术专业学费平均值与普通专业学费平均值受国民收入影响程度的差值。普通专业学费平均值、中部地区学费依据的国民付费能力指标的调整，需要综合考虑城乡居民收入的差距、城乡人口比重和高等教育个人收益。东部地区学费依据的国民付费能力指标的调整，需要国民人均收入以平稳的速度增长。调整普通专业二本学费依据的国民付费能力指标，需要提高国民付费能力和心理承受能力。西部地区学费、艺术专业二本学费依据的国民付费能力指标的调整，需要政府加大投入。

第三节　小结

学费变化趋势的状况与学费对高等教育成本分担的力度逐步加强的世界发展趋势相矛盾。学费在地区间、学校层次间的差异不利于高等教育公平的实现，不利于高等教育整体的发展。影响学费的因素作用程度与国民经济的发展趋势不相符合，不利于高等教育在地区间、学校层次间均衡发展。学费依据的国民付费能力指标，与高等教育成本、高等教育收益和国民付费能力不相符。对学费存在问题的调整，需要地方政府财政能力的均衡，需要整体国民付费能力的增强和相关制度的完善。

第一，整体学费对高等教育成本分担的力度，不能满足现实需要。各地区学费对高等教育成本分担的力度不均衡，有悖于高等教育公平原则。学费学校层次的差异，不利于高等教育长远发展。对学费存在问题的调整，需要地方政府财政能力的均衡，需要整体国民付费能力的增强和相关制度的完善。

第二，学费整体依据市场效益的变化要逐步加强，受财政拨款影响的力度要减弱。各地区学费、各层次学校学费依据财政拨款、国民付费能力的变动，要平衡社会效益和市场效益，要保障高等教育公平。影响学费的因素作用程度不合理的调整，需要政府财政能力、国民付费能力的提高，需要政府管制与市场作用的均衡。

第三，全国学费平均值，普通专业学费平均值，中部地区、西部地区学费依据的国民付费能力指标，与整体国民付费能力不相符。普通专业一本学费、艺术专业二本学费依据的国民付费能力指标，与其教育成本和高等教育个人收益不相符。整体学费、各地区学费、各层次学校学费依据的国民付费能力指标的调整，需要依据政府的财政能力、城乡居民收入、城乡人口比重和高等教育个人收益的状况确定。

第七章　制定公办高校学费标准的边界条件

公办高校学费标准的调整，需要对制定公办高校学费标准的边界条件进行分析。公办高校学费标准的制定要依据高等教育的社会效益和个人效益；社会效益是政府对高等教育成本分担的依据，个人效益是个人对高等教育成本分担的依据。为了保证公办高校学费标准政策目标的实现，公办高校学费标准的制定要依据高等教育成本、国家财政经费对高等教育的支出、高等教育收益、国民付费能力。

第一节　制定学费标准的成本依据

制定学费标准依据的成本是指高等教育培养成本中由学费补偿的部分。高等教育培养成本是指学校培养合格大学生的全部合理费用支出，按补偿渠道区分为由财政与社会捐助补偿的成本和由学费补偿的成本。依据高校经费的来源和高校非营利组织的特征，制定学费标准依据的成本是高等教育培养成本的一部分，其值等于高等教育成本与财政拨款、社会捐助之差。

教育成本是用于培养学生所消耗的教育资源的价值，即培养学生由社会和受教育者或家庭直接或者间接支付的以货币形态表现的全部费用。[①] 教育成本具体包括教学、教辅、学生事务等与教育直接相关或者间接相关的支出，具体项目包括相关教职工的工资、福利及保障费用、公务费、业务费、图书购置费、修缮费、设备和房屋折旧费等。高等教

---

① 王善迈：《教育投入与产出研究》，河北教育出版社 1996 年版，第 45 页。

育具有成本增长的本质属性，由高等教育单位产量的增加导致的高等教育单位成本的增加要大于社会平均单位成本。[①] 近年来，中国高等教育成本快速增长，具体体现为高校教职员工薪酬的提高、图书和实验设备仪器开支的上涨、高校规模从经济到不经济的转变。

一　教师薪酬

教师薪酬是高等教育成本的重要组成部分，包括教师的工资和福利。近年来，公办高校教师的工资持续增长，这一方面是国民经济发展、国民收入普遍提高的结果；另一方面是高校自有的特征。

教育部 1999 年《关于新时期加强高等学校教师队伍建设的意见》规定，到 2005 年，全国高等学校平均当量生师比达到 14∶1 左右；教授、副教授岗位占专任教师编制总数的比例，教学科研型高校一般为 45%—55%，少数学校可以达到 60% 左右，以教学为主的本科高等学校一般为 30%—40%；职业技术学院和高等专科学校一般为 15%—25%；具有研究生学历教师的比例，教学科研型高校达到 80% 以上（其中具有博士学位教师的比例达到 30% 以上），以教学为主的本科高等学校达到 60% 以上，职业技术学院和高等专科学校达到 30% 以上；在校外完成某一级学历（学位）教育或在校内完成其他学科学历（学位）教育的教师应占 70% 以上。[②]

该意见颁布后，高校师资力量迅速得到补充和提高，教师的学历和职称不断得到改善。高学历和高职称教师所占比例的增加，导致高校教师总体薪酬增长，进而导致高等教育成本增长。2003—2007 年，中国普通高校教职工人数持续高速增长，逐年增长人数都在 10 万人以上；其中，主要是专任教师持续高速增长，其逐年增长人数都在 9 万人以上（见图 7－1）。2003—2006 年，高校生师比整体上虽然保持增长，但增长幅度趋缓（见图 7－2）。在高校教师总体规模不断增长、高校生师比

---

① 　William J. Baumol and William G. Bowen, *Performing Arts*: *The Economic Dilemma*, New York: The Twentieth Century Fund, 1966; also, William G. Bowen, *The Economics of the Major Universities*, Berkeley: Carnegie Commission on the future of Higher Education, 1968.

② 　中国教育部：《关于新时期加强高等学校教师队伍建设的意见》（http://www.law-lib.com/lawhtm/1999/70211.htm）。

增长幅度趋缓的情况下，高校教育成本总量和生均教育成本必然增加。

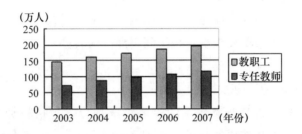

图 7 - 1　普通高校教职工人数

资料来源：数据来自 2003—2007 年《全国教育事业发展统计公报》。

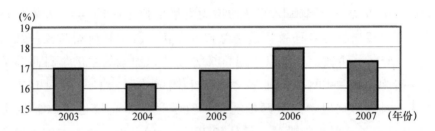

图 7 - 2　普通高校生师比

资料来源：数据来自 2003—2007 年《全国教育事业发展统计公报》。

近年来，随着高等教育迅猛发展和高等教育国际化趋势的增强，中国高等学校内部竞争日益激烈，高等学校国际化竞争也逐步显现。高水平的教师队伍是高校在内部竞争和国际竞争中保持优势的重要依托。高校为了引进和留住优秀的人才，不断提高教师的工资和福利，对引进的优秀人才给予优厚的待遇（见图 7 - 3）。高校对人才的竞争，首先发生在名牌大学之间，然后向一般大学延伸。随着国民经济的发展，高校的科研功能日益显现。高校教师参与研究越多，教师用于教学的时间就要随之减少，这样就会产生教学任务量的逐级减少而教育成本却不断攀升的现象。[1] 随着高校社会服务功能的不断加强，高校不断地建立市场需求的新型专业，高校专业数目增加。为了建立市场需求的新型专业，高

---

[1]　Robert Zemsky，"Faculty Discretionary Time：Departments and the Academic Ratchet"，*Journal of Higher Education*，65，January/February，1994，pp. 1 - 22.

校必须引进新型教师；为了适应专业数目的增加，高校必须相应增加教师人数。这样，最终的结果是单位教育成本增长。

高校教职工工资、福利的增长是社会经济发展的结果，也是社会经济发展的表现。由于高校教职员工高学历的本质特征，致使高校教职员工工资、福利的增长要高于国民平均收入的增长，并且这种高增长的幅度在中国这种转型国家中还将持续下去。高校教职工工资、福利的增长，也是高等教育竞争加剧的结果。高等教育竞争，重要的一方面是优秀教师的竞争，高校要想在竞争中处于优势地位，留住和引进优秀的高校教师是其取胜的重要途径。中国高等教育内部的竞争已经形成格局并且已深化，高等教育国际竞争的激烈程度才逐步显现，因此，高等教育竞争导致的高校教职员工工资福利的增长还将持续。

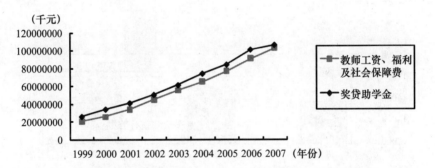

图 7 - 3　普通高等学校教师工资、福利及社会保障费与奖贷助学金支出

资料来源：1999—2007 年《中国教育经费统计年鉴》。

二　图书和教学设施

图书和教学设施按受益期折旧计入教育成本，这是教育成本的重要组成部分。高校图书资料不断地丰富，高校教学设施不断地完善，导致高校教育成本不断增长。高校图书资料的丰富和教学设施的完善，一方面是履行政府相关的规定；另一方面是高校为了参与内部竞争和国际竞争的需要。

教育部高等学校图书情报工作指导委员会组织拟订的《普通高等学校图书馆评估指标》颁布后，各地高校图工委根据本地区的实际情况，制定了实施细则和具体评分办法及分值。例如，《江苏省普通高等学校图书馆评估指标体系评分标准和内涵的说明》对馆藏印刷型文献和数字文献的满分规定为馆藏中文图书生均 50 册，近 3 年年生均入藏 2.5 册，馆藏中文期刊合订本生均 3 册，近 3 年年生均入藏 0.15 册；外文图书馆藏生均 2 册，近 3 年年生均入藏 0.02 册；外文期刊馆藏合订本人均 0.3 册，近 3 年年人均入藏现刊 0.02 册；拥有中文电子图书 26 万种，拥有外文电子图书 0.1 万种，拥有中文全文电子期刊 6000 种，拥有外文全文电子期刊 2000 种；用于购买中外文数据库的经费，占总文献经费的 20% 以上。① 为了达到评估指标的标准，高校加大了对图书馆的投入。2004—2006 年，高校图书册数持续高速增长，年增长幅度都在 13000 万册以上，且逐年上升（见图 7-4）。高校图书数量的增长和图书价格的上升，导致高校教育成本总量和生均教育成本上升。

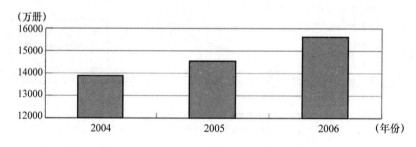

图 7-4　普通高校新增图书

资料来源：数据来自 2004—2006 年教育统计数据。

2004 年，教育部对 2002 年印发的《普通高等学校本科教学工作水平评估方案（试行）》进行了修订，并于当年 8 月正式下发，要求当年下半年开始，被评估的学校依据新的方案搞好评建工作。新方案优秀标准明确要求"各类功能的教室齐备，很好地满足教学需要；其他相关校舍满足人才培养的需要"，合格标准中"生均教学行政用房面积、百名学生配教学用计算机台数、百名学生配多媒体教室和语音教室座位数（个）达到附表的合格规定，教室、实验室、实习场所和附属用房面积

---

① 《江苏省普通高等学校图书馆评估指标体系评分标准和内涵的说明》（http://www.docin.com/p-295197757.html）。

以及其他相关校舍基本满足人才培养的需要"。① 为了迎接教学评估，各高校都加大了对教学用房及辅助用房的投入。2004—2006 年，高校教学用房及辅助用房持续高速增长，其中，教室年新增面积都在1000万平方米以上，实验室（包括实习场地）年新增面积都在 500 万平方米以上（见图 7-5）。教学设施的完善和数量的增长是高校加大基建支出的结果，这导致高校教育成本总量和生均教育成本上升。

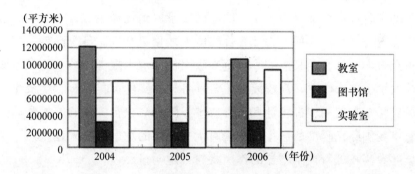

图 7-5　普通高校教学及辅助用房新增面积
资料来源：数据来自 2004—2006 年教育统计数据。

图书和教学设施开支的增长是高等教育发展的结果，也是高等教育发展的表现。随着社会和国民经济的发展，社会对高等教育质量的要求提高，图书和教学设施导致高等教育成本的增长将更加凸显。中国高等教育由精英教育向大众化的转变，也将推动图书和教学设施开支的增长。这是高等教育规模经济向规模不经济转变的结果，也是中国高等教育图书和设施长期投资不足的结果，更是高校具有成本扩张的本质属性的结果。因此，图书和教学设施导致高等教育成本的增长将会持续下去，但其增长幅度在维持一段时间以后将会下降。

三　学生资助

学生资助包括两部分，一部分是高校为优秀大学生提供的奖学金，

① 教育部：《普通高等学校本科教学工作水平评估方案（试行）》 （http://ns2. auts. edu. cn/ jwc/jxpg/ptpg/xinde. htm）。

另一部分是高校为贫困大学生提供的各种补助。高校为了在生源竞争中保持优势,向优秀大学生提供了丰厚的奖学金。这种竞争,在高等教育发达的国家中早就存在。中国高校对优秀生源的竞争,起源于改革开放初期,在高校实行缴费上学以后,更加激烈。高校对贫困大学生的资助,一方面,是公办高校作为混合公共部门应尽的社会责任,另一方面,是执行政府的有关规定。

高校向优秀大学生提供的奖学金,随着高校之间的竞争日益激烈,奖贷助学金都在增加(见图7-3)。高校录取到优秀生源,一方面,能够增加声誉;另一方面,为培养优秀的人才奠定基础。各个高校,特别是重点大学,都会用高额的奖学金来吸引优秀考生报考本校。为了激励在校大学生努力学习,高校设置了各种各样的奖优型奖学金。学校出资用于奖学金的费用,都将计入教育成本。随着高校自主权的扩大和高等教育市场国际化程度的深化,高校对优秀生源的竞争将越来越激烈,奖学金导致高校教育成本增加的作用将越来越明显。

高校现行的对贫困大学生资助中的一部分,包含在作为学费定价依据的教育成本中。这部分学生资助,是指学校从学费中提取用于资助贫困大学生的费用。教育部、发改委、财政部在《关于做好2005年高等学校收费工作有关问题的通知》提出,高等学校每年必须从学费收入中提取10%的经费,专款专用,通过各种方式资助贫困家庭学生,帮助贫困家庭学生解决实际问题,确保其不因家庭经济困难影响入学或中止学业。[①] 高等教育实行收费并轨以后,随着高校扩招的加剧,高校贫困生的比例和贫困程度不断上升,贫困生对资助的需求亦逐年增长。社会公众对公办高校的社会责任日益寄予厚望;政府对学生资助政策的文本日益完善,并日益加强政策的执行力度,高校用于贫困生的资助额度不断增长(见图7-3)。学生资助导致高校教育成本总量和生均教育成本的增加更加明显。

学生资助的增长是高校为了树立和维护自身声誉的内在要求,也是社会发展对公办高校社会责任的要求。优秀生源是高校在竞争中处于优

---

① 教育部、国家发展和改革委员会、财政部:《关于做好2005年高等学校收费工作有关问题的通知》(http://tieba.baidu.com/f? kz=568257603)。

势地位的重要因素。在内部竞争和国际竞争日趋激烈的当今，高校用于吸引优秀生源的奖学金开支将不断上升。对贫困生的资助是公办高校作为混合公共部门的社会责任，是为了维护社会公正，社会对公办高校的要求。随着高等教育成本分担和高等教育大众化的深化，高校贫困生的经济需求额度和范围都将扩大，如果继续将部分学生资助纳入高等教育成本，那么学生资助导致高等教育成本的增长将会持续。

四　教育规模

教育成本分为变动成本和固定成本。教育变动成本是指成本总量随着教育产量的变化而变动的成本，教育固定成本是指成本总量在一定的范围内不随着教育产量变化而变动的成本。[①] 教育规模经济是指学生人数增加的比例大于单位学生成本增加的比例；教育规模不经济是指学生人数增加的比例小于单位学生成本增加的比例。[②] 当高校规模偏小时，高校招生人数的扩大带来的是可变成本的增加，固定成本不变，这时候边际成本低于平均成本，生均教育成本就会下降，这时候出现的是教育规模经济。当高校规模偏大时，高校招生人数的扩大带来的是可变成本和固定成本的同时增加，这时候边际成本大于平均成本，生均教育成本就会上升，这时候出现的是教育规模不经济。

中国高校经历了教育规模经济向教育规模不经济的转变，高等教育大扩招之前，高等学校规模普遍偏小，教育资源没有得到充分利用。高等教育大扩招以后，高等学校规模逐渐扩大，高等学校规模扩大带来的是生均教育成本的降低。教育规模的扩大是有限度的，是在保持教育质量不变的前提条件下进行的。随着招生人数的不断增加，在原来的办学条件下，高等教育的拥挤效应逐渐显现。为了保证教育质量，高校就要增聘教师，增添教学设施和教学设备，扩大校园面积。这时候固定成本增加，边际成本大于平均成本，生均教育成本上升。

1999—2007 年，高校本专科年招生数从 159.68 万增加到 565.92 万，年增长率保持在 3.5% 以上；在校学生数从 413.42 万增加到

---

① 袁连生：《教育成本计量探讨》，北京师范大学出版社 2000 年版。
② 靳希斌：《教育经济学》，人民教育出版社 2001 年版，第 371—372 页。

1884.9万，年增长率保持在8.4%以上（见图7-6）。高校规模的不断扩张，其结果是高校不断地增加投入，最终导致高校固定成本的增长；高校固定成本的增长，导致边际成本不断上升，也导致生均教育成本不断上涨。

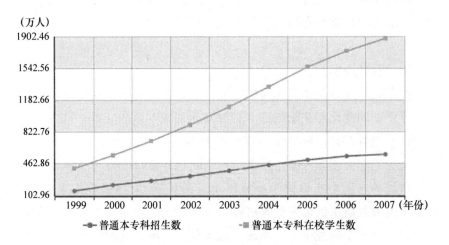

图7-6 普通高校在校生数和本专科招生数

资料来源：数据来源1999—2007年《全国教育事业发展统计公报》。

教育规模经济向教育规模不经济的转变，是高等教育规模达到一定程度后的结果，是一个时期内教育成本增长的表现。中国高等教育由精英教育向大众化教育转变的过程中，随着高等教育规模的扩大，教育规模不经济逐步凸显。随着高等教育大众化的深化和高等教育规模的进一步扩大，高等教育规模不经济将会向规模经济转变。因此，高等教育规模不经济带来的高等教育成本总量大幅度的增长将会逐渐下降。由于高校规模的扩张还在继续，因此，高等教育规模不经济促使高等教育成本的上升，在一定的时期内还会持续。

五 国家财政性教育经费用于普通高等教育的支出占总量的比

1985年以前，政府是高等教育经费的负担主体，高等教育经费主要来自政府；中国对高等教育实施国家包办和重点支持的财政政策。因此，高校生均财政经费在三级教育中所占比重偏高。1999年开始实施

的《高等教育法》第六十条规定，国家建立以财政拨款为主、其他多
种渠道筹措高等教育经费为辅的体制，使高等教育事业的发展同经济、
社会发展的水平相适应。

随着国民经济和教育的发展，中国教育资源在三级教育的分配结构
逐渐符合国际惯例，即从教育资源的总量结构来说，比重由大到小依次
为初等教育、中等教育和高等教育。近年来，政府加大了对义务教育的
投入，在全国对义务教育实施了"两免一补"的政策；对中等职业技
术教育加大了扶持力度，对中等职业教育贫困生加强了资助。因此，高
等教育财政经费在三级教育分配结构中所占比重下降，高等教育经费在
三级教育经费分配结构中所占的比重下降。

1997—2005 年，国家财政性教育经费用于普通高等教育的支出占
总量的百分比在前 7 年保持增长；1999 年增长幅度最大，增幅为 2.96
个百分点；2003 年其值达到最大，为 21.83%；2004—2005 年，该值
逐年下降，2005 年，在 2003 年的基础上下降了 0.69 个百分点（见图
7 - 7）。国家财政性教育经费用于普通高等教育的支出占总量百分比的
变化，反映出普通高等教育在财政性教育经费分配中所占的比重先上
升，然后再下降。

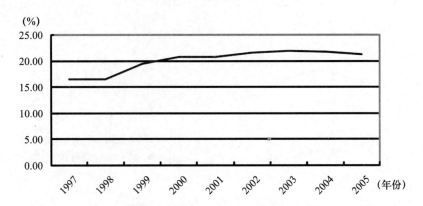

图 7 - 7 国家财政性教育经费用于普通高等教育的支出占总量的百分比
资料来源：由 1998—2007 年的《中国统计年鉴》中的数据计算得到。

随着社会的发展，普及义务教育以及让义务教育真正成为免费的教
育成为社会的需求。政府切实把农村义务教育摆在优先发展的战略地

位，努力解决制约农村地区普及九年义务教育的投入问题，保障农村义务教育持续健康发展；在全面实施农村义务教育经费保障机制改革的基础上，在免除城市义务教育阶段学生学杂费的背景下，教育财政经费用于普通高等教育的支出占总量的比重下降的趋势将会持续。在资助范围不断扩大、资助金额增长、资助对象增加的情况下，财政经费用于中等职业教育的支出将不断增大。与此对应，教育财政经费用于普通高等教育的支出占总量的比重将会下降。

六 生均预算内事业费的演变

1997—2007 年，全国普通高等学校生均预算内事业费前 3 年保持持续增长，中间 5 年持续下降，最后两年开始上升；其最大值为 2000 年的 7309.58 元，最小值为 2005 年的 5375.94 元（见图 7 - 8）。全国普通高等学校生均预算内公用经费前两年持续增长，中间 6 年持续下降，最后两年开始上升；最大值为 1999 年的 2962.37 元，最小值为 2005 年的 2237.57 元。全国普通高等学校生均预算内事业费前 3 年增长幅度持续下降，中间 5 年下降幅度先升后降，后两年上升幅度持续上升（见图 7 - 9）。全国普通高等学校生均预算内公用经费前两年增长幅度总体减小，中间 5 年下降幅度先上升后下降（见图 7 - 9）。

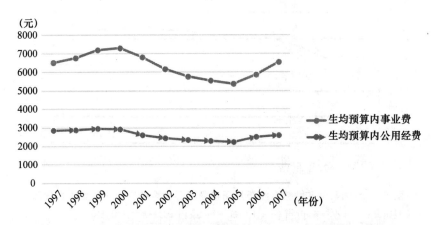

图 7 - 8　全国普通高等学校生均预算内事业费、生均预算内公用经费

（1997—2007 年）

资料来源：数据来自 1997—2007 年《全国教育经费执行情况统计公告》。

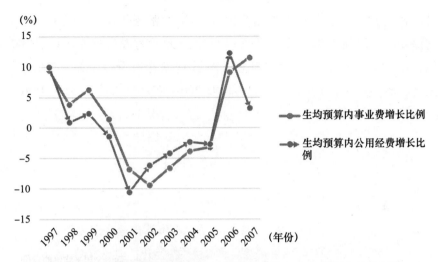

图 7 - 9 全国普通高等学校生均预算内事业费、生均预算内公用经费
增长比例（1997—2007 年）

资料来源：数据来自 1997—2007 年《全国教育经费执行情况统计公告》。

　　高等学校生均预算内教育事业费是政府对高等教育成本分担的主
要组成部分，是影响学费标准的重要因素。高校收费在 1997 年全面并
轨，生均预算内教育事业费在 2000 年前持续增长，促进了高等教育的
发展。高等教育规模的扩张，导致高等教育生均财政经费下降。
2000—2005 年，生均预算内教育事业费下降，高等教育成本增长，各
地区提高了高等学校的学费标准。2006 年，政府加大了对高校的投
入，目的是使高校学费标准在 5 年之内保持稳定。2007 年的生均预算
内事业经费略高于 1997 年的水平，生均预算内公用经费低于 1997 年
的水平。

　　中国普通高等学校生均预算内教育事业费地区差异大，全国平均水
平与大部分省份实际水平的差异较大。全国平均值所反映的普通高等学
校生均预算内教育事业费的水平，高于许多省份的实际水平。2004—
2006 年，全国 31 个省、直辖市、自治区中，生均预算内教育事业费没
有达到全国平均水平的省份占 77.4%（见图 7 - 10）。2007 年，生均预
算内教育事业费没有达到全国平均水平的省份所占比例虽然下降，但仅
下降了 4 个百分点。绝大部分省份的生均预算内教育事业费偏低，超过
了 1 万元的省份所占比例虽然在上升，但是由于起点较低，2007 年也

只达到了 12.8%。各省生均预算内教育事业费会有好转,但不会大幅
度提高。生均预算内教育事业费增长比例为负的省份逐年下降,2007
年,在 2004 年的 54.8% 的基础上下降了 41.9 个百分点。部分省份增长
比例虽然为正,但增长幅度较小。如 2004 年,增长比例为正但低于
0.1% 的省份占 6.4%。

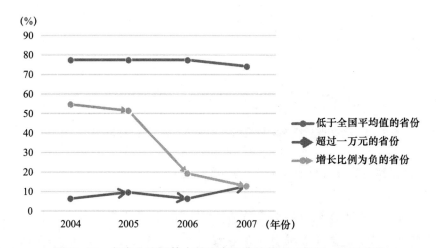

图 7 - 10　各省生均预算内教育事业费的状况(2004—2007 年)

资料来源:由 2004—2007 年《全国教育经费执行情况统计公告》相关数据计算得到。

　　地方财政收入与地方政府对高等教育的投入理论上正相关。地方一
般预算财政收入是反映地方财政收入的重要指标。为了探讨实践中两者
的关系,本书对地方一般预算财政收入与生均预算内教育事业费进行了
相关分析。2004—2006 年,各省生均预算内教育事业费与地方一般预
算财政收入高度相关,Pearson 相关系数分别为 0.494、0.483、0.449,
这表明地方一般预算财政收入对各省生均预算内教育事业费有很强的影
响(见表 7 - 1)。各省生均预算内教育事业费与地方一般预算财政收入
线性相关性逐年降低,这表明各省生均预算内教育事业费受地方一般预
算财政收入的影响在逐年降低。2007 年,各省生均预算内教育事业费
与地方一般预算财政收入不具有相关性关系,这表明各省生均预算内教
育事业费基本上不受地方一般预算财政收入的影响。

表 7 - 1　　各省生均预算内教育事业费与地方一般预算财政收入的相关性

年份	r	Sig.
2004	.494	.006
2005	.483	.007
2006	.449	.013
2007	.086	.650

资料来源：各省生均预算内教育事业费来自 2004—2007 年《全国教育经费执行情况统计公告》。各省地方一般预算财政收入来自 2005—2008 年《中国统计年鉴》。

为了进一步了解地方一般预算财政收入对生均预算内教育事业费的影响，本书以前者为自变量，后者为因变量进行线性估计。2004—2006 年，地方一般预算财政收入的变动对生均预算内教育事业费的影响最佳解释模型都为三次函数，其 R^2 分别为 0.281、0.281、0.272（见表 7 - 2）。这表明，2004 年、2005 年、2006 年，生均预算内教育事业费变动的 28.1%、28.1%、27.2% 受一般预算财政收入的影响。由此可见，2004—2006 年，地方一般预算财政收入是影响各省生均预算内教育事业费的重要因素，但其影响强度在降低。2007 年，由散点图可见，各省生均预算内教育事业费的分布较集中，没有随着地方一般预算财政收入的变动而变动（见图 7 - 11）。由此可以得出，地方一般预算财政收入的大小对生均预算内教育事业费基本没有影响，曲线估计的最终结果也验证了这一点。

表 7 - 2　　各省一般预算财政收入的变动对生均预算内教育事业费的影响

三次函数	模型综述					参数估计			
	R^2	F	df1	df2	Sig.	常数项	b1	b2	b3
2004 年	.281	3.390	3	26	.033	4553.227	-7.455	.021	-9.62E—006
2005 年	.281	3.393	3	26	.033	4427.266	-6.062	.015	-5.80E—006
2006 年	.272	3.242	3	26	.038	5289.786	-7.669	.013	-4.20E—006
2007 年	.117	1.143	3	26	.350	4423.297	10.657	-.015	5.32E—006

资料来源：各省生均预算内教育事业费来自 2004—2007 年《全国教育经费执行情况统计公告》。各省地方一般预算财政收入来自 2005—2008 年《中国统计年鉴》。

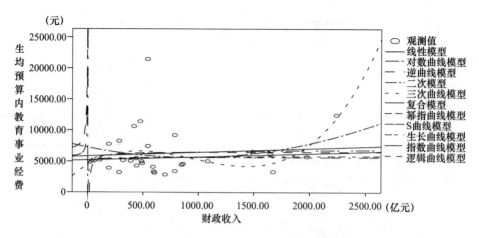

图 7 - 11　各省一般预算财政收入对生均预算内教育事业费影响的

散点分布（2007 年）

第二节　高等教育的个人收益

一　高等教育收益的内涵

（一）高等教育收益的概念

教育收益可以根据受益主体分为个人收益和社会收益，也可以根据受益的种类分为经济收益和非经济收益。个人收益是指受教育者个人所得到的收益；社会收益则还包括本人不能占有的从而为社会其他成员所得的收益，是个人收益和其他（本人不能获得的）收益的总和；属于社会而不属于私人范围的收益包括与教育收益相联系的税的支付和归因于教育投资而本人不能获得的收益。[1]

高等教育个人收益包括经济收益和非经济收益。个人的经济收益是指个人因接受高等教育而增加的货币收益，个人的非经济收益是指个人因接受高等教育而带来的满足感、进一步接受更高层次教育的机会、在职业中获得的选择自由和比没有接受高等教育的人多获得的乐趣、对后代有利的影响。社会收益是指高等教育对国民经济的促进作用和对社会的促进作用；其中，对经济的促进作用是指提高国民生产能力、提高经

---

① ［美］E. 柯恩：《教育经济学》，王玉昆、陈国良、李超译，华东师范大学出版社 1989 年版，第 32 页。

济产出；其中，对社会的促进作用包括有利于社会阶层的流动、促进社会和谐。接受高等教育给个人带来满足感、较高的社会地位、职业安全和补贴、将来较高的经济收益是高校收取学费和制定学费标准的重要依据。

（二）教育收益率

教育是一种投资行为，教育收益率是反映教育收益的一个重要指标。明瑟收益率是指多接受一年的教育带来收入增长的比例，是教育的边际收益率。内部收益率是教育投资的未来收益的现值与成本现值相等时的贴现率，是设定未来净收益折现为零时的收益与成本的比较。萨卡罗普洛斯在 1985 年的研究中，对发达国家（美国、英国、加拿大、荷兰和比利时）和发展中国家（墨西哥、哥伦比亚、委内瑞拉、智利、巴西、印度、菲律宾、加纳、肯尼亚、乌干达和尼日利亚）的人力资本的投资收益率分别进行的研究表明，发展中国家人力资本的收益率为15%，而发达国家的收益率为9%。[①] 从世界整体趋势来看，教育收益率的基本特征表现为发展中国家的教育收益率一般都比较高；国家发展水平越高，教育收益率越低。[②] 这反映出发达国家和发展中国家人力资本的稀缺程度不同，人力资本在发展中国家属于较有利可图的投资形式。

二　中国高等教育收益

（一）中国高等教育收益率

表 7 – 3　　　　　　　中国高等教育收益率他人的研究发现

研究者	样本	研究结论	研究时间
李实、李文彬	28 个省区市的 10258 个农村居民户和 10 个省区市的 9009 个城市居住户的 1988 年收入	高等教育的明瑟收益率为 4.5%	1988 年

---

① 曾满超、薛伯英、曲恒昌：《西方教育经济学流派》，北京师范大学出版社 1990 年版，第 156—176 页。

② 杨克瑞、谢作诗：《教育经济学新论》，人民出版社 2007 年版，第 71—72 页。

续表

研究者	样本	研究结论	研究时间
李实、丁赛	11 个省份 69 个城市抽样样本中 1990—1999 年当年在岗收入	高等教育的收益率明显上升	1990—1999 年
陈晓宇、闵维方	1996 年 7590 个城市居民	大专明瑟收益率为 4.66%、本科为 4.53%	1996 年
陈晓宇、冉成中、陈良焜	1996 年、1997 年和 1998 年"中国城市住户调查"中的 7 省区市数据	大专、本科明瑟收益率 1996 年分别为 5.90%、8.23%；1997 年分别为 5.96%、9.68%；1998 年分别为 8.01%、11.35%	1996—1998 年
陈晓宇、陈良焜、夏晨	2000 年中国城镇住户调查数据	高职高专、本科明瑟收益率分别为 9.97%、13.1%	2000 年
陈晓宇	2005 年北京、山西、辽宁、黑龙江、浙江、安徽、湖北、广东、四川、贵州、陕西和甘肃 12 个省区市的 10000 户城镇居民	高职高专、本科明瑟收益率分别为 14.5%、18.9%	2004 年

　　中国高等教育收益率随着国民经济和高等教育的发展变化而变化。通过对全国 1988 年收入数据研究表明，高等教育的明瑟收益率为 4.5%①（见表 7 - 3）。李实和丁赛对 1990—1999 年期间中国城镇个人教育收益率的研究结果表明，高学历职工的平均教育个人收益率显示了较高的水平，对大学以上学历的职工来说尤其如此。② 陈晓宇和闵维方研究得出，1996 年城市教育的明瑟收益率大专为 4.66%、本科为 4.53%。③ 陈晓宇等采用 1996 年、1997 年和 1998 年 7 个省区市的数据计算得出，大专、本科明瑟收益率 1996 年为 5.90%、8.23%，1997 年

---

　　① 李实、李文彬：《中国教育投资的个人收益率的估计》，赵人伟、［美］基斯·格里芬《中国居民收入分配研究》，中国社会科学出版社 1994 年版，第 443—455 页。

　　② 李实、丁赛：《中国城镇教育收益率的长期变动趋势》，《中国社会科学》2003 年第 6 期。

　　③ 陈晓宇、闵维方：《我国高等教育个人收益率研究》，《高等教育研究》1998 年第 6 期。

为 5. 96%、9. 68%，1998 年为 8. 01%、11. 35%。[1] 陈晓宇等人计算得出，2000 年城市教育的明瑟收益率高职高专、本科分别为 9. 97%、13. 10%。[2] 陈晓宇计算得出，2004 年，城市教育的明瑟收益率高职高专、本科分别为 14. 5%、18. 9%。[3] 以上学者的研究，虽然研究的年代、数据收集的范围、计量的过程不同，但存在一些共同的结论。这表明，21 世纪以来，中国本、专科生教育的明瑟收益率保持了持续增长。这说明，随着中国劳动力市场化程度的提高，高等教育的收益率正在增长，个人的高等教育支出能为受教育者带来未来收益；学费随着高等教育个人收益率增长是较为适宜的，政府在高等教育经费上承担过多的财务责任，反而是损害效率和公平的。

（二）中国大学生就业的整体现状

自改革开放以来，中国国民经济水平每年以较快的速度提高，人均 GDP 和人均国民收入不同程度地上升。2003—2007 年，国内生产总值每年以高于 10% 的速度递增，并且年增长幅度还在上升；2003 年，国内生产总值达到了 135823 亿元；2007 年，国内生产总值达到了 246619 亿元（见图 7 - 12）。2003—2007 年，税收收入都以高于 20% 的速度增长；2003 年，税收收入达到了 20466 亿元；2007 年，税收收入达到了 49449 亿元（见图 7 - 13）。在国民经济和政府财力不断增长的情况下，中国高等教育得到了跨越式发展。2003—2007 年，中国本专科毕业生、研究生每年以较快的速度增加，其中本专科毕业生的增长速度每年都高于 21%（见图 7 - 14）。2003 年，普通高校本专科毕业生人数为 187. 75 万人，2007 年，则达到了 447. 79 万人，5 年累计毕业生人数为 1558. 93 万人。2003 年，研究生毕业生人数为 11. 11 万人，2007 年，则达到了 31. 18 万人，5 年累计毕业生人数为 101. 93 万人。

---

[1]　陈晓宇、冉成中、陈良焜：《近年中国城镇私人教育收益率的变化》，载闵维方《为教育提供充足的资源（2001 年北京大学教育经济学国际研讨会）》，人民教育出版社 2003 年版，第 192—209 页。

[2]　陈晓宇、陈良焜、夏晨：《20 世纪 90 年代中国城镇教育收益率的变化与启示》，《北京大学教育评论》2003 年第 4 期。

[3]　北京大学"中国教育和人力资源研究"课题组：《2004 年中国城镇居民教育与就业情况调查报告》，载《2005 年中国教育经济学年会论文集》光盘 C。

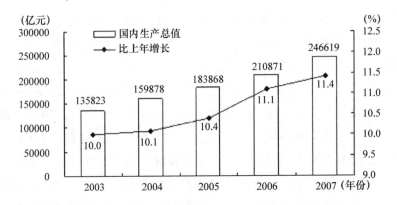

图 7 – 12 国内生产总值及其增长速度（2003—2007 年）

资料来源：引自《中华人民共和国 2007 年国民经济和社会发展统计公报》。

图 7 – 13 税收收入及其增长速度（2003—2007 年）

资料来源：引自《中华人民共和国 2007 年国民经济和社会发展统计公报》。

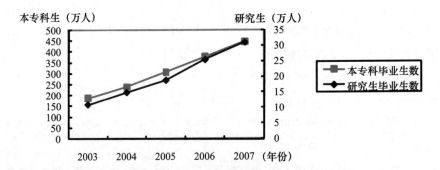

图 7 – 14 本专科生、研究生毕业生人数（2003—2007 年）

资料来源：数据来自 2003—2007 年《全国教育事业发展统计公报》。

随着国民经济的发展、高等教育规模的扩张，个人投资高等教育具有了风险。高等教育个人收益逐渐降低，出现了大学生毕业后失业和就业起点工资低的问题。人们进行高等教育投资是为了未来获得收益。根据人力资本理论，高等教育投资能够获得收益，是因为高等教育投资提高了配置能力和生产能力。这种能力既能优化资源的配置，又能带来更大的产出。因此，企业愿意为接受过高等教育的人才支付较高的工资，但个人实现高等教育收益的必要条件是能在毕业后找到工作，由此，个人能否获得高等教育收益取决于能否就业。

中国劳动力市场存在的分割导致人力资源的流动成本较高。在分割的劳动力市场中，由于工作转换的额外成本存在，使得大学毕业生的"保留工资"上升；同时，单位的用人成本也由于某些制度安排而被提高，从而导致其劳动力雇佣量少于市场均衡时的最优量，这些都增加了大学毕业生的就业难度。中国虽然对户籍制度进行了改革，但由于原有制度惯性较强，户籍制度对人力资源的流动依然是较强的障碍。单位对个人福利的保障仍然较强，覆盖整个劳动力市场的社会保障制度尚未完善，各行业和部门在社会保障水平上存在过大差异，社会保障制度的分割对劳动力流动带来负面的影响较强。由于企业的劳动力置换面临着很高的制度成本，导致需要的人进不来，不需要的人出不去。近年来，大量积压下来的未就业的往届毕业生及已经工作但想转换单位的往届毕业生，还会对新进入劳动力市场的毕业生形成较强的就业压力。因此，大学毕业生的就业面临着诸多问题。大学毕业生的就业率降低，从而导致高等教育的收益率降低。

（三）中国大学生就业的学校层次状况

随着国民经济的发展、社会对高等教育投资的增大、高等教育规模的增加、高等教育人才供给的增加，使得接受过高等教育的人才的市场价值降低，高等教育收益率就会下降。中国高等教育经过改革开放后的发展，特别是在 1999 年开始的大扩招后，毛入学率逐年上升。中国高等教育已经由精英教育进入了大众化阶段。随着高等教育大众化的到来，接受高等教育给个人和家庭带来的满足感和荣耀感已经开始降低和分层。一般高校的学生对自身学校的满意度已经下降，从接受高等教育中获得的满足感也随之降低；社会对一般高校的认同度也已经降低，一般高校学生的"精英"光环已经消失。

由于在劳动力市场上雇主和雇员之间的信息不对称,雇主必须通过某种外在的东西来挑选雇员,受教育的程度被认为是一种合适的挑选依据。在高等教育毛入学率很低的情况下,大学文凭就是一个具有很强信号作用的凭证,在高等教育逐渐步入大众化阶段的时候,大学文凭的信号作用慢慢变弱,而优质高等教育的信号作用相对于一般高等教育的信号作用要强。因此,在大学生就业竞争中,名牌大学、重点大学的毕业生在就业过程中就处于优势地位;毕业于发达地区的学生,在同等条件下就业的机会要高于毕业于不发达地区的学生。

第三节　学生及家庭的付费能力

国民的支付能力是国民对高等教育需求的经济基础,是公办高校教育成本在政府、个人、社会之间分担的重要依据;学生家庭的付费能力是判断学费标准是否合理的重要依据。体现国民付费能力的指标为居民储蓄存款、国民的人均收入。学费的平均值与国民人均收入的比值,反映了国民支付学费的相对能力。由于经济的城乡二元结构,城乡人均国民收入更能够反映国民付费能力。由于中国地域辽阔,各地区的经济发展不平衡,国民支付能力在地区之间存在差异。

一　居民储蓄

2003—2007 年,城乡居民储蓄保持了较高的增长,年增长率除了2007 年为 6.8% 以外,其余 4 年都在 14.6% 以上;2003 年,城乡居民储蓄额为 103618 亿元;2007 年为 172534 亿元;2007 年,城乡居民储蓄额是 2003 年的 1.665 倍(见图 7 - 15)。2007 年,各省、自治区、直辖市居民储蓄除了上海的下降以外,其他的省份都保持增长,最大增长幅度达到 20.29%;储蓄额度最低的西藏为 160.13 亿元,储蓄额度最高的广东为 23013.34 亿元(见图 7 - 16)。居民储蓄额度的增加表明国民支付能力的增强和国民高等教育需求的经济基础增强。在众多的储蓄动机中,为未来的教育消费做准备排位第一,而且这一动机具有很强的刚性;因此,尽管大学毕业生的就业市场较以往已明显拥挤,但人们仍然把自己和子女的教育投资视为主要的支出。①

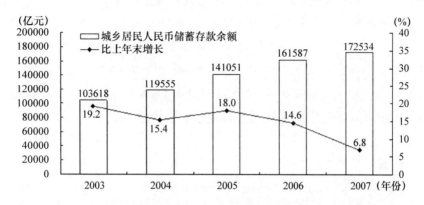

图 7 - 15　城乡居民人民币储蓄余额及增长速度（2003—2007 年）

资料来源：引自《中华人民共和国 2007 年国民经济和社会发展统计公报》。

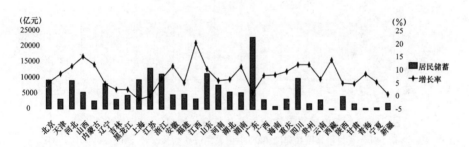

图 7 - 16　各省、自治区、直辖市城乡居民人民币储蓄余额及增长速度（2007 年）

资料来源：数据来自各省、自治区、直辖市 2007 年《国民经济和社会发展统计公报》。

二　人均国民收入

（一）人均国民收入状况

2003—2007 年，中国农村居民人均纯收入增长速度都在 4.3% 以上，并且逐年增长，2007 年达到 9.5%；农村居民人均纯收入在 2003 年为 2622 元，2007 年达到 4140 元，2007 年是 2003 年的 1.58 倍（见图7 - 17）。2007 年，31 个省、自治区、直辖市的农村居民人均纯收入

①　赖德胜：《大学毕业生就业难的人力资本投资效应》，《北京大学教育评论》2004 年第 4 期。

的中位值为 4304.54 元；最低的甘肃为 2328.92 元，最高的上海为
10222 元；低于全国农村居民人均纯收入平均值的省份占 71%，可见各
省市间农村居民人均纯收入存在很大的差距（见图 7 - 18）。2007 年，
31 个省、自治区、直辖市的农村居民人均纯收入增长率的中位值为
15.2%；最高的重庆为 22.1%，最低的甘肃为 9.13%；高于全国农村
居民人均纯收入增长率的平均值的省份占 54.8%，可见各省市农村居
民人均纯收入增长率的平均值与其中等水平相近（见图 7 - 18）。

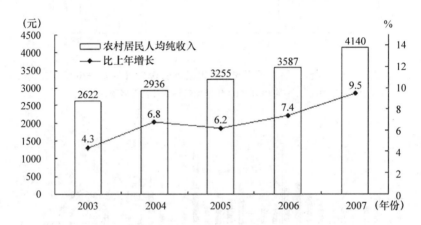

图 7 - 17   农村居民人均纯收入及其增长速度（2003—2007 年）
资料来源：引自《中华人民共和国 2007 年国民经济和社会发展统计公报》。

图 7 - 18   各省、自治区、直辖市农村居民人均纯收入及增长率
资料来源：数据来自各省、自治区、直辖市 2007 年《国民经济和社会发展统计公报》。

2003—2007 年，城镇居民人均可支配收入增长率都在 7.7% 以上，
除了 2004 年增长幅度下降以外，其他年份均有增长，2007 年，增长幅

度达到了 12.2%；2003 年，城镇居民人均可支配收入为 8472 元；2007 年，城镇居民人均可支配收入为 13786 元；2007 年是 2003 年的 1.63 倍（见图 7-19）。2007 年，31 个省、直辖市、自治区的城镇居民人均可支配收入的中位值为 11485 元；最低的湖南省为 8990.72 元，最高的上海市为 23623 元；低于全国平均值的省份占 71%，可见各省之间城镇居民人均可支配收入相差较大（见图 7-20）。2007 年，城镇居民人均可支配收入增长率的中位值为 16.1%；最高的西藏为 24.5%，最低的湖南省为 10.1%；高于全国平均值的省份占 52.6%，可见 2007 年城镇居民人均可支配收入增长率趋于集中。

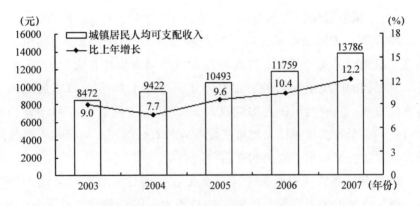

图 7-19　城镇居民人均可支配收入及其增长速度（2003—2007 年）

资料来源：引自《中华人民共和国 2007 年国民经济和社会发展统计公报》。

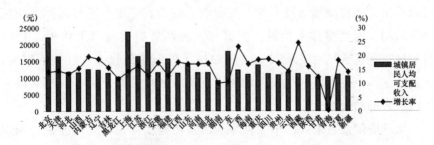

图 7-20　各省、自治区、直辖市城镇居民可支配收入及增长率

资料来源：数据来自各省、自治区、直辖市 2007 年《国民经济和社会发展统计公报》。

恩格尔定律表明，随着家庭和个人收入的增加，收入中用于食品方面的支出所占比例越小，反映这一定律的系数被称为恩格尔系数。根据联合国粮农组织提出的标准，恩格尔系数在 59% 以上为贫困；在 50%—59% 为温饱；在 40%—50% 为小康；在 30%—40% 为富裕；低于 30% 为最富裕。① 2007 年，24 个省、自治区、直辖市城镇恩格尔系数在 30%—40% 的占 83.3%；在 40%—50% 的占 12.6%；在 50.9% 以上的占 4.2%。② 这说明，中国城镇居民基本上已经步入小康，大部分已经较为富裕。2007 年，22 个省、自治区、直辖市农村恩格尔系数在 30%—40% 的占 45.5%，在 40%—50% 的占 36.3%，在 50%—59% 的占 18.2%。③ 这说明，中国将近一半的农村居民已经较为富裕，大部分已经解决温饱问题。

（二）城乡居民收入的差距

2007 年，中国城乡居民收入的差距比较大。31 个省、直辖市、自治区，城镇居民人均可支配收入都在农村居民人均纯收入的 1.87 倍以上；其倍数的中位值为 2.98；最高的贵州达到 4.50 倍。城镇居民人均可支配收入，在农村居民人均纯收入 3.13 倍以上的省份占 41.9%。由此可见，每个省城镇居民人均可支配收入与农村居民人均纯收入都相差较大，差值在平均水平以上的省份将近一半。

2007 年，各省城镇居民人均可支配收入增长率与农村居民人均纯收入增长率比值的平均值为 0.96，中位值为 0.97；最小的西藏为 0.59，最大的黑龙江为 1.41。城镇居民人均可支配收入增长率与农村居民人均纯收入增长率的比值，低于平均值的省份占 38.7%。从上述的数据可以看出，各省城镇居民人均可支配收入的增长速度与农村居民人均纯收入的增长速度整体上接近；大部分省份两者的比值高于 0.96。由于各省城镇居民人均可支配收入大于农村居民人均纯收入，且差值较大，所以，整体上各省城镇居民人均可支配收入的增长幅度大于农村居民人均纯收入的增长幅度。

从恩格尔系数来看，中国城乡居民富裕程度存在很大的差距。城镇

---

① 《恩格尔系数标准》（http：//www. sts. org. cn/zsc/31. htm）。

② 数据来自各省、自治区、直辖市的《2007 年国民经济和社会发展统计公报》（ht-tp：//www. stats. gov. cn/tjgb/）。

③ 同上。

居民达到富裕省份的个数为农村居民达到富裕省份的个数的2.22倍。城镇居民达到小康以上省份的个数为农村居民达到小康以上省份的个数的1.28倍。城镇温饱家庭所占的百分比，比农村温饱家庭所占的百分比低14个百分点。绝大部分城镇居民生活程度在富裕以上，绝大部分农村居民生活程度在小康以上。生活程度为温饱的城镇居民比生活程度为温饱的农村居民收入要高。

三　学费的平均值与国民人均收入的比值

（一）学费的平均值占农村居民人均纯收入的比重

2004—2007年，学费的平均值与农村居民人均纯收入的比值逐年降低，艺术专业下降的幅度高于普通本科下降的幅度（见图7-21）。学费的平均值与农村居民人均纯收入的比值，全国艺术专业一本从2.98下降到2.2；艺术专业二本从2.24下降到1.76；普通一本从1.53下降到1.11；普通二本一从1.40下降到1.00；普通二本二从1.29下降到0.97。学费的平均值与农村居民人均纯收入比值的下降，反映了农村居民支付学费的相对能力的提高。学费的平均值与农村居民人均纯

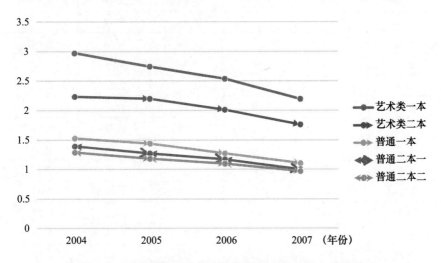

图7-21　学费的平均值占农村居民人均纯收入的比重

资料来源：由2004—2007年《湖北省普通高等学校招生计划》中学费的数据和《中华人民共和国2007年国民经济和社会发展统计公报》中相关数据计算得到。

收入的比值，依学校层次的下降而下降，艺术专业的高于普通本科的；学校层次之间的差距，艺术专业的大于普通本科的。上述学费的平均值与农村居民人均纯收入比值的差异，反映了农村居民支付学费的相对能力在专业之间、学校层次之间存在差异。

2007年，与农村居民人均纯收入比值的差异，艺术专业一本学费平均值较大（见表7-4）；艺术专业二本学费平均值也比较大，但其比值的离散程度低于艺术专业一本的。整体上，农村居民支付艺术专业学费的相对能力与地区经济发达程度正相关。与农村居民人均纯收入的比值，普通一本学费平均值存在一定程度的差异；普通二本一学费平均值存在差异，但差异程度不大；普通二本二学费平均值存在差异，但差异程度较小。农村居民支付普通专业学费的相对能力与地区经济发达程度正相关，但相关强度较弱；其差异的离散程度与学校层次正相关。

表 7-4　学费标准的平均值与农村居民人均纯收入的比值（2007 年）

省份/类别	艺术类一本	艺术类二本	普通一本	普通二本一	普通二本二
北京	0.98	0.94	0.50	0.48	—
天津	1.14	0.97	0.47	0.45	—
上海	0.98	—	0.68	0.49	—
江苏	1.66	—	0.48	0.70	0.69
浙江	1.13	0.97	0.49	0.56	0.48
福建	1.71	1.30	1.12	0.86	0.77
湖北	2.52	2.38	1.37	1.02	1.14
广东	1.64	1.42	1.05	0.72	0.69
四川	3.08	2.57	1.46	1.50	1.40
重庆	2.92	2.59	1.40	1.46	1.45
陕西	4.00	3.40	1.73	1.64	1.45
湖南	2.59	1.87	1.58	1.32	1.27
安徽	1.97	1.63	1.39	1.14	1.09
云南	3.51	3.02	1.51	1.50	1.50
辽宁	2.39	1.66	0.97	0.95	0.81
江西	2.59	2.33	1.07	1.00	0.98

续表

省份/类别	艺术类一本	艺术类二本	普通一本	普通二本一	普通二本二
山西	1.64	1.73	0.95	1.01	0.95
河北	1.87	1.40	1.04	1.01	0.93
吉林	2.09	1.44	1.08	1.18	1.05
广西	2.48	2.31	1.07	1.24	1.07
新疆	1.89	1.89	1.21	1.05	1.09
甘肃	2.65	2.52	2.06	1.60	1.22
河南	3.09	2.16	1.00	—	1.00
青海	—	1.53		1.04	—
内蒙古	—	1.64	—	0.89	1.22
山东	1.79	1.20	0.94	0.80	0.80
贵州	2.82	2.51	1.42	1.33	1.16
宁夏		2.04		0.88	—
海南		2.08		1.31	1.06
黑龙江		1.61	1.07	1.09	1.14
西藏	—	—	—	1.21	—

　　资料来源：由《湖北省2007年普通高等学校招生计划阅读说明》中学费的数据和各省、自治区、直辖市2007年《国民经济和社会发展统计公报》中农村居民人均纯收入数据计算得到。

（二）学费的平均值占城镇居民人均可支配收入的比重

　　2004—2007年，学费的平均值与城镇居民人均可支配收入的比值逐年降低，艺术专业下降的幅度高于普通本科下降的幅度（见图7-22）。学费的平均值与城镇居民人均可支配收入的比值，艺术专业一本从0.93下降到0.66；艺术专业二本从0.70下降到0.53；普通一本从0.48下降到0.33；普通二本一从0.43下降到0.30；普通二本二从0.40下降到0.29。学费的平均值与城镇居民人均可支配收入比值的下降，反映了城镇居民支付学费相对能力的提高。学费的平均值与城镇居民人均可支配收入的比值，依学校层次的下降而下降，艺术专业的高于普通本科的；学校层次之间的差距，艺术专业的大于普通本科的。上述学费的平均值与城镇居民人均可支配收入比值的差异，反映了城镇居民支付学费的相对能力在专业之间、学校层次之间存在差异。

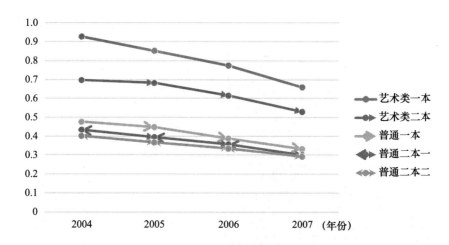

图 7 - 22　学费的平均值与城镇居民人均可支配收入的比值（2004—2007 年）

资料来源：由 2004—2007 年《湖北省普通高等学校招生计划》中学费的数据和《中华人民共和国 2007 年国民经济和社会发展统计公报》中的相关数据计算得到。

　　2007 年，学费的平均值与城镇居民人均可支配收入的比值，艺术专业一本存在一定程度的差异；艺术专业二本存在差异，但其比值的离散程度低于艺术专业一本（见表 7 - 5）。整体上，城镇居民支付艺术专业学费的相对能力与地区经济发达程度正相关，但相关强度较弱。学费的平均值与城镇居民人均可支配收入的比值，普通一本存在差异，但差异较小；普通二本一存在差异，但差异很小。普通二本二存在差异，但差异较小。城镇居民支付普通专业学费的相对能力与地区经济发达程度正相关，但相关强度较弱；其差异的离散程度与学校层次正相关，但强度较弱。

表 7 - 5　　2007 年学费的平均值与城镇居民人均可支配收入比值

省份/类别	艺术类一本	艺术类二本	普通一本	普通二本一	普通二本二
北京	0.42	0.41	0.22	0.21	—
天津	0.61	0.52	0.25	0.24	—

省份/类别	艺术类一本	艺术类二本	普通一本	普通二本一	普通二本二
上海	0.42	—	0.30	0.21	—
江苏	0.66	—	0.19	0.28	0.27
浙江	0.45	0.39	0.20	0.22	0.19
福建	0.60	0.46	0.39	0.30	0.27
湖北	0.88	0.83	0.48	0.35	0.40
广东	0.52	0.45	0.33	0.23	0.22
四川	0.99	0.82	0.47	0.48	0.45
重庆	0.75	0.66	0.36	0.37	0.37
陕西	0.98	0.84	0.43	0.40	0.36
湖南	0.97	0.70	0.59	0.49	0.48
安徽	0.61	0.51	0.43	0.35	0.34
云南	0.80	0.69	0.35	0.34	0.34
辽宁	0.93	0.64	0.38	0.37	0.31
江西	0.94	0.85	0.39	0.37	0.36
山西	0.52	0.55	0.30	0.32	0.30
河北	0.69	0.51	0.38	0.37	0.34
吉林	0.78	0.54	0.40	0.44	0.39
广西	0.66	0.61	0.28	0.33	0.28
新疆	0.58	0.58	0.37	0.32	0.34
甘肃	0.62	0.59	0.48	0.37	0.28
河南	1.04	0.73	0.34	—	0.34
青海	—	0.40	—	0.27	—
内蒙古	—	0.53	—	0.28	0.39
山东	0.63	0.42	0.33	0.28	0.28
贵州	0.63	0.56	0.32	0.30	0.26
宁夏	0.42	0.60	—	0.26	—
海南	0.61	0.72	—	0.45	0.36
黑龙江	0.42	0.65	0.43	0.44	0.46
西藏	0.66	—	—	0.30	—

资料来源：由《湖北省 2007 年普通高等学校招生计划阅读说明》中学费的数据和各省、自治区、直辖市的 2007 年《国民经济和社会发展统计公报》中城镇居民人均可支配收入的数据计算得到。

第四节　小结

　　社会和国民经济的发展、高校本身的属性决定了高等教育成本不断增长。随着高等教育人才供给的增长及教育公平内涵的扩展，政府对普通高等教育投入占财政性教育经费总量的比重降低。居民储蓄和人均国民收入增加，国民付费能力逐步增强。高等教育成本和国民付费能力的变化，为学费对高等教育成本补偿程度的加大提供了现实基础。高等教育的个人投资收益逐步分层，风险逐步加大。接受高等教育并非人人都能取得较高的收益，而只是个人发展的一个基本条件。高等教育个人收益的变化，对高校学费在一定程度上要由市场调节提出了要求。国民付费能力存在的地区差异、城乡差异和学校层次差异，在制定高校学费时需要综合考虑。

　　第一，高等教育成本不断增长，是由高校本身的属性决定的，也是社会和国民经济发展的结果。高校教职工工资、福利的增长，图书和教学设施开支的增长，学生资助的增长将会持续下去。高校由规模经济向规模不经济的转变，导致高等教育成本的增长将会在一定时期内存在。普通高等教育财政性经费占教育财政经费总量的比重近年来持续下降。高等教育生均预算内事业费和生均预算内公用经费近年来先下降然后再上升，是政府政策推动的结果。这不符合国民经济是高等教育发展的基础，政府对高等教育的投资应该以政府财政收入为依据。

　　第二，在高等教育规模扩张以后，高等教育收益下降。高等教育投资收益的下降是高等教育发展的结果。当今，社会对高等教育人才的需求已经步入市场化，高等教育收益的风险性已经逐步凸显，并逐步加大。随着高等教育的发展，高等教育人才供给中总量短缺的局面已经消失，高等教育人才精英光环的归属已经分层。高等教育精英性的分层，其结果是高等教育收益的分层。接受高等教育不再是精英的特权，将会演变成国民的基本需要。接受高等教育不再都能取得较高的收益，而成为个人发展的一个基本条件。

　　第三，国民付费能力近年来保持了持续增长，国民对高等教育投资的意愿也比较强烈，这为国民投资于高等教育奠定了经济基础和社会基础。虽然经济环境的突变会对国民付费能力造成一定的影响，但是从国民经济正常的增长趋势来看，国民付费能力增长趋势不会衰减。国民付费能力存在地区差异、城乡差异、学校层次差异。国民付费能力的地区差异、城乡差异是国民绝对付费能力的差异。国民付费能力的地区差异和城乡差异是多种因素造成的，在短时期内难以改变。国民付费能力的学校层次差异，是国民相对付费能力的差异，主要是由不同层次学校学费的差异造成的。

第八章　公办高校学费标准调整的空间

高等教育成本、财政性教育经费、高等教育收益、国民付费能力的变化，需要高校学费标准做出相应的调整。高校学费标准调整的方向，要依据制定学费标准边界条件的变化而变化。学费标准调整的幅度，要依据国民对学费的承受能力来定。实现公办高校学费标准的调整，需要建立有效的途径。

第一节　学费标准调整的方向

一　依据成本补偿的调整

学费标准是个人分担高等教育成本的依据，是学生对高等教育成本补偿的准则。高等教育成本补偿的主要来源为政府财政拨款和学生缴纳的学费。因此，高等教育成本和财政经费用于普通高等教育的开支是影响公办高校学费标准确立的重要因素。公办高校是混合公共部门，不以营利为目的，高校经费来源的最终目的是补偿高等教育成本。公办高校学费标准的确立，从某种意义上来说是确立个人对高等教育成本补偿的程度，在数量上是确立学费占教育成本合适的比例。在财政性教育经费等其他条件保持不变的情况下，学费标准与高等教育成本正相关。

财政性教育经费用于普通高等教育的开支，受社会对高等教育的需求、政府的财政能力、高等教育规模的影响。社会对高等教育的需求，有两方面的含义，一方面，是社会对高等教育人才的需求，另一方面，是国民对接受高等教育的需求。这两种需求，都有促进财政性教育经费用于普通高等教育开支的作用。财政经费来自税收，政府对高等教育的投入，要依据民众对高等教育的需求。在高等教育供给不足，社会需求旺盛的时候，政府应该加大对高等教育的投入，满足社会的需求。

　　财政性教育经费用于普通高等教育的开支是影响学生和家长对高等教育成本补偿程度的重要因素，是学费标准确立的重要因素。在高等教育成本等其他条件保持不变的情况下，为了补偿高等教育成本，学费标准与生均财政性教育经费负相关。生均财政性教育经费增加，学费标准就要相应降低；生均财政性教育经费减少，学费标准就要相应提高。

　　由于高校本身的属性和高等教育规模的扩张，中国高等教育总成本和生均教育成本不断增长。在其他条件不变的情况下，高等教育总成本的增长可以通过高等教育规模的扩大来补偿。但这种补偿高等教育成本的方式，需要以高等教育质量保持不变为前提。中国高等教育拥挤效应已经显现，高等教育边际成本出现增长的趋势。在财政经费保持不变的情况下，补偿高等教育成本的增长，只有提高学生和家长对高等教育成本的补偿力度。

　　近年来，中国普通高等教育财政性经费占国家财政性教育经费总量的比例持续下降（见图7-7）。这是高等教育人才供给已经告别短缺的结果，也是社会对义务教育和中等职业教育更加关注的结果。1997—2000年，中国高校生均预算内事业费持续增长。这一方面是由于在1997—2000年，高等教育人才供给短缺，高等教育需要政府的投入；另一方面是高等教育规模不大，平均每个学生获得的财政性教育经费较高。

　　2001—2005年，高校生均预算内教育事业费持续下降。其原因是普通高等教育财政性教育经费增长的比例低于高等教育规模扩大的比例。2004—2007年，高校生均预算内教育事业费的支出，依据地方一般预算财政收入的程度逐年降低。特别是在2007年，高校生均预算内教育事业费的支出与地方一般预算财政收入不存在相关性。这与政府对高等教育的投入应该以经济的发展为依据不相符。高校生均财政性教育经费的上涨，要以地方财政能力为基础。

　　在高等教育成本增长的情况下，作为教育成本补偿来源的财政性教育经费和学费，需要做出相应调整。当高等教育财政性教育经费对成本补偿的程度降低时，高校学费标准需要上调。高校学费标准的上调是保证高校正常经营的必备条件。在其他条件保持不变的情况下，高校学费标准的上调是为了补偿高等教育成本的增长。高校学费标准调整的幅度，要保持在一个合理的范围之内，既要达到对高等教育成本补偿的目的，也不能超出国民的付费能力。

二 依据高等教育收益的调整

学费标准的确定要依据市场效益，高等教育收益成为制定学费标准时需要参考的重要因素。作为混合公共部门的公办高校，其价格的形成在一定程度上要以市场效益为依据。高等教育收益成为制定公办高校学费标准依据市场效益的重要因素。公办高校学费标准的实现促进高等教育有效供给、平衡个人和社会净收益，要以高等教育收益为参考指标。个人对高等教育的需求，以高等教育收益为基础。当高等教育收益较高时，个人对高等教育需求旺盛；当高等教育收益较低时，个人对高等教育需求较低。学费标准要依据高等教育需求，依据高等教育收益的变化，对高等教育供给和需求进行调节。高等教育的净收益，受高等教育成本的影响。在高等教育收益保持不变的情况下，个人对高等教育的投资越大，个人高等教育投资的净收益越小；社会对高等教育的投资相应减少，社会高等教育投资的净收益上升。

学费标准调节高等教育有效供给的重要内容之一是调节高等教育规模。高等教育适度规模的确定，不仅要考虑经济发展的阶段和水平，而且要考虑社会的制度环境。当今，由于中国社会养老保险、医疗保险、户籍制度等在城乡之间还存在很大的差距，大学毕业生就业的主要去向是城镇。因此，依据大学生就业的去向考虑，适度高等教育规模的确立，应该以城镇能够提供的新增岗位为依据。在制定高等教育长期发展战略的时候，应该把现阶段面临的制度约束和经济发展需要结合起来。在满足经济发展需要、保证高等教育规模扩张与劳动力市场发育相协调的前提下，使其保持一个相对超前的发展速度。这就要求学费标准与劳动力市场对高等教育收益率的调节相适应，学费标准要依据高等教育收益率的变动而变动。

社会和个人的净收益是学费标准确立的重要依据。教育收益率分布的一般规律是初等教育的收益率高，高等教育的收益率低，但这只是一个方面。由于高等教育成本高，人们接受高等教育时，享有政府和社会的补贴比接受初等教育时高。总体来说，实践中，一个人所受的教育越多，他所得到的政府和社会补贴就越多，但对教育成本并不是按教育收益的多少成比例地分担的，在个人所得税制度及其征管还不健全的社会中更是如此。教育成本与教育收益的对比，使人们对教育的需求超过了教育供给。此时，高校学费标准可用来调节教育收益，使高等教育成本得到合理地分担，调节高等教育的需求。

中国高等教育人才，已经从供给短缺变成了供给充足。从满足社会需求的角度来说，高等教育的社会收益已经下降。依据高等教育收益对学费标准的调整，表现为学费标准的形成一定程度上要依据市场机制，即学费标准要依据市场中高等教育收益的变化进行调整。

由于高等教育规模的扩大，高等教育由精英教育向大众化的转变，导致了高等教育精英性的分层。教育成本和教育收益不对称的分摊机制，刺激着人们对教育，特别是对优质高等教育的需求。这时，学费标准的调整要具有层次性。学费标准调整的层次性，是指学费标准的调整要根据高等教育收益的分层进行调节。

中国高等教育收益整体上出现下降趋势，高等教育收益的风险已经出现，学费标准应该体现高等教育收益的变动。依据高等教育收益的分层性，调整后的学费标准应该使高等教育的选择具有市场性。依据接受高等教育成为个人踏入社会的需要，调整后的学费标准应该使国民能够接受一般的高等教育。因此，个人收益较高的名牌高校、重点高校、热门专业的学费应该上调；一般高校、社会收益较强的专业的学费就应该下调。个人收益较高的学校和专业的学费标准上调，能够调节国民对优质高等教育过度的需求。对个人收益较低、社会收益较高的专业的学费标准的下调，能保证国民接受高等教育的机会公正和社会和谐。

三　依据付费能力的调整

付费能力为国民对高等教育需求的经济基础，制定学费标准要以其为重要依据。当其他因素保持不变时，高校学费标准要依据国民付费能力的变化而变化。这将有利于提高高等教育的效率和公平。当国民付费能力较弱时，高校学费标准不能太高。当国民付费能力较强时，高校学费标准不能太低。

在不同时期、不同制度环境下，国民付费能力具有不同的内涵。国民付费能力，可以从国民储蓄、国民人均收入和学费标准占人均国民收入的比重去考察。国民储蓄反映的是国民积蓄对学费的支付能力。近期的国民人均收入反映的是现期国民经济来源对学费的支付能力。国民人均收入增加，表明国民支付能力增强，国民对学费的承受能力增强，学费标准可以上调。学费标准占国民人均收入的比重，反映国民收入相对学费的支付能力，是反映学费标准是否合理的指标。在不同时期，学费标准占国民人均收入的比例没有统一的标准。但是依据学费标准占国民人均收入比例的变化趋势，可以对学费标准进行调整。当学费标准占国民人均收入的比例呈现下降趋势时，学费标准可以适当调高。

国民储蓄以较高的速度增长，这表明从整体上来看，国民的支付能力增强，学费标准可以上调。国民储蓄的增加是学费标准上调的必要而非充分条件。其为学费标准的调整指明了方向，但是不能决定实践中学费标准的调整。国民储蓄增长的速度，是学费标准调整幅度的约束条件之一。学费标准调整的幅度，不要超过国民储蓄增长的速度，要与国民储蓄的增长速度保持平衡。

2003—2007 年，国民人均收入保持每年以较快的速度增长。这表明，国民支付能力提高，学费标准可以根据国民支付能力的上升而上调。国民人均收入的提高，只是提高学费标准的必要而非充分条件。国民人均收入的提高，为学费标准的提高提供了可能性，为学费标准的调整提供了方向。学费标准调整的幅度，不能超过国民人均收入的增长速度。国民人均收入的增长速度，是学费标准调整幅度的约束条件之一。

学费标准占国民人均收入比例的下降，表明国民相对支付能力的上升，这是学费标准调整的重要依据。2004—2007 年，学费标准占国民人均收入的比例逐年下降。这说明，国民的相对支付能力在上升，学费标准有上调的空间。学费标准占国民支付能力的比例下降是学费标准调整的必要而非充分条件，是学费标准上调的科学依据。学费标准上调的幅度，受学费标准占国民人均收入的比例约束。在学费标准占国民人均收入比例下降的条件下，上调以后的学费标准占国民人均收入的比例，不能超过没有调整时学费标准所占的比例。

影响制定学费标准的边界条件有教育成本、财政性教育经费、高等教育收益、国民付费能力。这四个边界条件相互影响，相互依存。在不同的情况下，各边界条件对制定学费标准影响的程度不同。如前所述，教育成本的增长、财政性教育经费的不足、国民付费能力的增强使高校学费标准有调整的需求。高等教育收益随着市场变化而改变，导致高校学费标准要在一定程度上具有市场竞争性。

第二节　确立学费标准调整幅度的方法

一　调整学费标准的原则

制定高校学费标准的目的是提高高等教育的社会效益，促进高等教育的发展和社会和谐。充分有效地发挥高校学费功能，有利于提高社会和个人高等教育投资效率，优化社会资源在高等教育中的配置，提高高等教育效率和促进高等教育公平。充分有效地发挥高校学费功能，需要合理地制定高校学费标准。依据制定高校学费标准边界条件的变化，调整高校学费标准，是有效地实现高校学费功能的重要措施。

虽然国民经济有了较快发展，国民收入有了较大幅度的提高，但是国民收入整体水平还比较低。由于地域和历史等原因，国民收入存在地区差异和城乡差异。目前，国民贫富差距加大，国民付费能力存在较大的差距。如果高校学费标准调整幅度超过了大多数国民支付能力，将会导致许多有能力接受高等教育的学生失去高等教育的机会。这将不利于高等教育健康发展，有损社会和谐。依据调整高校学费标准的目的之一是增强社会效益和国民付费能力的状况，调整高校学费标准要以"能力支付原则"为主。

当今，国民付费能力相对以前有所提高，支付能力对国民高等教育选择约束的程度相对降低。并且，国民对高等教育投资的选择，不仅取决于付费能力的大小，在一定程度上还取决于高等教育个人收益。高等教育质量、类型之间个人收益的差异，将影响国民对学校和专业的选择。高等教育个人收益与其他投资收益的差异，将影响国民是否投资于高等教育。依据提高高等教育效率是调整高校学费标准的目的和高等教育个人收益的状况，高校学费标准的调整要兼顾"利益获得原则"。

高校学费标准的调整要兼顾"利益获得原则"的含义为，在考虑国民付费能力的情况下，高校学费标准的调整要有效地发挥学费的成本补偿功能和资源配置功能。依据高校学费的成本补偿功能，高校学费标准的调整要考虑高等教育成本的变化。依据学费的资源配置功能，高校学费标准的调整要考虑高等教育个人收益的变化。

二　学费标准调整幅度的测算方法

（一）依据高等教育成本的测算方法

高校学费标准的调整，要有效地补偿高等教育成本，保证高校的正常运转。高等教育成本的变化是确定高校学费标准调整幅度的依据。高等教育成本的变化受高等教育开支和通货膨胀的影响。高等教育开支的增加是高等教育成本实际的增长，通货膨胀是高等教育成本名义上的增长。依据高等教育开支增加的幅度确定学费标准调整的幅度，是保证学费对高等教育成本分担的比例不变。依据通货膨胀确定学费调整的幅度，是保证学费对高等教育成本分担的力度不变。依据国民付费能力的状况，学费标准调整的幅度，目前是要保持对高等教育成本分担的力度不变。

大多数国家都编制居民消费价格指数（CPI），用以反映城乡居民购买并用于消费的消费品及服务价格水平的变动情况，并用它来反映通货膨胀的程度；从 2001 年起，中国采用国际通用做法，逐月编制并公布以 2000 年价格水平为基期的居民消费价格定基指数，作为反映中国通货膨胀（或紧缩）程度的主要指标。[①] 本书以居民消费价格指数为高等教育成本依据通货膨胀变化的指标，来测算学费标准调整的幅度。以此学费标准调整的幅度为下限，可以保持学费对高等教育成本分担的力度不降低。依据高等教育成本的变化，确定学费标准调整幅度的方法为：

$$学费标准调整的幅度 = \frac{居民消费价格指数 - 100}{100} \times 100\%$$

调整以后的学费标准为：

当年的学费标准 = 上一年的学费标准 × （1 + 学费标准调整的幅度）

---

① 惠州市统计局：《居民消费价格指数 CPI 是怎么得来的》（http://www.hzsin.gov.cn/）。

（二）依据高等教育个人收益的测算方法

高校学费标准的调整，要平衡高等教育社会收益和高等教育个人收益，有效地配置社会资源。依据高等教育个人收益调整高校学费标准，是平衡高等教育社会收益和高等教育个人收益的途径之一。依据高等教育个人收益率的变化确定高校学费标准调整的幅度，能够保持高等教育个人收益对学费的影响程度不变。依据大学生现在就业的状况，高等教育收益对学费的影响程度要依据学校层次和专业确定。依据高等教育个人收益率，确定学费标准调整幅度的方法为：

$$学费标准调整的幅度 = \frac{当期高等教育收益率 - 前期高等教育收益率}{前期高等教育收益率}$$

调整以后的学费标准为：

当期的学费标准 = 前期的学费标准 × （1 + 学费标准调整的幅度）

（三）依据国民付费能力的测算方法

根据"能力支付原则"，高校学费标准调整的幅度不能超过国民付费能力增长的幅度。受文化传统和现实经济水平的影响，个人对高等教育投资能力的评估是以家庭总收入为依据的，所以，调整学费标准应该以学生家庭总收入为国民付费能力的指标，学生家庭总收入的增长幅度是学费标准调整幅度的上限。根据"利益获得原则"，地区之间、学校层次之间、专业之间高校学费标准调整的幅度要有所不同，所以，不同地区、不同学校层次、不同专业学费标准的调整，依据的家庭总收入要有所不同。

学生家庭总收入，是确定学费标准调整幅度的重要变量。可以通过不同的途径获得学生家庭总收入数据。其中，最理想的途径是通过抽样调查获得大学生家庭总收入。由于各地区发展的不平衡，对全国大学生家庭总收入的抽样调查应该采取按地区进行分层抽样的方法，其目的是保证学费标准的调整对各地区具有针对性。由于高校之间、专业之间学生家庭经济背景存在差异，对学生家庭总收入的抽样调查，应该采取按学校、专业进行分层抽样。高校在各地区的招生计划较为稳定，高校的生源结构具有一定的稳定性。因此，抽样调查获得的各种参数，在一定时期内具有不变性。为了保证某一时间段学费标准调整的测算更加精确，也可以对各种参数用变异系数进行调整。依据国民付费能力，确定学费标准调整幅度的方法一为：

$$学费标准调整的幅度 = \frac{当年学生家庭总收入 - 上一年学生家庭总收入}{上一年学生家庭总收入}$$

调整以后的学费标准为：

当年的学费标准 = 上一年的学费标准 × （1 + 学费标准调整的幅度）

上述获取学生家庭总收入的方法，在实践操作中花费的成本较大。实践中简便易行的方法，是利用政府发布的城乡居民收入、城乡居民的比重、家庭户均规模进行测算。以上述变量为计量依据，依据国民付费能力确定学费标准调整幅度的方法二为：

$$人均收入 = \frac{农村居民人均纯收入 × 农村人口 + 城镇居民人均可支配收入 × 城镇人口}{总人口}$$

户均总收入 = 人均收入 × 户均人数

$$学费标准调整的幅度 = \frac{当年户均总收入 - 上一年户均总收入}{上一年户均总收入}$$

调整以后的学费标准为：

当年的学费标准 = 上一年的学费标准 × （1 + 学费标准调整的幅度）

这种方法简便易行，所用的数据真实可靠，测算出来的学费标准有利于被全体国民接受。并且，学费标准的调整是以户均总收入的增长比率为依据，这样消除了国民收入差距对测算结果的影响。这种方法的缺点，是对付费能力的测算缺少针对性。生源结构、教育成本、教育收益在专业之间存在着差异。因此，学费标准的调整应该根据专业类型进行。对教育成本较高、个人收益较高、学生大多数来自富裕家庭专业的学费标准的调整幅度，应根据城镇居民户均总收入来计量；对教育成本较低、个人收益较低、学生大多数来自一般家庭专业的学费标准的调整幅度，应根据农村居民户均总收入来计量。

根据"能力支付原则"，以国民付费能力增长幅度为学费标准调整幅度的上限；根据家庭竭尽全力支持家庭成员上大学的传统习惯，确立学费标准调整幅度的方法以家庭总收入为国民付费能力的指标；根据"利益获得原则"，不同学校和专业学费标准调整幅度依据的家庭总收入不同。以上确立学费标准调整幅度的方法，既考虑了学生家庭的实际支付能力和心理承受能力，也考虑了高等教育个人收益的不同。学费标准调整的方法一是以学生家庭总收入为计量依据，测算结果相对方法二更具有针对性。方法一中，学生家庭总收入数据的获得，需要做调查研究，在实践中的运用受到局限。方法二是以国民人均收入和户均规模为计量依据。运用方法二需要的数据，可以从政府公布的统计数据中获得。运用方法二测算时，需要家庭总收入增长幅度差异较小。

三　测算学费标准的案例

高校学费标准的调整是高等教育由精英教育向大众化转变的结果，也是高等教育发展的需要。高校学费标准，首先不能超过国民的付费能力，其次要能够补偿高等教育成本。中国学费标准是由各省、自治区、直辖市政府，依据当地的经济发展水平、办学条件、居民经济承受能力制定的。本书第四章的研究表明，地区之间和学校层次之间学费存在差异，其差异的主要原因是高等教育成本、政府的投入和依据付费能力的指标不同。分地区和学校层次对学费标准的调整进行研究，符合中国的实际情况。根据能够获得的数据，本书利用政府公布的统计数据，运用依据高等教育成本的测算方法、依据国民付费能力测算学费标准的方法二，对 2008 年学费标准进行测算，并对测算结果进行讨论。

（一）全国学费标准

2008 年，全国居民消费价格指数为 105.9。2007 年，全国学费标准的平均值为 5836 元（见表 4 - 1）。如果需要学费对高等教育成本分担的力度不降低，运用高等教育成本确定学费标准的方法计算，2008 年全国学费标准的下限值为 6180 元（见表 8 - 1）。2008 年，全国学费平均值为 5784 元，学费标准整体调整额度的下限为 396 元。同理，可以计算得到 2008 年普通专业学费标准的下限值为 4510 元，调整额度的下限为 322 元；2008 年艺术专业学费标准的下限值为 8686 元，调整额度的下限为 508 元。

2008 年，全国农村居民人均纯收入为 4761 元，城镇居民人均可支配收入为 15781 元；乡村人口占全国人口比重为 54.3%，城镇人口占全国人口比重为 45.7%。① 按照人均收入计算公式得到，全国人均收入

---

① 中华人民共和国国家统计局：《中华人民共和国 2008 年国民经济和社会发展统计公报》（http://www.stats.gov.cn/tjgb/ndtjgb/qgndtjgb/t20090226_402540710.htm）。

为 9797.14 元。2008 年户均人口数，本书以 2007 年户均人口数为基数，以近 3 年户均增长人口的平均值为增长的人口数，对 2008 年户均人口进行测算。2008 年全国户均人口数为 3.11，按照户均总收入计算公式计算得到，2008 年全国户均总收入为 30440 元。由《2008 中国统计年鉴》得到，2007 年户均人口数为 3.17。①按照户均总收入计算公式得到，2007 年全国户均总收入为 26865 元。按照学费标准调整的方法二测算，2008 年的学费标准在 2007 年的基础上调整幅度的上限为 13.3%。2007 年，全国学费平均值为 5836 元（见表 4 - 1）。以学费标准调整幅度的上限值测算，2008 年全国学费平均值的上限为 6613 元。2008 年，全国学费的平均值为 5784 元，与测算的全国学费平均值的上限值相差 829 元。

普通本科是高等教育的主体，中国农村人口比重较大，国民人均收入差距较大，实践中，普通高等教育学费的整体水平起点不高，因此，依据学生家庭的承受能力对普通本科学费标准的测算，以农村居民户均总收入计量较为合适。由本书第四章的研究结论可知，实践中，普通专业的学费标准，是以农村居民人均纯收入为依据制定的。根据理论分析的结果和实践中政策制定的依据，本书对普通本科学费标准的测算，以农村居民家庭总收入为依据。依据方法二测算，2008 年，全国普通本科学费标准的上限为 4878 元，2008 年，全国普通本科学费的平均值为 4188 元，与测算的学费标准的上限相差 690 元。

艺术专业教育成本高，毕业后收益相对普通本科较高。现实社会中，受家庭环境的约束，家庭经济环境较差的子女一般不会选择就读艺术专业。目前，就读艺术专业的学生一般是城镇家庭比较富裕的孩子。本书第四章的研究表明，现行艺术专业的学费标准，是依据城镇居民人均收入制定的。艺术专业学费标准的测算，以城镇居民户均总收入来计量较为合理。依据方法二测算，全国艺术专业学费标准的上限为 9314 元。2008 年，全国艺术专业学费的平均值为 8178 元，与测算的全国艺术专业学费标准的上限相差 1136 元。

---

① 中华人民共和国国家统计局：《2008 中国统计年鉴》，中国统计出版社 2008 年版。

（二）各地区学费标准

本书中，2008 年各地区的居民消费价格指数为各地区居民消费价格指数的算术平均值。2008 年，东部、中部、西部地区居民消费价格指数分别为 105.6、106.1、107.1。如果各地区学费对高等教育成本分担的力度不降低，运用高等教育成本确定学费标准的方法计算，2008 年，东部地区学费标准的下限值为 6396 元，调整额度的下限为 422 元；中部地区学费标准的下限值为 6590 元，调整额度的下限为 386 元；西部地区学费标准的下限值为 5919 元，调整额度的下限为 407 元。

本书中，东部、中部、西部地区户均总收入是指各地区所属的省、自治区、直辖市户均总收入的平均值。东部地区学费标准 2004—2008 年来相对稳定，学费标准不受城乡居民收入变动的影响。东部地区人均收入比中部、西部地区人均收入高，东部地区学费相对东部地区居民的收入水平较低，对东部地区学费标准的调整幅度要高于中部、西部地区。依据方法二测算，2008 年，东部地区学费标准的上限为 6676 元（见表 8-1）。2008 年，东部地区学费平均值为 5974 元，与测算的学费标准上限相差 702 元。

中部地区学费 2004—2008 年来保持增长，整体上学费高于东部地区、西部地区。依据居民的经济承受能力，近期内中部地区学费标准的调整幅度不能太高。中部地区实践中学费标准是依据农村居民人均纯收入制定的，由于近年来中部地区农村居民人均收入增长幅度较高，依据居民对学费的心理承受能力，中部地区学费标准的调整以中部地区户均总收入的增长幅度为依据较为合理。依据方法二测算，2008 年，中部地区学费标准的上限为 6974 元。2008 年，中部地区学费平均值为 6204 元，与测算的学费标准的上限相差 770 元。由于实践中中部地区学费标准比较高，中部地区学费标准的上调额度应该低于 770 元。

西部地区学费 2004—2008 年来保持增长，且一直低于东部地区、中部地区。西部地区经济欠发达，城乡居民人均收入低，学费标准以较低的幅度调整较为合理。西部地区实践中学费标准是依据城镇居民人均收入制定的，这不符合西部地区居民的经济承受能力。依据居民对学费的承受能力，西部地区学费标准的调整，以西部地区户均总收入的增长幅度为依据较为合理。依据方法二测算，2008 年，西部地区学费标准的上限为 6268 元。2008 年，西部地区学费的平均值为 5512 元，与测算的学费标准的上限相差 756 元。

（三）各层次学校学费标准

本书中，以 2008 年全国居民消费价格指数为各层次学校教育成本因通货膨胀而发生变化的指标。如果需要各层次学校学费对高等教育成本分担的力度不降低，运用高等教育成本确定学费标准的方法计算，2008 年，普通专业一本学费标准的下限值为 4864 元，调整额度的下限为 344 元；普通专业二本学费标准的下限值为 4333 元，调整额度的下限为 311 元；艺术专业一本学费标准的下限值为 9634 元，调整额度的下限为 537 元；艺术专业二本学费标准的下限值为 7737 元，调整额度的下限为 478 元。

普通一本是优质的高等教育，教育成本比艺术专业低，比普通二本高；普通一本是高等教育分层以后的精英教育，高等教育个人收益相对较高。基于教育成本，普通一本的学费标准要低于艺术专业学费标准；基于毕业后的收益，普通一本的学费标准要高于普通二本的学费标准。由于普通一本是精英教育，从社会发展对人才需求的角度出发，高校普通一本的学费标准不能太高；从学费对高等教育需求的市场调节功能出发，高校普通一本的学费标准也不能太低。实践中，普通一本的学费标准是依据农村居民人均纯收入制定的，这不符合普通一本的高等教育成本和高等教育收益的状况。普通一本学费标准的测算，以全国户均总收入为计量依据较为合理。依据方法二测算，2008 年，全国普通一本学费标准上限为 5204 元（见表 8-1）。2008 年，普通一本学费的平均值为 4520 元，与测算的学费标准上限相差 684 元。

普通二本教育成本较低，高等教育个人收益较低。由于各种原因，就读普通二本的学生，大部分来自城市一般家庭或者农村家庭。普通二本的学费标准，以农村居民收入计量较为适宜。现行普通二本的学费标准，是依据农村居民人均纯收入制定的，这符合高等教育已经步入大众化的状况。依据方法二测算，2008 年，普通二本学费标准的上限为 4627 元。2008 年，普通二本学费的平均值为 4022 元，与测算的学费标准的上限相差 605 元。

艺术专业一本的教育成本和高等教育个人收益高，学费标准的调整以城镇居民收入计量较为适宜。实践中，艺术专业一本的学费标准，是依据城镇居民人均收入制定的，这符合艺术专业一本的教育成本和高等教育个人收益的状况。依据方法二测算，2008 年，艺术专业一本学费标准的上限为 10330 元。2008 年，艺术专业一本学费的平均值为 9097 元，与测算的学费标准的上限相差 1233 元。

艺术专业二本的教育成本和高等教育个人收益，相对普通专业较高。实践中，艺术专业二本的学费标准，受城镇居民收入的影响高于艺术专业一本，这虽然不利于艺术专业整体的发展。但是，基于实践中艺术专业二本的学费标准和地方政府的财政能力，艺术专业二本的学费标准依据城镇居民收入调整较为合适。依据方法二测算，2008 年，艺术专业二本学费标准的上限为 8296 元。2008 年，艺术专业二本学费的平均值为 7259 元，与测算的学费标准的上限相差 1037 元。

表 8 - 1　　　　　　　学费标准的调整（2008 年）　　　　单位：元

学费种类	实际学费平均	依据高等教育成本调整		依据国民付费能力调整	
		测算的下限	可调整额度下限	运用方法二测算的上限	可调整额度上限
全国学费平均	5784	6180	396	6613	829
普通专业学费平均	4188	4510	322	4878	690
艺术专业学费平均	8178	8686	508	9314	1136
东部地区学费平均	5974	6396	422	6676	702
中部地区学费平均	6204	6590	386	6974	770
西部地区学费平均	5512	5919	407	6268	756
普通专业一本学费平均	4520	4864	344	5204	684
普通专业二本学费平均	4022	4333	311	4627	605
艺术专业一本学费平均	9097	9634	537	10330	1233

续表

学费种类	实际学费平均	依据高等教育成本调整		依据国民付费能力调整	
		测算的下限	可调整额度下限	运用方法二测算的上限	可调整额度上限
艺术专业二本学费平均	7259	7737	478	8296	1037

资料来源：2007 年相关数据来自《2008 年中国统计年鉴》《2007 年国民经济和社会发展统计公报》。2008 年全国城镇居民户均人口、农村居民户均人口，各省、自治区、直辖市户均人口采用的是以 2007 年的数据为基数近 3 年户均人口增长的平均值为增长人口数计算得到的数据。2008 年重庆、云南、江西、上海、江苏、浙江、湖北、安徽、河北、河南、山东、海南城乡人口的比重，采用的是《2008 年中国统计年鉴》中 2007 年的数据；其余的数据均来自各省、自治区、直辖市 2008 年国民经济和社会发展统计公报。居民消费价格指数来自湖北省统计局网站。

中国居民内部收入分配差距和城乡收入差距逐渐扩大。2007 年，中国基尼系数和城乡居民收入比分别由 2000 年的 0.412 和 2.85 扩大到 0.458 和 3.55。[1] 2008 年，城镇居民人均可支配收入为农村居民人均纯收入的 3.31 倍，农村人口为城镇人口的 1.19 倍。依据国民收入的实际水平、城乡国民收入和人口比重的差距、国民对学费的心理承受能力，实践中，整体上学费标准的调整幅度，可以高于学费标准调整幅度的下限，应该低于学费标准调整幅度的上限。东部地区、艺术专业测算的学费标准上限值，可以作为政府制定学费标准的上限，各高校的学费，由高校根据市场状况在上限与下限之间自行制定。

第三节　实现学费标准调整的途径

依据制定边界条件的变化调整高校学费标准，是高等教育由精英教育步入大众化的需要，也是有效地实现高校学费功能的需要。为了实现制定高校学费标准的政策目标，高校学费标准的调整既要受国民付费能

---

[1]　国家统计局：《2007 年中国全面建设小康社会进程统计监测报告》（http://www.stats.gov.cn/was40/gjtjj_ detail.jsp? searchword = % BB% F9% C4% E1% CF% B5% CA% FD&channelid = 75004&record = 1）。

力的约束，也要受高等教育成本和高等教育个人收益的约束。以上对高校学费标准的测算，只是依据国民的付费能力和高等教育个人收益对学费标准上限的计量。实践中，调整学费标准还要依据各边界条件建立相应的保障制度。

一　建立适度竞争的市场机制

高等教育投资的收益和风险是学生和家长在进行高等教育选择时考虑的重要内容，学费是调节高等教育需求的重要因素。高校学费的形成要在一定程度上体现市场效益。建立适度的学费市场竞争机制，是高等教育进入大众化的需要，也是破解高校学费标准困境的有效途径。中国目前民办高等教育与公办高等教育无法形成竞争，一方面是民办高等教育发展的结果；另一方面也是政策规制的结果。政府应该制定相关政策，进一步促进民办高等教育发展，形成高等教育竞争局面，使公办高校学费受到外部竞争的约束。中国公办高等教育内部也应该建立适度的竞争机制，实现学费能够有效地反映高等教育的投资属性与私人产品属性。政府对高校学费进行管制，而不是直接制定。政府可以确立学费的上限和下限，学校根据市场机制确立学费。

二　建立生均标准成本的核算体系

生均标准成本是高校学费形成的重要依据，政府应该建立生均标准成本的核算体系。生均标准成本是政府对高校学费的监管成本，其内涵是在一定范围内高校培养一个合格的全日制普通高等教育学生的社会平均合理费用。生均标准成本核算是为制定学费标准决策服务的，目的是公正反映学校各种资源的合理消耗，兼顾学生、学校、社会三方面的利益，实现社会效益最大化。生均标准成本的审核应当遵循合法性原则、合理性原则、相关性原则、权责发生制原则。生均标准成本由人员支出和公用支出构成，包括教职工人员成本、日常教学维持成本、学生事务管理成本、土地和固定资产使用成本。与学生培养无关的费用，以及虽与学生培养有关但有专项资金来源予以补偿的费用不得计入生均标准成本。生均标准成本是一个标准值，由成本调查机构通过抽样统计和相关政府部门的规定计量得到。生均标准成本由财政（含社会捐助）和学费补偿，学费补偿的份额是政府确立学费标准区间的重要因素。政府应该建立介于政府和高校之间的成本调查机构。由成本调查机构定期发布不同类型和层次高校的生均标准成本。

三 科学合理地确立学费标准区间

高校学费标准区间的确立要综合考虑生均标准成本、学生和家庭的现期支付能力、高等教育个人收益、学生资助。补偿教育成本是高校收取学费的目标，生均标准成本是学费有效地实现这一目标的依据。学生和家庭的现期支付能力是高校学费标准体现社会效益需要考虑的因素，高等教育个人收益是高校学费标准体现市场效益需要考虑的因素。学生资助是保障高等教育公平的重要措施。学费标准区间的确立，要考虑有能力接受高等教育而经济处于不利地位的学生获得的资助。由于不同层次、不同种类的高校生均教育成本、高等教育个人收益、获得的社会捐赠不同，所以不同层次、不同种类的高校学费标准区间不同。实践中，在以国民付费能力增长幅度为学费标准调整幅度的上限时，政府要根据各类高校的实际情况，以生均标准成本为基准，综合学生和家庭的现期支付能力、高等教育个人收益、学生资助确立学费标准区间的上限和下限。学费的上限与学生和家庭的现期支付能力、高等教育个人收益、学生资助正相关，学费的下限则相反。

第四节 调整学费标准的配套措施

学生资助是保障高校学费政策顺利实施的配套措施，是高等教育公平实现的有力保障。学费标准调整中对高等教育公平的保障，一方面是通过学费标准分层调整实现；另一方面是通过学生资助实现。学生资助要根据各地区、各层次学校的实际情况有针对性地实施。在现实经济危机的背景下，对学生资助的力度要加强、范围要扩大。

一 加大学生资助力度

实践中，由于各地区学费和经济状况的不同，各层次学校的生源结构和资助的不同，贫困学生家庭对学费的承受能力有可能不同。据此，要改变财政资助力度在地区、学校层次之间的不均衡，要加大对中西部地区、地方本科和高职高专学生的财政资助力度。依据学生的需求，各地区、各层次学校之间，各种学生资助的力度要有所不同。全国整体上要加强助学贷款的资助力度，适当加强奖学金、助学金的资助力度；减小学费减免的资助力度，适当减少勤工助学的资助力度。对东部和中部地区要加大助学贷款、奖学金的资助力度，对西部地区要加大直接赠予式的资助。对部属本科要加大奖学金、助学贷款的资助力度，对高职高专要减小奖学金的资助力度。

根据对"高等学校学生贷款制度实施效益的国际比较"调查中的数据分析结果可知，对贫困大学生的资助力度，要达到学生实际承受的学费在家庭总收入的50%以下；理想的状况是在家庭总收入的25%以下。2007年，全国贫困学生家庭能够承受的学费上限为1921元，贫困学生家庭可以接受的学费上限为3843元。东部地区贫困学生家庭可以承受的学费上限为2311元，可以接受的学费上限为4623元；中部地区贫困学生家庭可以承受的学费上限为1836元，可以接受的学费上限为3672元；西部地区贫困学生家庭可以承受的学费上限为1633元，可以接受的学费上限为3266元。部属本科贫困学生家庭能够承受的学费上限为2053元，可以接受的学费上限为4107元；地方本科贫困学生家庭能够承受的学费上限为1892元，可以接受的学费上限为3784元；高职高专贫困学生家庭能够承受的学费上限为1844元，可以接受的学费上限为3688元。可以根据各地区、各学校的实际情况，以上述标准为上限，对贫困大学生实际负担的学费进行调整。

二　完善学费延迟支付方式

高等教育投资属性日益显现，学费延迟支付有了现实基础。助学贷款是高校学费延迟支付的方式，政府在加强国家校园地贷款的同时，自2009年起，已经根据中国的实际情况，扩展生源地助学贷款。目前，助学贷款主要体现为对贫困大学生的资助，其延迟支付的功能没有充分体现。根据高等教育投资的属性，助学贷款应该扩大贷款对象，对贫困大学生贷款给予适当的补贴，对不贫困的大学生则按市场机制进行放贷。目前，要明确利益相关主体承担助学贷款风险的责任，建立有效的措施降低助学贷款的风险。

　　资助大学生完成学业具有很强的政策性和社会公益性，防范和化解助学贷款的风险的主体应当是政府。助学贷款是保障高等教育公平、高等教育的社会阶层流动功能的金融产品，其产生的社会效益是公共产品。高等教育公平、高等教育的社会阶层流动功能使社会福利增加，每个人消费社会福利不会导致别人对其消费的减少，同时无法阻止人们对社会福利的消费。由于助学贷款产生的社会效益的非竞争性，其消费的边际成本为零，所以说助学贷款是不可能完全由市场提供的。助学贷款的高风险性是其产生社会效益的成本的一部分，对其承担的主体应该是政府。银行作为资金的提供者，具有一定的预期收益，也应该按一定比例承担风险。高校作为社会机构组织，有责任和义务帮助弱势群体，但不应该承担助学贷款的风险，其责任主要是利用自身职能的优势进行诚信教育，提供申请贷款学生的信息和贷款毕业生的信息。为此，政府要切实负担起助学贷款风险承担的主体责任，不能将这种责任转嫁给学校、银行。银行承担助学贷款风险的比例由其预期收益决定，在目前实际情况下，由于助学贷款预期收益较低，银行承担的风险的比例不应太大。

　　针对目前大学生就业难且欠发达地区和艰苦行业又缺少人才的状况，政府应加大"以奖代偿"的力度和广度，积极引导获贷学生到艰苦地区、艰苦行业及基层去就业，达到社会和贷款学生的双赢。对高等教育投资失败的学生也应该减免助学贷款，实现高等教育结果的公平。学校在助学贷款政策的实施中更为实际的工作还在于进一步加强贷款学生的诚信教育和感恩教育，让他们清楚地了解借贷人的权利和义务以及拖欠的后果。大学生的诚信教育和感恩教育可以以讲座、社会公益活动等形式进行，让学生愿意参与，并且切实获得感知。政府要利用自身组织优势，协调好各部门的工作，让大学生征信信息更具体，借助中国人民银行个人征信系统、第二代居民身份证系统、劳动人事部门的劳动合同鉴证和备案管理系统、社会保障卡信息网、房产证网上查询系统，及时掌握违约学生的住址、工作单位、经济收入状况等，为违约追偿提供信息；让贷款学生可以利用免费电话或因特网查询有关贷款信息及本人的欠贷还贷情况。对于恶意拖欠者，政府可以建立相应的惩戒措施；而对于积极还贷者，政府可以根据实际情况给予一定的物质奖励和精神奖励。

在完善助学贷款制度的同时，也可以借鉴成功国家的经验，扩展学费延迟支付方式。毕业生税是指高校毕业生就业以后，如果他们的收入达到一定的水准，他们就必须为自己曾接受过的高等教育缴纳专门的税款。[①]"人力资本合同"是通过与学生签订合同，让其承诺在毕业后预先规定的一定期限里，用其收入的一定百分比来偿还他所获得的高等教育资助。[②]当条件成熟时，学费延迟支付还可以采取"毕业生税""人力资本合同"等方式。

第五节 小结

国民经济和高等教育的状况，决定各边界条件影响制定学费标准的程度。教育成本的变化、国民经济的发展和高等教育收益的改变，导致学费标准需要调整。依据各边界条件的变化，合理地制定高校学费标准，能够充分有效地发挥高校学费的功能，促进高等教育发展和社会和谐。要建立保障学费标准调整的制度，完善学费延迟支付方式。

第一，依据制定学费标准的边界条件，高校学费标准需要上调。由于各地区经济发展水平、高等教育规模和质量不一样，调整学费标准要根据各地区的实际情况进行。由于各学校层次和各专业的高等教育成本、高等教育收益存在差距，调整学费标准要根据各类学校的实际情况进行。

第二，依据调整学费标准的目的、国民收入和高等教育的状况，调整高校学费标准要以"能力支付原则"为主，兼顾"利益获得原则"。依据"能力支付原则"，应该以学生家庭总收入的增长幅度为学费标准调整幅度的上限。依据"利益获得原则"，不同地区、不同层次学校、不同专业学费标准的调整要有所不同。整体上，学费标准的调整可以高

---

① 周丽华、胡劲松：《德国高等教育收费改革思路简析》，《比较教育研究》1998 年第 2 期。

② 刘丽芳、沈红：《美国学生贷款偿还的新机制——"人力资本合同"》，《教育与经济》2007 年第 1 期。

于学费标准调整的下限，应该低于调整的上限。

第三，生均标准成本是一定范围内高校培养一个合格的全日制普通高等教育学生的社会平均合理费用。政府应该建立介于政府和高校之间的成本调查机构，由成本调查机构定期发布不同类型和层次的高校的生均标准成本。在不超过学费标准调整幅度上限的情况下，政府可以依据生均标准成本、家庭的现期支付能力、高等教育个人收益、学生资助确立各高校学费的上限和下限，学校依据市场机制确立学费。

第四，对贫困大学生的资助力度，要达到学生实际承受的学费在学生家庭能够承受或者能够接受的程度。各地区、各学校要根据各自的实际情况，加大相应的资助方式。根据高等教育投资的属性，助学贷款应该扩大贷款对象。各利益相关主体要明确责任，加强降低助学贷款的风险。当条件成熟时，学费延迟支付还可以采取"毕业生税""人力资本合同"等方式。

第九章 公办高校学费标准调整的评价及展望

2007年，国务院印发《关于建立健全普通本科高校高等职业学校和中等职业家庭经济困难学生资助政策体系的意见》（国发〔2007〕13号），规定5年内各级各类学校收费标准保持稳定。2013年，随着高等教育学费"限涨令"的到期，部分地区，如福建、湖北、湖南等省份开始逐步上调普通高校学费标准。2015年，《关于2015年规范教育收费治理教育乱收费工作的实施意见》指出，高校学费标准应严格按照不高于生均培养成本的25%核定；高校学费标准调整要按照"平稳有序，逐步推进"的原则进行，按规定召开听证会，充分听取社会有关方面的意见，既要考虑学校的教育培养成本，又要充分考虑国民的承受能力。

第一节 公办高校学费的状况（2009—2015年）

随着中国高等教育规模的不断扩大，2014年，中国普通高等学校数量已达到2529所，比2009年增加224所。同时，各类高等教育在校学生总规模从2009年的2144万人增加至3559万人，高等教育毛入学率达到了37.5%。[①] 2009—2014年期间，社会物价水平和教育办学成本的不断上涨，给普通高校带来了经费压力，"限涨令"的到期也促使各地高校开始纷纷上调学费标准。2014年，部分省份，如江苏、贵州、

---

① 教育部：《2014年全国教育事业发展统计公报》（http://moe.gov.cn/srcsite/A03/s180/moe_ 633/201508/t20150811_ 199589. html）。

宁夏的公办高校学费标准的平均涨幅分别达到了 16.4% 、34.6% 和 49.7% 。[①] 本书意图通过分析 2009—2015 年公办高校学费标准的变化趋势，指明公办高校学费标准调整的方向。本章节的数据如果没有进行特别说明，学费数据由历年《湖北省普通高等学校招生计划》中相关数据计算得到；其他数据来自历年的《中国统计年鉴》。

一　公办高校学费标准的变化

（一）全国学费标准的变化趋势

2009—2015 年，全国学费平均值在整体上出现小幅上涨趋势（见图 9−1）。其中，前 5 年的全国学费平均值均在 5896—5989 元之间波动，后两年的全国学费平均值开始出现明显增长。相较于 2013 年的全国平均学费标准，2014 年、2015 年的学费平均值分别增长了 6.4% 、22.9%。与此同时，普通高等学校生均预算内公用经费在 2009—2012 年间从 3802.49 元持续增加到 9040.02 元，自 2013 年起开始逐渐减少，并在 2014 年下降到 7637.97 元。由此可见，2007 年颁布的《关于建立健全普通本科高校高等职业学校和中等职业家庭经济困难学生资助政策体系的意见》，对 2009—2013 年间高校学费标准的稳定发挥了一定作用。2013 年后，国家财政投入的有限，高校办学成本的增加，使学费价格上涨成为必然趋势。

2009—2015 年，普通专业学费平均值的整体趋势与全国学费平均值的整体趋势相类似（见图 9−1）。《关于 2009 年规范教育收费进一步治理教育乱收费工作的实施意见》明确指出，要严格教育收费审批权限，稳定各级各类学校的收费标准。2010 年、2011 年、2012 年的学费相关政策与之类似，均提出各高校要严格按照国家规定的收费项目和学校所在地省级人民政府批准的收费标准进行收费。2009—2013 年的普通专业学费平均值保持在 4674—5002 元间波动，逐年最大增幅仅为 243 元。2013 年，《关于 2013 年规范教育收费治理教育乱收费工作的实施意见》，允许高校在经省级人民政府审批后，在国家规定幅度内调整收费标准。普通专业学费水平依此产生了相应变化。随后，普通专业学

[①] 中国教育报：（http://www.jyb.cn/high/gdjyxw/201407/t20140714_ 590178.html）。

费平均值开始呈现出明显上涨趋势，2014 年、2015 年逐年增加了 468元、272 元。

　　与全国学费平均值和普通专业学费平均值相比，艺术专业学费平均值的整体水平较高，但变化趋势与其具有一致性（见图 9-1）。2009—2012 年，艺术专业学费平均值在 8585—8765 元间波动，逐年差额不超过 157 元。2013—2015 年，艺术专业学费平均值开始呈现出明显增加趋势，逐年增幅分别为 13%、2%、13%，并在 2015 年超过了 1 万元。由此可见，艺术专业的学费标准在 2009—2012 年遵循了高等教育学费"限涨令"的规制，直到 2013 年才开始上调。同时，这类专业的教育成本和个人收益较高，其学费标准上调幅度虽存在地区差异，但整体增长率高于全国学费和普通专业学费平均水平。如，湖南省 2013 年发布的《关于进一步规范教育收费管理有关事项的通知》中规定，高校热门专业学费标准上浮比例为不超过一般专业学费标准的 30%，但艺术类专业不纳入其中。

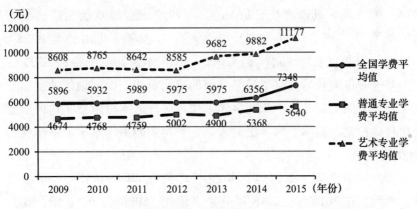

图 9-1　全国学费与各种学费平均值（2009—2015 年）

　　（二）各地区学费标准的变化趋势

　　2009—2013 年，东部地区普通高校学费平均值的变化幅度较小，逐年差异不超过 100 元（见图 9-2）。随后，在 2014 年、2015 年，东部地区普通高校的学费平均值分别上涨了 6.6% 和 20.1%，最终达到了 8483元，整体增幅约为 27.2%。在东部地区中，上海、天津、福建、广东的普通高校学费平均值的变化最明显。其中，上海的普通高校学费平均值在 2009—2010 年间小幅上涨至 12727 元，并在经历了大幅下降后，又从 2013 年的 8181 元增至 2015 年的 13439 元。天津的普通高校学费平均值，从 2009 年的 6057 元逐年增长到 2012 年的 7963 元，在 2013 年大幅下降后，然后在 2014 年和 2015 年逐年增加到 9000 元以上。福建的普通高校学费平均值呈现出明显的波动上升趋势，从 2009 年的 6014 元增长到 2015 年的 9877 元。广东的普通高校学费平均值仅在 2013 年出现大幅度增长，其余年份整体上升幅度较小。此外，河北、江苏、辽宁的普通高校学费平均值在 2009—2015 年间仅出现小幅波动，其他省份的学费平均值变化趋势和东部地区学费的整体变化趋势基本一致。

2009—2013 年，中部地区普通高校学费平均值的变化幅度较小，逐年差额保持在 109—341 元间波动（见图 9－2）。随后，中部地区普通高校学费平均值开始逐年上涨，在 2014 年、2015 年分别达到了 6518 元、7389 元，整体涨幅在 24.6% 上下波动。其中，湖北省的普通高校学费平均值最高。2009—2013 年，该省的学费平均值约为 8520 元；2014—2015 年，其值增长至 9636 元、12943 元。其次为河南省的普通高校学费平均值。2009—2011 年，该省的学费平均值约为 5528 元；2012 年，其值增长至 9021 元；2013—2015 年，其值维持在 8500 元左右。其他省份的普通高校学费平均值的变化趋势与中部地区的整体学费变化趋势类似。此外，中部地区和东部地区普通高校学费平均值的整体变化趋势相似，整体上前者比后者低，且两者的平均学费值差异保持在 1100 元以内。

2009—2013 年，西部地区学费平均值在 5009—5378 元间小幅波动。然后，在 2014 年、2015 年分别上涨至 5599 年、6280 元，其整体涨幅达到了 21.5%（见图 9－2）。其中，广西壮族自治区从 2013 年起开始上调学费标准，该省的学费平均值从 2013 年的 5478 元涨至 2014 年的 8048 元。然后，在 2015 年下降至 7316 元。贵州省在 2013 年也上调了学费标准，该省的学费平均值从 2013 年前的 4500 元，以年均 40% 的增长率上涨至 2015 年的 8935 元。同时，重庆、四川、宁夏、青海的普通高校学费平均值也从 2013 年开始逐年上涨，但逐年上涨幅度较小。云南省的学费平均值在 2010—2014 年逐年下降；在 2015 年上涨至 9973

元，成为 2015 年西部地区省份中的最高值。其他省份的普通高校学费平均值一直保持平稳状态。此外，西部地区普通高校学费平均值与东部地区、中部地区学费平均值相比较低。

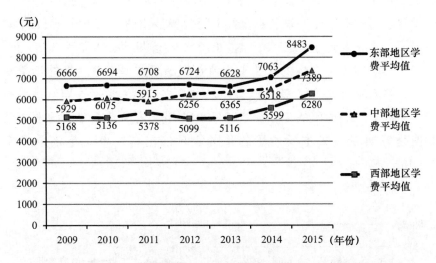

图 9-2　东部地区、中部地区、西部地区学费平均值（2009—2015 年）

（三）普通和艺术一本、二本学费平均值的变化

2009—2013 年，普通专业一本的学费平均值在 4633—4722 元间波动（见图 9-3）。随后两年，普通专业一本的学费平均值以每年 6% 的涨幅持续增加，并在 2015 年达到了 5326 元。普通专业二本的学费平均值的整体变化趋势与一本相似。2009—2013 年，普通专业二本的学费平均值大部分年份保持在 4700 元左右，只有 2012 年略高，达到了 5146 元。2014—2015 年，普通专业二本的学费平均值分别以 12.6% 和 3.1% 的增长率上涨至 5509 元、5678 元。2009—2011 年间，普通专业一本、二本的学费平均值差异极小，不超过 53 元。2012 年起，普通专业一本、二本的学费平均值开始出现明显差异。普通专业一本的学费平均值比普通专业二本的学费平均值低 172—505 元，两者在 2013 年差值最小，在 2014 年差值最大，在 2015 年差值再次降低。

2009—2013 年，艺术专业一本的学费平均值保持相对平稳状态，每年都在 9500 元上下波动（见图 9-3）。2014 年，艺术专业一本的学

费平均值增至 10732 元，2015 年降至 10480 元。艺术专业二本的学费
平均值变化趋势与一本存在差异。2009—2011 年，艺术专业二本的学
费平均值从 7825 元降至 7388 元。随后，在 2012—2015 年间持续增加
到 11956 元，增长率达到了 61.8%。2009—2014 年间，艺术专业一本
的学费平均值明显大于艺术专业二本的学费平均值，两者在 2011 年差
值最大，差值达到了 2272 元，在 2010 年差值最小，差值为 1563 元。
2015 年，艺术专业二本的学费平均值首次超过艺术专业一本的学费平
均值，差值为 1476 元。整体而言，艺术专业一本的学费平均值是普通
专业一本学费平均值的 2 倍。2009—2014 年，艺术专业二本的学费平
均值是普通专业二本学费平均值的 1.6 倍左右，2015 年该数增至
2.1 倍。

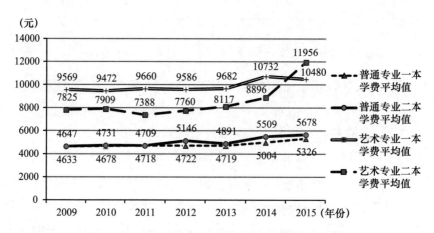

图 9-3　普通专业和艺术专业一本、二本的学费平均值（2009—2015 年）

二　公办高校学费标准占居民总收入的比例

　　高等教育的准公共产品性质，决定了学生及其家庭的支付能力是公
办高校学费标准制定的重要依据。《高等学校收费管理暂行办法》规
定，学费标准的调整，由省级教育、物价、财政部门按照学费占生均教
育培养成本的比例，根据本行政区域内的物价上涨水平和居民收入平均
增长水平提出方案，报省级人民政府批准后执行。《关于 2014 年规范教
育收费治理教育乱收费工作的实施意见》中也明确指出，各地在调整高
校收费标准时，应综合考虑当地的经济发展水平和居民承受能力等。中

国社会经济在近年来得到了很大发展，各地人民的生活质量也得到了极大提高，不同地区居民的年均收入不断增加。本书将城镇居民的人均可支配收入和农村居民人均纯收入作为衡量受教育者支付能力的主要量化依据，通过分析近年来的学费平均值占居民收入的比例，探讨公办高校的学费标准相对不同地区的居民支付能力而言是否合理。

（一）全国、普通、艺术专业的学费平均值占居民收入的比例

2009—2014 年，普通高校全国学费平均值占全国城镇居民人均可支配收入的比例逐步减小（见表 9 - 1）。从 2009 年的 34.3% 降至 2014 年的 21.6%，平均每年下降近 2%，整体降幅达到了 12.7%。与此同时，全国学费平均值占全国农村居民人均纯收入的比例也存在明显下降趋势，从 2009 年的 114.4% 下降至 2014 年的 60.6%。2009—2013 年，该比例以每年近 12.8% 的降幅持续下降，然后在 2014 年放缓至 2.8%，整体降幅达到了 53.8%。由此可见，普通高校全国学费平均值占居民收入的比例存在明显的城乡差距，但该差距随着时间的推移正逐步缩小。2009 年，普通高校全国学费平均值占农村居民人均纯收入、城镇居民人均可支配收入的比例的差值高达 80.1%。该值在 2012 年、2014 年分别降至 51.2% 和 39.0%。该值在 2009—2014 年间都在 10% 以上。由此可见，从全国学费水平整体而言，城镇居民的学费承受能力远高于农村居民的学费承受能力，并且随着社会的发展，城镇居民的学费承受能力与农村居民的学费承受能力均在提高，农村居民的学费承受能力提高的幅度高于城镇居民的学费承受能力提高的幅度。

2009—2014 年，城镇居民相对普通专业学费的支付能力较强，且逐步增长（见表 9 - 1）。普通专业学费平均值占城镇居民人均可支配收入的比例，从 2009 年的 27.2% 减少至 2013 年的 18.2%，年均降幅约为 2.3%。在 2014 年后，该比例保持平稳，约为 18.3%。同一时期，农村居民相对普通专业学费的支付能力逐年增强。2009—2013 年，普通专业学费平均值占农村居民人均纯收入的比例从 90.7% 降至 52.0%，年均降幅约为 9.7%。随后，该比例保持在 50% 左右。由此可见，普通专业的学费水平对于城镇居民而言可以承受，但仍然会给农村居民带来不小的经济压力。

2009—2014 年，城镇居民具备支付艺术专业学费的能力，但弱于

其对普通专业学费的支付能力（见表 9 - 1）。2009—2012 年，艺术专业学费平均值占城镇居民可支配收入的比例从 50.1% 持续下降到34.9%，年均降幅约为 5.1%。该比例在 2013 年略微增长至 35.9%，在 2014 年又降到 33.6%。2009—2014 年，艺术专业学费平均值占农村居民人均纯收入的比例从 167.0% 下降到 94.2%。其中，2009—2012年该比例的年均降幅较大，约为 19.5%，2013 年该比例的降幅较小，约为 5.8%。由此可见，2009—2012 年，城镇居民和农村居民对艺术专业学费的支付能力逐年提高，自 2012 年起趋于稳定。城镇居民和农村居民的艺术专业学费支付能力存在较大差异，前者较高，后者较低。

（二）各地区学费平均值占居民收入的比例

2009—2014 年，东部、中部、西部地区学费平均值占其对应地区的城镇居民人均可支配收入的比例相差不大（见表 9 - 1）。其中，东部地区城镇居民的学费支付能力最强。2009—2014 年，东部地区学费平均值占城镇居民人均可支配收入的比例从 32.5% 降至 20.8%。西部地区城镇居民的学费支付能力与东部地区相比略弱，该地区学费平均值占城镇居民人均可支配收入的比例，从 2009 年的 37.2% 下降至 2014 年的23.5%。中部地区城镇居民的学费支付能力与东部、西部地区相比较弱。2009—2014 年，中部地区学费平均值占城镇居民人均可支配收入的比例，从 42.2% 降到 26.9%。整体而言，2009—2014 年间，东部、中部、西部地区学费平均值占城镇居民人均可支配收入的比例降幅约为15.6%。2014 年，东部、中部、西部地区的城镇居民学费支付能力较强。东部、中部、西部地区学费平均值占城镇居民人均可支配收入比例的变化趋势相同。

2009—2014 年，东部、中部、西部地区学费平均值占其对应地区农村居民人均纯收入的比例存在明显差异（见表 9 - 1）。其中，东部地区的农村居民学费支付能力较强。东部地区学费平均值占农村居民人均纯收入的比例从 2009 年的 84.9% 逐年下降到 2013 年的 50.6%，年均降幅约为 8.6%。随后，该比例的降幅在 2014 年开始降低，但其值首次降至 50% 以下。中部地区农村居民的学费支付能力很弱。2011 年后，中部地区学费平均值占该地区农村居民人均纯收入的比例才首次降至87.8%。该比例在随后的几年中持续下降，并在 2014 年降至 64.4%。

西部地区农村居民的学费支付能力最弱。其中，2011—2012 年，西部地区学费平均值占农村居民收入的比例下降速度最快，降幅超过了18%。2013—2014 年，该比例的降幅较低，仅为 1.4%。由此可见，高校学费对农村居民而言，仍然是很大的负担，学费占农村居民人均纯收入的比例是学费占城镇居民人均可支配收入的比例的 2—3 倍。

（三）各省学费平均值占居民收入的比例

2009—2014 年，各省学费平均值占各省城镇居民人均可支配收入的比例逐年减小，整体平均降幅约为 14%（见表 9 - 1）。其中，降幅最为明显的是陕西省。该省学费平均值占城镇居民人均可支配收入的比例，从 2009 年的 55.7% 降至 2014 年的 29.0%，整体降幅为 26.7%。四川、上海、辽宁学费平均值占城镇居民人均可支配收入的比例的降幅分别为 23.0%、20.7%、22.0%。降幅最低的是广东省，为 5.7%。其次依次为福建、山西和西藏。2009—2014 年，这 3 个省份学费平均值占城镇居民人均可支配收入的比例的降幅分别为 7.3%、7.5%、7.5%。在此变化趋势下，2014 年，学费平均值占城镇居民人均可支配收入比例最小的是北京市，仅为 12.2%。其次依次是青海、浙江和西藏，分别为 15.5%、15.8% 和 15.9%。同年，该比例最大的是湖北省，达到了 38.8%。其次依次是河南、广西、天津，分别为 35.4%、32.6%、30.9%。由此可见，中国城镇居民的高校学费支付能力存在明显的省域差异。2014 年，北京市城镇居民的学费支付能力最强，是湖北省城镇居民学费支付能力的两倍以上。

2009—2014 年，各省学费平均值占各省农村居民人均纯收入的比例呈下降趋势，整体平均降幅约为 32.3%（见表 9 - 1）。其中，降幅最大的是陕西省。2009—2014 年，该省份学费平均值占农村居民人均纯收入的比例，从 228.9% 降至 143.2%，降幅达到了 85.7%。其次云南省学费平均值占农村居民人均纯收入的比例的降幅，达到了 55.7%。再次，依次是湖北、重庆、河南、四川、贵州和海南。学费平均值占农村居民人均纯收入的比例的降幅最低的是北京市。2009—2014 年，北京市学费平均值占农村居民人均纯收入的比例从 50.4% 降至 40.9%，降幅约为 9.5%。广东、福建、天津、内蒙古的学费平均值占农村居民人均纯收入的比例的降幅比北京稍高，分别为 13.3%、13.6%、

15.1%和19.6%。在上述变化趋势下，2014年，中国大部分省份的农村居民的学费支付能力仍然堪忧，只有北京、浙江的学费平均值占人均纯收入的比例在50%以下。同年，陕西、四川、云南的该比例较2013年有明显增加，其中，贵州省的农村居民学费支付能力依然很弱。由此可见，中国居民的高校学费支付能力存在较大的省域差异和极大的城乡差异。

表9-1　　　　　　　　　　公办高校学费平均值占居民收入比例　　　　　　单位:%

年份	占城镇居民人均可支配收入的比例						占农村居民人均纯收入的比例					
	2009	2010	2011	2012	2013	2014	2009	2010	2011	2012	2013	2014
全国学费平均值	34.3	31.0	27.5	24.3	22.2	21.6	114.4	100.2	85.8	75.5	63.4	60.6
全国普通专业学费平均值	27.2	25.0	21.8	20.4	18.2	18.3	90.7	80.6	68.2	63.2	52.0	51.2
全国艺术专业学费平均值	50.1	45.9	39.6	34.9	35.9	33.6	167.0	148.1	123.9	108.5	102.7	94.2
东部地区学费平均值	32.5	29.4	25.9	23.2	21.3	20.8	84.9	75.0	64.0	56.9	50.6	48.7
中部地区学费平均值	42.2	39.0	33.1	30.9	28.6	26.9	121.5	107.4	87.8	81.6	70.0	64.4
西部地区学费平均值	37.2	33.4	30.6	25.6	23.4	23.5	136.4	116.9	103.0	84.9	70.2	68.8
北京市学费平均值	22.0	21.4	19.4	16.9	13.8	12.2	50.4	46.8	43.4	37.4	36.0	40.9
天津市学费平均值	28.3	22.2	22.0	26.9	22.6	30.9	69.7	53.4	48.0	56.8	42.7	54.6
河北省学费平均值	35.9	34.2	29.5	27.5	22.2	21.0	102.7	93.4	75.8	69.9	53.7	74.2
辽宁省学费平均值	45.6	43.0	36.6	36.4	26.2	23.6	120.6	110.3	90.3	90.1	68.8	90.2
上海市学费平均值	40.3	40.0	30.4	22.8	18.2	19.6	93.1	91.1	68.5	51.4	42.6	65.3
江苏省学费平均值	36.0	30.4	26.7	22.7	18.4	20.7	92.4	76.5	65.1	55.3	43.1	63.3
浙江省学费平均值	28.3	23.0	22.5	18.4	17.3	15.8	69.5	55.6	53.4	43.8	36.7	48.7
福建省学费平均值	30.7	27.2	30.0	25.0	31.0	23.4	90.0	79.7	85.1	70.2	76.6	76.4
山东省学费平均值	31.0	26.8	24.0	20.1	20.2	22.9	90.1	76.4	65.7	54.8	50.9	65.7
广东省学费平均值	25.1	23.2	20.4	19.4	27.7	20.8	78.5	70.1	58.5	55.6	73.9	65.2
海南省学费平均值	43.5	39.0	28.1	26.1	24.5	26.2	126.1	115.1	80.0	73.6	62.5	87.0
吉林省学费平均值	37.7	36.7	31.7	30.6	28.9	26.1	100.4	90.6	75.2	71.8	63.0	76.2
黑龙江省学费平均值	37.3	33.5	30.9	28.2	23.5	21.4	90.1	74.6	64.0	58.2	52.2	64.2
河南省学费平均值	54.3	48.3	41.3	44.1	39.6	35.4	162.5	139.2	113.7	119.9	96.0	119.2
湖北省学费平均值	60.3	54.6	42.1	41.8	38.4	38.8	172.2	150.3	112.1	111.1	89.9	120.7
湖南省学费平均值	36.5	33.5	29.8	26.1	23.3	22.5	112.2	98.7	85.4	74.8	62.9	82.2

续表

年份	占城镇居民人均可支配收入的比例						占农村居民人均纯收入的比例					
	2009	2010	2011	2012	2013	2014	2009	2010	2011	2012	2013	2014
山西省学费平均值	28.1	27.3	22.9	20.3	19.8	20.6	92.6	90.3	74.1	65.1	55.4	72.3
安徽省学费平均值	39.2	35.1	30.1	25.5	27.1	23.0	122.6	104.9	90.0	75.0	69.8	86.7
江西省学费平均值	42.9	42.0	35.6	30.5	28.4	27.1	118.6	112.3	90.3	77.4	69.1	88.8
内蒙古自治区学费平均值	30.0	28.3	32.2	24.1	18.8	16.3	96.2	90.4	98.9	73.2	54.5	76.6
广西壮族自治区学费平均值	32.9	28.5	25.1	23.9	24.1	32.6	127.1	107.1	90.5	84.5	70.3	95.5
重庆市学费平均值	42.4	36.8	33.2	28.1	30.8	28.3	149.2	122.3	103.8	87.4	83.6	103.5
四川省学费平均值	50.1	55.3	39.8	33.1	29.6	27.1	155.3	168.1	116.9	95.9	76.6	113.7
贵州省学费平均值	35.6	32.7	27.6	23.9	22.2	30.2	152.6	133.4	109.8	94.2	77.5	111.6
云南省学费平均值	43.4	39.3	35.4	30.6	28.6	29.6	185.9	159.6	139.4	118.9	95.6	130.2
西藏自治区学费平均值	23.4	21.2	19.0	16.8	15.1	15.9	89.8	76.7	62.8	52.9	47.0	62.8
陕西省学费平均值	55.7	46.2	41.6	32.4	30.8	29.0	228.9	176.7	150.8	116.6	96.9	143.2
甘肃省学费平均值	37.7	33.6	33.4	29.5	25.2	23.0	151.0	129.4	127.9	112.5	89.7	115.0
青海省学费平均值	25.5	23.4	20.8	18.1	15.9	15.5	96.8	83.9	70.3	59.4	50.1	68.0
宁夏回族自治区学费平均值	31.5	21.3	26.4	21.3	19.6	20.3	109.0	69.9	85.7	68.4	55.4	74.1
新疆维吾尔自治区学费平均值	37.0	32.8	30.4	23.7	19.3	18.0	116.6	96.3	86.5	66.4	52.0	77.6

三 学费平均值与生均预算内教育事业费变动的比值

公办高校学费是混合公共部门的价格，公办高校的成本需要由政府主要承担，公办高校的学费标准需要政府进行干预。中国幅员辽阔，不同地域的经济发展状况存在差异，政府不可能对全国公办高校的学费标准实行"一刀切"。《高等学校收费管理暂行办法》也明文规定，不同地区、不同专业、不同层次学校的学费收费标准可以有所区别。因此，地方政府对公办高校的财政支持差异成为区域间学费标准不同的重要影响因素之一。本书将各地生均预算内教育事业费作为各地政府对公办高校进行财政投入的量化依据，通过分析该数据的变动与学费平均值变动的比值的关系，探究政府投入的变动对学费标准变动的影响。

（一）全国学费平均值与生均预算内教育事业费变动的比值

2009—2014 年，全国生均预算内教育事业费整体呈增加趋势，整体增幅达到了 88.5%。其中，全国生均预算内教育事业费从 2009 年的 8542 元升至 2012 年的 16367 元，随后在 2013 年降至 15591 元，并在 2014 年再度增加到 16102 元。2009—2012 年，生均预算内教育事业费的年均增幅远大于学费平均值的年均增幅（见表 9 - 2）。其中，2011—2012 年出现的负值，源于全国学费平均值在此期间内有所降低。2012—2013 年，全国普通高校的学费平均值保持不变，而生均预算内教育事业费则有所减少，两者的比值为 0。2013—2014 年，全国学费平均值的增加比率超过了全国生均预算内教育事业费的增加比率，两者分别为 6.4% 和 3.3%。由此可知，2012 年后，全国学费平均值开始显著上涨，但政府对公办高校的生均投入整体增幅不明显，对公办高等教育成本分担的力度，受教育者呈现上升趋势，政府呈现下降趋势。

（二）各地区学费平均值与生均预算内教育事业费变动的比值

2009—2014 年，东部地区生均预算内教育事业费的整体增幅达到了 88.2%。其中，东部地区生均预算内教育事业费，从 2009 年的 10326 元增加到 2012 年的 19015 元，随后的两年间在 19000 元上下波动。2009—2012 年，东部地区生均预算内教育事业费的增长率比学费平均值的增长率大，2012—2014 年则相反。其中，2012—2013 年，东部地区学费平均值的降幅超过了生均预算内教育事业费的降幅；2013—2014 年，东部地区学费平均值的增幅则超过生均预算内教育事业费的增幅。

2009—2014 年，西部地区生均预算内教育事业费的整体增幅为 92.8%，整体低于东部地区的生均预算内教育事业费。2009—2012 年，西部地区的生均预算内教育事业费，从 7483 元上涨至 16041 元。随后，在 2012—2014 年，西部地区的生均预算内教育事业费以每年近 5.2% 的速率下降至 14428 元。2009—2012 年，西部地区学费平均值的变化幅度，小于生均预算内教育事业费的增加幅度。其中，2009—2010 年、2011—2012 年，西部地区的学费平均值在减少，两者比值为负。2013—2014 年，西部地区的学费平均值不断增长，其生均预算内教育事业费则逐年减少，两者的比值为负。

2009—2014 年，中部地区生均预算内教育事业费的整体增长率高达 139.3%，但其数值却比东部、西部地区少。2009—2012 年，中部地区生均预算内教育事业费从 5125 元增至 13742 元。随后，其在 2013 年降至 11791 元，而在 2014 年再度上涨至 12266 元。其整体变化趋势与东部地区、中部地区相同。2009—2012 年，中部地区生均预算内教育事业费的增长率比学费平均值的变动率高。2009—2010 年、2011—2012 年，中部地区学费平均值负增长，两者比值为负。在 2012—2014 年，中部地区学费平均值逐年增长，生均预算内教育事业费逐年减少，两者的比值为负。

（三）各省学费平均值与生均预算内教育事业费变动的比值

2009—2014 年，除贵州省外，其余各省的生均预算内教育事业费均呈现出整体增加的趋势，整体平均增长率达到了 115.6%。其中，在各省市中，整体增加额度北京市的最高，上海市的位居其次。北京市生均预算内教育事业费从 2009 年的 29772.8 元增加到 2014 年的 58548.4 元。2009—2013 年，上海市的生均预算内教育事业费，以年增长率下降的增长方式，从 16423.8 元增长到 30186.3 元；随后，在 2014 年该值减少为 27111.7 元。2009—2014 年，生均预算内教育事业费的变化趋势，西藏、天津、陕西与上海类似。生均预算内教育事业费的整体增长率，西藏地区在全国范围内最高，达到了 282.1%；内蒙古地区位居其次，为 237.4%。在此期间，只有贵州省生均预算内教育事业费整体减少了 8.3%。2014 年，生均预算内教育事业费较高的省市从高到低依次为北京、上海、西藏、天津，较低的省市从低到高依次为安徽、湖北、云南、四川。

整体而言，2014 年基于 2009 年的涨幅，各省的学费平均值小于生均预算内教育事业费，两者的比值均小于 1。其中，天津市学费平均值与生均预算内教育事业费的比值最大，达到了 0.85，表明两者的增长趋势最为相近。广东和甘肃位居其次，其值分别为 0.74 和 0.54，表明这两个地区生均预算内教育事业费的涨幅是学费平均值的涨幅 1 倍以上。此外，广西、山东、福建、吉林、陕西和北京的学费平均值与生均预算内教育事业费涨幅的比值高于全国平均水平 0.09。内蒙古、河北、辽宁、新疆、上海等省市的两者的比值为负数，原因是这些省市的学费平均值整体降低，生均预算内教育事业费增加。此外，贵州的学费平均值增加，生均预算内教育事业费减少。可见，大多数省份生均预算内教育事业费的增加趋势与学费平均值的变化趋势并不契合。

表9-2　　各地区学费平均值与生均预算内教育事业费变动的
　　　　　　比值（2009—2014年）

	2009—2010年	2010—2011年	2011—2012年	2012—2013年	2013—2014年
全国学费平均值与全国生均预算内教育事业费变动比值	0.05	0.02	-0.01	0	1.95
东部地区学费平均值与该地区生均预算内教育事业费变动比值	0.02	0.01	0.01	1.35	1.98
中部地区学费平均值与该地区生均预算内教育事业费变动比值	0.12	-0.04	0.16	-0.12	0.60
西部地区学费平均值与该地区生均预算内教育事业费变动比值	-0.02	0.09	-0.58	-0.06	-2.11

	2009—2014年
北京市学费平均值与该地区生均预算内教育事业费变动比值	0.01
天津市学费平均值与该地区生均预算内教育事业费变动比值	0.85
河北省学费平均值与该地区生均预算内教育事业费变动比值	-0.03
辽宁省学费平均值与该地区生均预算内教育事业费变动比值	-0.03
上海市学费平均值与该地区生均预算内教育事业费变动比值	-0.27
江苏省学费平均值与该地区生均预算内教育事业费变动比值	-0.04
浙江省学费平均值与该地区生均预算内教育事业费变动比值	-0.14
福建省学费平均值与该地区生均预算内教育事业费变动比值	0.17
山东省学费平均值与该地区生均预算内教育事业费变动比值	0.19
广东省学费平均值与该地区生均预算内教育事业费变动比值	0.74
海南省学费平均值与该地区生均预算内教育事业费变动比值	0.05
吉林省学费平均值与该地区生均预算内教育事业费变动比值	0.15
黑龙江省学费平均值与该地区生均预算内教育事业费变动比值	0.03
河南省学费平均值与该地区生均预算内教育事业费变动比值	0.06
湖北省学费平均值与该地区生均预算内教育事业费变动比值	0.07
湖南省学费平均值与该地区生均预算内教育事业费变动比值	0.05

续表

	2009—2014 年
山西省学费平均值与该地区生均预算内教育事业费变动比值	0.14
安徽省学费平均值与该地区生均预算内教育事业费变动比值	0.03
江西省学费平均值与该地区生均预算内教育事业费变动比值	0.06
内蒙古学费平均值与该地区生均预算内教育事业费变动比值	− 0.01
广西学费平均值与该地区生均预算内教育事业费变动比值	0.34
重庆市学费平均值与该地区生均预算内教育事业费变动比值	0.07
四川省学费平均值与该地区生均预算内教育事业费变动比值	− 0.15
贵州省学费平均值与该地区生均预算内教育事业费变动比值	− 5.87
云南省学费平均值与该地区生均预算内教育事业费变动比值	− 0.02
西藏学费平均值与该地区生均预算内教育事业费变动比值	0.04
陕西省学费平均值与该地区生均预算内教育事业费变动比值	− 0.18
甘肃省学费平均值与该地区生均预算内教育事业费变动比值	0.54
青海省学费平均值与该地区生均预算内教育事业费变动比值	0.08
宁夏学费平均值与该地区生均预算内教育事业费变动比值	0.05
新疆学费平均值与该地区生均预算内教育事业费变动比值	− 0.06

第二节　公办高校学费标准调整幅度的测算

依据本书的结论，学费标准调整幅度的测算依据包括高等教育成本、高等教育个人收益以及国民支付能力。本书测算出的 2008 年公办高校学费标准调整幅度与实践中公办高校学费标准的变化基本相符。其中，2008 年全国学费平均值、普通专业一本学费平均值、艺术专业一本和二本学费平均值、中部和西部地区学费平均值的调整幅度在 2012 年尚都适用，这表明本书的学费调整幅度的测算方法基本符合学费标准的现实变化趋势。

2013 年后，国家财政投入的有限和高校办学成本的增加，迫使各地公办高校开始逐步上调学费标准。由于各省经济发展水平和居民学费支付能力的差异，不同地区的学费调整幅度不尽相同。2009—2014 年，公办高校学费标准存在学校层次差异、专业差异和地区差异。其中，不同层次公办高校的学费差异较小，普通和艺术专业的学费差异较大，各个地区的学费差异存在显著不同。本书将根据测算依据的最新变化趋势来测算学费标准的调整幅度。

一　全国学费标准调整幅度的测算

2014 年、2015 年的全国居民消费价格指数分别为 101.99 和 101.44。2013 年，全国学费标准的平均值为 5975 元。运用高等教育成本确定学费标准调整的方法，可估算出 2014 年全国学费标准的调整幅度为 1.99%，故该年全国学费标准的下限值为 6093.9 元（见表 9 - 3）。同理，可以估算出 2014 年普通专业学费标准的下限值为 4997.5 元，艺术专业学费标准的下限值为 9874.7 元。2015 年，全国学费标准的下限值为 6447.5 元，普通专业学费标准的下限值为 5445.3 元，艺术专业学费标准的下限值为 10024.3 元。将各个学费标准下限值与实际学费标准相比较发现，2014 年、2015 年的全国学费平均值均在其对应的下限值之上。其中，2014 年可下调的上限额度在 400 元以内，2015 年可下调的上限额度最高超过 1000 元。

2014 年，全国城镇居民可支配收入为 29381 元，农村居民人均纯收入为 10488 元；2013 年，全国城镇居民可支配收入为 26955 元，农村居民人均纯收入为 9430 元；2014 年，中国总人口数量达到了 136782 万人，其中城镇人口约为 74916 万人，乡村人口约为 61866 万人；2013 年，中国总人口数量达到了 136072 万人，其中城镇人口约为 71182 万人，乡村人口约为 64222 万人。按照本书第七章提出的人均收入计算公式可得，2014 年全国人均收入约为 20835.8 元，2013 年全国人均收入为 18551 元。按照依据国民付费能力，学费标准调整的方法二测算，2014 年全国公办高校学费标准的调整幅度为 12.3%。据此，可以估算出 2014 年全国公办高校学费标准调整幅度的上限值为 6710.4 元，现实学费能够上调的上限额度为 354.4 元。

本书的结论表明，现行普通专业的学费标准以农村居民人均纯收入为依据制定，现行艺术专业学费标准依据城镇居民人均收入制定。普通本科学费标准的测算需要以农村居民家庭总收入为依据，艺术专业学费标准的测算需要以城镇居民家庭可支配收入为依据。据此，可以估算出 2014 年全国普通专业学费标准的调整幅度为 11.2%，全国普通专业学费平均值的上限为 5449.8 元，可上调的上限额度为 81.8 元。同理，2014 年全国艺术专业学费标准的调整幅度约为 9%，全国艺术专业学费平均值的上限为 10553.4 元，可上调的上限额度为 671.4 元。

二　各地区学费标准调整幅度的测算

以地区所属的省、自治区、直辖市的居民消费价格指数的平均值为东部、中部、西部地区居民消费价格指数。据此，可以计算出 2014 年东部、中部、西部地区居民消费价格指数分别为 108.3、109.0 和 109.8。运用高等教育成本确定学费标准的方法可估算出，2014 年东部、中部、西部地区学费标准的调整幅度分别为 2.0%、1.9% 和 2.1%，学费标准的调整下限值分别为 6763.6 元、6483.5 元和 5223.9 元（见表 9-3）。将下限值与 2014 年其实际学费平均值相比较可发现，东部、中部、西部地区学费平均值可下调的上限额度分别为 299.4 元、34.5 元和 375.1 元。

本书的结论表明，高校调整学费标准的幅度不能超过国民付费能力的增长幅度。根据"能力支付原则"，东部、中部、西部地区学费标准调整幅度的上限可以将相应地区居民付费能力的增长幅度作为依据。运用各省、自治区、直辖市的城镇居民和农村居民的人均收入、人口数量，可以估算出 2013 年、2014 年东部、中部、西部地区的居民户均总收入。依此，运用依据国民付费能力，确定学费标准调整幅度的方法二，可估算出 2014 年东部、中部、西部地区学费标准的调整幅度分别为 8.7%、7.2% 和 10.2%，其上限值分别为 7205.1 元、6828.4 元和 5639.3 元。将估算出的东部、中部、西部地区学费标准上限值与 2014 年实际学费平均值相比较，得出东部、中部、西部地区学费标准的上调的上限额度分别为 142.1 元、310.4 元和 40.3 元。

虽然，东部、中部、西部地区 2014 年的学费平均值，均在可调整额度的上下限范围内，但即便是同一地区的省、自治区或直辖市，在学费标准的具体额度和调整范围上也存在较大差异。2014 年，只有河北、湖南、江西、四川、陕西、青海、新疆的学费平均值在学费标准的上下限额度范围内。天津、上海、江苏、山东、海南、湖北、陕西、贵州、西藏、宁夏和广西的学费平均值都超过了学费标准的调整上限值。其中，天津、广西和贵州是学费平均值超过学费调整上限值较高的地区，分别达到了 2681.0 元、2174.9 元和 1822.6 元。宁夏、西藏、湖北、山西的学费平均值与学费调整上限值差额较小，均在 200 元左右。其余省、自治区和直辖市的学费平均值，低于学费标准的调整下限值。其中，黑龙江、甘肃、重庆、浙江的学费平均值与学费调整下限值的差额较小，均在 200 元以内，福建、广东的学费平均值与学费调整下限值差距较大，均超过了 1000 元。

三　各层次学校学费标准调整幅度的测算

2014 年，全国居民消费价格指数为 101.99。运用高等教育成本确定学费标准的方法计算出，2014 年各专业的学费标准调整幅度的下限为 1.99%。据此，普通专业一本学费标准的下限值为 4813.0 元，可下调的上限额度为 191.0 元；普通专业二本学费标准的下限值为 4988.4 元，可下调的上限额度为 520.6 元；艺术专业一本学费标准的下限值为 9874.8 元，可下调的上限额度为 857.2 元；艺术专业二本学费标准的下限值为 8278.7 元，可下调的上限额度为 617.3 元（见表 9－3）。

本书的结论表明，普通专业一本学费标准的测算，以全国户均总收入为计量依据较为合理；普通专业二本的学费标准，以农村居民收入为计量依据较为适宜。据此，运用方法二测算，2014 年，全国普通专业一本学费标准的上调幅度为 10.1%，普通专业二本学费标准的上调幅度为 11.2%。2014 年，普通专业一本学费标准的上限值为 5197.4 元，可上调的上限值为 193.4 元；普通专业二本学费标准的上限值为 5438.7 元，实际学费平均值超过该上限值 70.3 元。

本书的结论表明，艺术专业一本、二本学费标准的调整以城镇居民收入为计量依据较为合适。因此，运用方法二测算，2014 年，艺术专业一本、二本学费标准的调整的上限幅度为 9.0%。由此可得出，2014 年，艺术专业一本学费标准的上限值为 10553.4 元，其实际值超出该上限值 178.6 元；艺术专业二本学费标准的上限值为 8847.5 元，其实际值超出该上限值近 48.5 元。

表 9 – 3　　　　　　　　　学费标准的调整（2014 年）　　　　　　单位：元

学费种类	现行学费平均值	依据高等教育成本调整		依据国民付费能力调整	
		测算的学费调整值下限	现行学费与下限额度值之差	测算的学费调整值上限	上限额度值与现行学费平均值之差
全国学费	6356	6093.9	262.1	6710.4	354.4
普通专业	5368	4997.5	370.5	5449.8	81.8
艺术专业	9882	9874.7	7.3	10553.4	671.4
东部地区	7063	6763.6	299.4	7205.1	142.1
中部地区	6518	6483.5	34.5	6828.4	310.4
西部地区	5599	5223.9	375.1	5639.3	40.3
北京	5933	6253.5	– 320.5	6670.7	737.7
天津	9746	6674.5	3071.6	7065.0	– 2681.0
上海	9576	8401.9	1174.1	8865.9	– 710.1
江苏	7105	5952.1	1152.9	6274.9	– 830.1
浙江	6387	6562.0	– 175.0	6909.1	522.1
福建	7197	8905.6	– 1708.6	9416.9	2219.9
广东	6691	8371.2	– 1680.2	9271.1	2580.1
辽宁	6862	7107.8	– 245.8	7539.2	677.2
河北	5075	5014.8	60.2	5267.4	192.4
山东	6703	5539.3	1163.7	5838.3	– 864.7
海南	6418	5628.9	789.1	5911.0	– 507.0
湖北	9636	8889.3	746.7	9397.0	– 239.0
湖南	5975	5786.9	188.1	6109.3	134.3
安徽	5718	6273.8	– 555.8	6625.6	907.6
江西	6588	6425.5	162.5	6776.8	188.8
山西	4960	4478.9	481.1	4720.1	– 239.9
吉林	6058	6288.3	– 230.3	6575.5	517.5
河南	8371	8777.7	– 406.7	9205.1	834.1
黑龙江	4841	4965.4	– 124.4	5215.2	374.2
四川	6556	6522.7	33.3	6890.8	334.8
重庆	7118	7226.8	– 108.8	7676.5	558.5
贵州	6816	4682.8	2133.2	4993.4	– 1822.6
陕西	7069	6985.0	84.0	7432.7	363.7

学费种类	现行学费平均值	依据高等教育成本调整		依据国民付费能力调整	
		测算的学费调整值下限	现行学费与下限额度值之差	测算的学费调整值上限	上限额度值与现行学费平均值之差
云南	6094	6582.3	-488.3	6881.7	787.7
西藏	3490	3169.3	320.7	3281.4	-208.6
甘肃	5007	5118.3	-111.3	5446.8	439.8
青海	3460	3330.7	129.3	3510.8	50.8
宁夏	4733	4289.0	444.0	4535.3	-197.7
广西	8048	5593.0	2455.0	5873.1	-2174.9
新疆	4171	4165.7	5.3	4417.3	246.3
内蒙古	4633	4978.4	-345.4	5285.3	652.3
普通专业一	5004	4813.0	191.0	5197.4	193.4
普通专业二	5509	4988.4	520.6	5438.7	-70.3
艺术专业一	10732	9874.8	857.2	10553.4	-178.6
艺术专业二	8896	8278.7	617.3	8847.5	-48.5

第三节　公办高校学费标准调整的评价

2007—2012 年，中国公办高校学费标准未进行过系统调整。2009—2012 年，公办高校的学费标准虽略高于 2008 年的学费水平，但基本保持平稳的状态。2013 年后，随着政府对高等教育生均预算内教育事业费投入增长率的逐渐放缓，以及高等教育办学成本的不断增加，部分省份开始逐渐上调学费。在公办高校学费标准呈现增加趋势的同时，中国国民整体的学费支付能力也在不断提升。但是，在 2014 年，仅有部分地区学费平均值的调整幅度符合高等教育成本和国民学费支付能力的变化，上调额度在学费标准调整幅度的合理区间内。

一　全国学费标准调整的评价

2009—2012 年，全国学费标准、普通专业学费标准、艺术专业学费标准保持平稳。自 2013 年开始，全国学费标准、普通专业学费标准、艺术专业学费标准开始上涨，其上涨的幅度具有跳跃性。2009—2012

年，全国学费标准、普通专业学费标准、艺术专业学费标准相对城乡居民的收入水平在逐年大幅度降低，其价格水平相对农村居民的收入水平仍然较高。2013年以后，全国学费标准、普通专业学费标准、艺术专业学费标准跳跃性地增长，使得其价格水平相对城乡居民收入水平略有增长。2009—2012年，整体上，对高等教育成本分担的增长幅度，全国公办高校学生及家庭低于政府。2014年，全国学费标准、普通专业学费标准、艺术专业学费标准的调整幅度高于高等教育成本的增长幅度，低于城乡居民收入增长的幅度，其尚有上调的空间。

二　各地区学费标准调整的评价

2009—2012年，东部、中部、西部地区学费标准保持平稳。2013年以后，东部、中部、西部地区学费标准开始跳跃性地增长。增长以后，学费标准由高到低的顺序为东部地区、中部地区、西部地区。2009—2014年，东部地区、中部地区、西部地区学费标准相对城乡居民的支付能力在逐年降低。相对于城镇居民的支付能力，学费水平由高到低依次为中部地区、西部地区、东部地区。相对于农村居民的支付能力，学费水平由高到低依次为西部地区、中部地区、东部地区。省域间学费标准相对城乡居民的支付能力存在差异。省域学费标准相对居民的支付能力在城乡之间存在巨大的差异。对高等教育成本的分担力度及变化趋势，学生及家庭与政府在区域间存在差异。2014年，东部地区、中部地区、西部地区学费标准均在学费调整的合理区间内，同年，部分省份的学费标准却超出了学费标准调整的上限值。

三　各层次学费标准调整的评价

2009—2012年，普通专业一本、二本的学费标准保持平稳。2013年以后，普通专业一本、二本的学费标准开始增长。普通专业二本学费标准的增长速率高于普通专业一本的增长速率。2014年，普通专业一本的学费标准有上调的空间，普通专业二本的学费标准则需要下调。2009—2014年，艺术专业一本、二本的学费标准的变化存在差异，这种差异一方面体现在变化方向上，另一方面体现在变化幅度上。艺术专业一本、艺术专业二本的学费标准都有下调的空间。

第四节　公办高校学费标准调整的展望

学费收入是公办高校的经费来源之一，学费标准的合理确立直接关系到高等教育的协调发展。政府需要进一步完善公办高校学费制定机制，进行统筹规划，使公办高校学费标准的变化符合社会经济的发展、办学成本的不断提升，以及各地居民的学费支付能力。

一　有待形成基于影响因素变动的动态调整机制

公办高校学费的调整需要以国家规定的学费制定基本原则为前提，依据不同地区的高校办学成本、经济发展和居民收入差异确立学费调整的上下限区间。公办高校办学成本受学生规模、物价水平、学校基本建设、工资标准等因素的影响而不断发生变化。同时，各个地区城乡居民人均收入的变化逐年不同，国民的学费支付能力也会相应地不断产生变化。因此，政府应当在科学核算公办高校生均标准成本的基础上，依据不同地区和城乡居民对学费的承受能力，建立高校学费与办学成本、居民收入保持同步变化的动态学费调整机制，从而使公办高校学费水平能够随着社会经济的发展而动态调整，最大限度地满足受教育者、公办高校和社会的共同需求。

二　有待形成基于成本监管的学费标准调整管治机制

随着高等教育成本核算相关政策办法的相继出台，公办高校教育培养成本核算体系也开始逐步完善。2005 年，《高等学校教育培养成本监审办法（试行）》对高校教育培养成本的构成进行了规定。各相关主体应在信息公开的背景下实行有效监管。政府依据生均培养成本的变化、学费合理的区间，对学费标准的调整进行管治。政府可以设置调整的上限，由学校根据高等教育的竞争市场去确定本校的学费标准。学校在制定本校的学费标准时，应充分考虑高等教育成本、学生毕业后的收益、学生及家庭的付费能力和能获得的资助。

三　有待形成基于精准扶贫的学生资助体系

对大部分经济发达地区居民或大部分城镇居民而言，现行学费标准在其承受能力范围内。但是，对经济水平较低的地区居民或大部分农村居民而言，学费仍然是巨大的经济负担。公办高校学费标准进一步上涨，会加剧收入较低家庭承受学费的困难，不利于教育公平的实现。因此，上调公办高校学费标准的同时，也应加强高校贫困生的财政资助。一方面，政府应当进一步完善高校贫困生资助制度，加大贫困生经费投入，设立多种形式的奖学金、助学金，同时建立获助学生个人诚信系统，保障资助工作的规范化和透明化，满足各类学生的需求。另一方面，高校应设立多种形式的学生资助项目，拓宽勤工俭学的渠道，重视贫困生的心理健康教育，保障贫困生的高等教育过程公平，做到精准扶贫。

第五节　小结

2009—2012 年学费标准保持平稳，2013—2015 年部分省份对学费标准进行上调。由于国民收入的增长，学费标准占城乡居民收入的比例降低，学费对国民的经济压力在逐年降低。学生及家庭、政府对高等教育成本分担的力度在逐年发生变化。在对学费标准进行调整时，应加大对学生的资助，做到精准扶贫。

第一，2009—2015 年，全国学费平均值、普通专业学费平均值、艺术专业学费平均值整体上出现小幅上涨趋势。2013 年后，国家财政投入的有限，高校办学成本的增加，使全国整体、东部、中部、西部学费标准上涨成为必然趋势。但学费的变化趋势在省域间存在差异。普通专业一本、二本的学费平均值变化方向一致，但变化速率存在差异。艺术专业一本、二本的学费平均值变化方向和变化速率都存在差异。

第二，2009—2014 年，全国学费平均值、普通专业学费平均值、艺术专业学费平均值占全国城乡居民人均收入的比例逐步降低。2014年，全国学费平均值、普通专业学费平均值、艺术专业学费平均值占农村居民人均纯收入的比例仍然较高。2009—2014 年，东部、中部、西部地区学费平均值占其对应地区的城镇居民人均可支配收入的比例相差不大，占其对应地区农村居民人均纯收入的比例存在明显差异。2009—2014年，各省学费平均值占各省城镇居民人均可支配收入的比例、农村居民人均纯收入的比例逐年下降。

第三，2009—2012年，东部、中部、西部地区生均预算内教育事业费的年均增幅远大于对应地区的学费平均值的年均增幅。2012—2014年，东部、中部、西部地区学费平均值的增长比率超过了对应的生均预算内教育事业费的增长比率。各省学费平均值与生均预算内教育事业费变动的比值存在差异。2014年，全国学费标准、普通专业学费标准、艺术专业学费标准，东部地区、中部地区、西部地区学费标准均在学费调整的合理区间内。同年，部分省份的学费标准却超出了学费标准调整的上限值。2014年，普通专业一本的学费标准有上调的空间，普通专业二本、艺术专业一本、艺术专业二本的学费标准则需要下调。

第四，政府应当在科学核算公办高校生均标准成本的基础上，依据不同地区和城乡居民对学费的承受能力，建立高校学费与办学成本、居民收入保持同步变化的动态学费调整机制，对学费标准的调整进行管治，由学校根据高等教育的竞争市场去确定本校的学费标准。公办高校学费标准进一步地上涨，会加剧收入较低家庭承受学费的困难。因此，上调公办高校学费标准的同时，也应加强高校贫困生的财政资助，完善资助方式，做到精准扶贫。

第十章　结语

　　高等教育的产品属性和其具有的正外部性，决定了公办高校学费的属性和功能。实践中，制定公办高校学费标准要依据社会效益和市场效益。依据外部经济环境的转变、社会对高等教育需求的变化、高等教育自身的发展，高等教育成本、政府的投入和居民经济承受能力的差异，学费标准的调整具有整体性、地区性、层次性。学费标准调整幅度的测算，一方面说明了学费标准存在调整的空间，另一方面为学费标准的调整提供了决策依据。实现学费标准的调整，需要政府制定学费标准区间和加强学生资助，高校依据市场效益在区间内自行确定学费。未来学费政策应着重于学费标准动态调整机制、管治机制的制定。同时，应完善学生资助体系，做到精准扶贫。

第一节　研究的主要结论

　　依据高等教育产品属性和公办高校的特征，本书提出公办高校学费是混合公共部门的价格，其形成要依据社会效益和市场效益。依据调整学费标准的目的、国民经济和高等教育的现状，本书认为调整高校学费标准要以"能力支付原则"为主，兼顾"利益获得原则"。依据制定公办高校学费标准的边界条件、学费标准测算的结果，本书得出学费标准存在上调的空间的结论。学费标准应实行动态调整机制，调整的过程中应实行价格管制。

一　公办高校学费是混合公共部门的价格

高等教育是正外部性很强的混合产品，在完全竞争市场条件下，学费是高等教育的价格。公办高校是政府出资设立的提供高等教育的社会机构，其学费是混合公共部门的价格。公办高校学费不是由高等教育的供给与需求的均衡决定的，而是由社会的偏好、供给与需求决定的，是政府管制下的价格。公办高校学费混合公共部门价格的特征决定其具有成本补偿、人力资本投资、资源配置、信息传递功能。制定公办高校学费标准要实现促进高等教育的有效供给，平衡个人和社会的净收益，维护高等教育的机会公正，激发高等教育机构的活力。

二 调整公办高校学费标准要以"能力支付原则"为主，兼顾"利益获得原则"

增强社会效益是调整高校学费标准的目的之一，学费标准的调整要以国民付费能力为依据。现阶段，国民经济整体水平比较低，国民付费能力存在地区差异和城乡差异，国民贫富差距较大。为了促进社会和谐，保障高等教育健康发展，调整高校学费标准要以"能力支付原则"为主。提高高等教育效率是调整高校学费标准的目的之一，调整高校学费标准要在一定程度上依据高等教育个人收益，要能够有效地补偿高等教育成本。当今，国民对高等教育的选择受支付能力约束的程度相对降低，受高等教育个人收益约束的程度相对上升。为了提高高等教育效率，促进高校活力，调整高校学费标准要兼顾"利益获得原则"。

三 公办高校学费标准存在调整的空间

综合考虑制定学费标准的成本依据、国民付费能力，学费标准整体水平应该调整。公办高校学费标准调整的幅度，可以以通货膨胀导致高等教育成本的增长幅度为下限，学生家庭总收入增长幅度为上限。合理确定学费标准调整幅度的关键是合理确定计量中的家庭总收入。本书运用学费标准测算方法计量的结果说明，高校学费标准存在调整的空间。依据国民收入的整体水平、国民贫富的差距、国民心理承受能力，中部地区、西部地区、普通专业的学费标准的调整幅度，要低于学费标准调整幅度的上限，可以高于学费标准调整的下限；东部地区、艺术专业的学费标准，可以以测算的学费标准上限值为上限，各高校的学费由高校根据市场在下限与上限之间自行制定。

四 应对公办高校学费标准进行动态调整

在 5 年基本保持不变之后，2013—2015 年，部分省份对公办高校学费标准进行了调整。调整后的学费标准在全国、地区、省域、类型、层次之间存在差异。由于国民收入、高等教育成本、高等教育个人收益随着社会的发展而变动，公办高校学费标准应随之进行动态调整。在对公办高校学费标准进行动态调整的过程中，政府实施价格管制功能，学费调整的主体是高校。高校依据高等教育竞争的市场在合理区间确立学费标准。在学费标准动态调整的过程中，应完善学生资助体系，做到精准扶贫。

第二节 研究的主要创新

一 得出贫困生家庭能力支付原则的现实比例

学者们研究贫困生资助的主要内容为设计资助方式和完善资助制度，对贫困生资助需要达到的力度研究较少。并且，已有的研究没有得出现实操作中可以依据的标准。本书通过对全国调查数据的统计分析和逻辑推断得出，学费占贫困生家庭总收入的比例在 25% 及以下时，学生家庭对学费是可以承受的；学费占贫困生家庭总收入的比例在 50% 及以下时，学生家庭对学费是可以接受的。上述结论，在各地区、各层次学校都是适用的。依据此结论和家庭总收入的平均值，本书得出全国、各地区、各层次学校的贫困生家庭可以承担和接受的学费标准。这为实践中确立贫困生资助需要达到的力度提供了依据。

二 提出调整公办高校学费标准依据的原则

学者们提出制定学费标准要依据"能力支付原则"和"利益获得原则"。两个原则统一中存在对立的一面。"能力支付原则"强调按受益者支付能力的大小制定学费标准，学费与支付能力的大小成正比。"利益获得原则"强调按受益者受益的大小制定学费标准，学费与获利的多少成正比。制定学费标准时，有效地协调运用这两个原则，成为合理制定学费标准的关键。已有的研究对这两个原则的关系关注较少，对实践中如何有效地依据这两个原则制定学费标准论述不多。本书依据调整高校学费标准的目的、国民收入和高等教育收益的现状，提出调整高校学费标准要以"能力支付原则"为主，兼顾"利益获得原则"。这为确立高校学费标准调整的幅度提供了方向。

三　确立了公办高校学费标准调整幅度的依据

已有的研究提出，确立高校学费标准调整的幅度可以依据高等教育需求对学费的弹性，或者依据国民人均收入的变化。依据高等教育需求对学费的弹性调整学费标准，依据的原则是"利益获得原则"，所产生的效益是提高高等教育效率。这不符合调整公办高校学费标准主要是保障高等教育公平，增强社会效益的目的。按照国民人均收入的变化调整学费标准，依据的原则是"能力支付原则"，但是这不符合国情。现阶段，国民收入整体水平还比较低，国民投资高等教育是以家庭总收入为付费能力的指标。同时，高等教育的发展，需要国民对高等教育的投资。综合以上考虑，以国民人均收入的变化调整高校学费标准，不符合现实情况。依据调整高校学费标准的原则、国民收入状况和文化传统，高校学费标准调整的幅度应该以居民消费价格指数和学生家庭总收入的变化为依据。

第三节　研究的局限

受方法和数据的约束，本书没有精确计量高等教育成本和高等教育收益，这影响到本书结论的精确性。受数据可获得性的影响，本书测算学费标准的精确度尚需加强。受研究基础的约束，本书只提出了精确计量学费标准区间的研究思路，没有提出精确计量的方法，这影响到研究结论的应用性。

虽然学者对核算高等教育成本的方法进行了深入的研究，但没有得到实践中可以直接应用的成果。计量高等教育收益没有可以运用的统计数据，需要进行全国大样本的抽样调查。受方法和数据的约束，本书没有计量高等教育成本和高等教育收益，这影响到本书关于它们现状及趋势结论的精确性。

测算学费标准时，由于没有获得学生家庭总收入，本书依据国家统计局发布的数据计算进行测算，所得结果缺乏一定的针对性。本书对没能获得的相关数据，用处理过的数据进行替代，这在一定程度上影响到测算结果的精确度。

本书提出，在不超过家庭总收入增长幅度的情况下，依据高等教育成本、政府财政能力、高等教育个人收益和学生资助的具体情况，确立不同地区、不同层次学校的学费标准区间。受研究基础的约束，没有计量各因素的影响权重，这影响到研究结论的应用性。

参考文献

中文部分

一 著作

1. ［美］D. B. 约翰斯通：《高等教育财政：问题与出路》，沈红、李红桃译，人民教育出版社 2004 年版。

2. ［美］E. 柯恩：《教育经济学》，王玉昆、陈国良、李超译，华东师范大学出版社 1989 年版。

3. ［瑞典］T. 胡森、［德］T. N. 波斯尔斯韦特：《教育大百科全书》（第 10 卷），杜育红、曹淑江、孙志军等译，西南师范大学出版社 2006 年版。

4. ［美］保罗·萨缪尔森、威廉·诺德豪斯：《宏观经济学》，萧琛等译，人民邮电出版社 2006 年版。

5. 柴效武：《高校学费制度研究》，经济管理出版社 2003 年版。

6. 陈振明：《政策科学》，中国人民大学出版社 1998 年版。

7. 丁美东：《非营利组织及其价格机制研究》，中国财政经济出版社 2004 年版。

8. 顾明远：《教育大辞典》（第 6 分册），上海教育出版社 1992 年版。

9. 何东昌：《中华人民共和国重要教育文献 1949—1997 年》，海南出版社 1998 年版。

10. 何怀宏：《公平的正义：解读罗尔斯〈正义论〉》，山东人民出版社 2002 年版。

11. 蒋鸣和：《教育成本分析》，高等教育出版社 2000 年版。

12. 靳希斌：《教育经济学》，人民教育出版社 2001 年版。

13. 刘光：《新中国高等教育大事记（1949—1987）》，东北师范大学出版社 1990 年版。

14. 刘志民：《教育经济学》，北京大学出版社 2007 年版。

15. ［美］N. 格里高利·曼昆：《经济学原理》，梁小民译，机械工业出版社 2003 年版。

16. 毛程连：《中高级公共经济学》，复旦大学出版社 2006 年版。

17. 闵维方：《高等教育运行机制研究》，人民教育出版社 2002 年版。

18. ［美］斯蒂芬·贝利：《公共部门经济学：理论、政策和实践》，白景明译，中国税务出版社 2005 年版。

19. 王康平：《高校学费政策的理论与实践》，厦门大学出版社 2001 年版。

20. 王善迈：《教育投入与产出研究》，河北教育出版社 1996 年版。

21. ［美］西奥多·W. 舒尔茨：《论人力资本投资》，吴珠华等译，北京经济学院出版社 1990 年版。

22. 徐文：《教育产权论》，湖北人民出版社 2007 年版。

23. 杨克瑞、谢作诗：《教育经济学新论》，人民出版社 2007 年版。

24. 袁连生：《教育成本计量探讨》，北京师范大学出版社 2000 年版。

25. ［美］约翰·S. 布鲁贝克：《高等教育哲学》，王承绪等译，浙江教育出版社 2001 年版。

26. ［美］E. 柯恩：《西方教育经济学流派》，曾满超、薛伯英、曲恒昌等译，北京师范大学出版社 1990 年版。

27. ［美］詹姆斯·M. 布坎南：《公共财政》，赵锡军等译，中国财政经济出版社 1991 年版。

28. 赵海利：《高等教育公共政策》，上海财经大学出版社 2003 年版。

29. 赵人伟、［英］基斯·格里芬：《中国居民收入分配研究》，中国社会科学出版社 1994 年版。

30. 伍海泉：《学费定价研究理论方法与改革》，经济科学出版社 2011 年版。

二　期刊论文

31. ［英］Geraint Johnes：《高等教育定价：2004 年英格兰高等教育法案

对大学的政策意义》，杜育红、周雪飞译，《教育与经济》2005 年第 2 期。

32. 包海芹：《高等教育学费制度变迁研究》，《清华大学教育研究》2008 年第 4 期。

33. 蔡连玉：《论微观政治视角下的高校学费抵制》，《江苏高教》2008 年第 1 期。

34. 常京萍、董玲：《高校教育成本与学费标准制定研究》，《会计之友》2009 年第 3 期。

35. 陈金春：《新时期我国私立高等教育的发展空间》，《黑龙江高教研究》2005 年第 11 期。

36. 陈玲、罗金明：《基于成本分担的高校培养成本的确认与计量》，《辽宁教育研究》2007 年第 7 期。

37. 陈明昆：《埃塞俄比亚高等教育"成本分担"制研究》，《比较教育研究》2007 年第 12 期。

38. 陈晓宇、陈良焜、夏晨：《20 世纪 90 年代中国城镇教育收益率的变化与启示》，《北京大学教育评论》2003 年第 4 期。

39. 陈晓宇、闵维方：《我国高等教育个人收益率研究》，《高等教育研究》1998 年第 6 期。

40. 楚红丽：《"定价"政策与我国公办高教产品的有效供给分析》，《江苏高教》2004 年第 2 期。

41. 崔玉平、李晓文：《大学生学费承受力与助学资金来源的影响因素分析——以江苏省在校本科生为例》，《黑龙江高教研究》2008 年第 10 期。

42. 丁小浩：《对中国高等院校不同家庭收入学生群体的调查报告》，《清华大学教育研究》2000 年第 2 期。

43. 丁小浩：《规模扩大与高等教育入学机会均等化》，《北京大学教育评论》2006 年第 2 期。

44. 杜瑛：《大学的学费形成机制及其治理》，《高教探索》2008 年第 3 期。

45. 段治平、周传爱、史向东：《国内外高校收费比较与借鉴——以美国、德国、日本为例》，《价格理论与实践》2006 年第 1 期。

46. 范开菊：《高等学校专业差别定价及其福利效应分析》，《安徽农业科学》2006 年第 24 期。

47. 郭凯、滕跃民：《中美高等教育成本分担和学费的比较》，《辽宁教育研究》2008 年第 10 期。

48. 郝磊：《高等教育收费与拉动消费关系的探讨》，《中国经贸导刊》2004 年第 17 期。

49. 何雪莲：《千呼万唤始出来：俄罗斯大学生资助系统一瞥》，《比较教育研究》2006 年第 5 期。

50. 胡茂波、沈红：《高等教育学费定价的论争及启示》，《教育发展研究》2008 年第 13 期。

51. 胡茂波、沈红：《高校学费标准的困境与对策》，《教育与经济》2009 年第 1 期。

52. 胡茂波、沈红：《论公立高校学费的属性与功能——兼论公立高校学费标准的政策目标》，《江苏高教》2009 年第 3 期。

53. 胡茂波、沈红：《国家助学贷款中风险逆向选择的解析及对策思考》，《中国高教研究》2008 年第 5 期。

54. 黄维、沈红：《国家助学贷款制度：绩效、缺陷与可持续发展》，《教育研究》2007 年第 4 期。

55. 黄维：《论高等教育投资模式与管理的理论与实践》，《清华大学教育研究》2004 年第 2 期。

56. 黄献松：《对我国高等教育成本分担机制的分析与思考》，《理论导刊》2005 年第 11 期。

57. 寇淑芳：《论高等教育学费价格的属性及作用》，《中国物价》2004 年第 9 期。

58. 赖德胜：《大学毕业生就业难的人力资本投资效应》，《北京大学教育评论》2004 年第 4 期。

59. 李从松：《教育成本分担论与大学生贫困》，《统计与决策》2002 年第 2 期。

60. 李慧勤：《高校学生家庭付费能力研究——以云南省为例》，《教育与经济》2004 年第 2 期。

61. 李继刚、汪锦军：《关于我国民办高等教育拾遗补缺性地位的思考》，《黑龙江高教研究》2007 年第 10 期。

62. 李良进：《高等教育的收费与农村高中生升学意愿》，《当代青年研究》2002 年第 3 期。

63. 李妮：《从大学高额学费看我国教育公共产品的供给》，《河南社会科学》2008 年第 7 期。

64. 李实、丁赛：《中国城镇教育收益率的长期变动趋势》，《中国社会科学》2003 年第 6 期。

65. 李文利、魏新：《高等教育规模的扩大与合理的学费水平》，《教育发展研究》2000 年第 3 期。

66. 厉以宁：《关于教育产品的性质和对教育经营的若干思考》，《教育科学研究》1999 年第 3 期。

67. 刘奕、张帆：《我国居民高等教育支付能力及学费政策的实证研究》，《中国软科学》2004 年第 2 期。

68. 刘风、王建中、李彤：《高等教育成本分担与教育公平》，《商业时代》2006 年第 7 期。

69. 刘兰平：《民办高等教育成本分担主体的比较研究》，《高教探索》2005 年第 1 期。

70. 刘丽芳、沈红：《美国学生贷款偿还的新机制——"人力资本合同"》，《教育与经济》2007 年第 1 期。

71. 刘湘玉：《明晰教育产权促进教育体制改革与创新》，《中国高教研究》2005 年第 9 期。

72. 刘小幺、赵龙：《论公共部门合理边界的决定——兼论混合公共部门的价格形成机制》，《经济研究》2007 年第 3 期。

73. 陆道坤、吴小玮：《20 世纪前半叶我国高等师范教育学费与服务期制度研究及启示》，《中国高教研究》2008 年第 3 期。

74. 吕孟仁：《高等教育成本分担及收费标准设计的准则》，《吉林教育科学高教研究》2001 年第 5 期。

75. 苗苏菲：《高等教育实行收费制度与教育公平》，《高等教育研究》1996 年第 1 期。

76. 潘海岚、尹慧君：《高等教育收费过高已经抑制居民消费》，《中国物价》2005 年第 5 期。

77. 钱林晓：《对高校扩招和学费增长的经济学分析》，《高等工程教育研究》2008 年第 1 期。

78. 上官剑、郑浩：《欧洲高等教育收费及资助政策比较研究——以欧洲九国为例》，《江西教育科研》2006 年第 12 期。

79. 申凯、侯志才：《论当前我国高校学费制度》，《价格月刊》2009 年第 2 期。

80. 沈红、徐东华：《基于收费政策的中国本科生教育成本初探》，《教育研究》2002 年第 2 期。

81. 沈红：《国家助学贷款与高等教育的大众化》，《高等工程教育研究》2006 年第 6 期。

82. 王寰安：《论高等教育学费的决定模式》，《价格月刊》2008 年第 2 期。

83. 王善迈：《关于教育产业化的讨论》，《北京师范大学学报》2000 年第 1 期。

84. 王善迈：《论高等教育的学费》，《北京师范大学学报》2000 年第 6 期。

85. 王同孝、罗文奇、于辉：《高等教育收费标准理性分析》，《价格理论与实践》2006 年第 4 期。

86. 王序坤：《教育成本的分担原则及其选择》，《教育发展研究》1999 年第 5 期。

87. 王一涛、夏守信：《大学高收费约束下的农户高等教育选择——Y 县 22 户农民的访谈》，《青年研究》2004 年第 12 期。

88. 王志强：《美国公办高校收费政策变化及对中国的启示》，《世界教育信息》2007 年第 12 期。

89. 伍海泉、陈茜、黄维：《市场扭曲与高等教育学费定价》，《教育与经济》2007 年第 4 期。

90. 杨金成：《韩国私立大学的学费政策评析》，《外国教育研究》2000 年第 6 期。

91. 杨开明：《高等教育收费的定价模型与实证分析》，《财会通讯》2005 年第 1 期。

92. 杨开明：《高等教育投资及其风险防范措施初探》，《复旦教育论坛》2008 年第 1 期。

93. 杨开明：《我国高等教育收费中的"农转非"问题及其对策》，《上海金融》2006 年第 10 期。

94. 杨莲娜：《高等教育学费的价格属性研究》，《价格理论与实践》2005 年第 5 期。

95. 杨玲：《中法公办高校收费与成本分担的比较和反思》，《教育与经济》2007 年第 2 期。

96. 杨明、杨建华：《论美国高等学校收费偏高的现状、成因和后果》，《外国教育研究》2006 年第 2 期。

97. 杨蜀康：《我国高等教育投资主体的增长空间分析》，《兰州大学学报》2007 年第 1 期。

98. 姚雪萍、余成跃：《对我国高等教育学费价格的理性思考》，《价格理论与实践》2008 年第 8 期。

99. 于光辉：《大学收费政策的实行与学生资助体系的完善》，《江苏高教》1999 年第 4 期。

100. 余芳：《公办学校教育收费价格听证会制度探析》，《教育评论》2002 年第 4 期。

101. 余英：《高等教育成本分担的国际比较——兼评中国高等教育学费标准的政策依据》，《清华大学教育研究》2007 年第 6 期。

102. 袁蕾：《高等教育专业差别定价及其福利效应分析——对高等教育资源配置市场化的思考》，《教育科学》2005 年第 3 期。

103. 袁连生：《教育成本计量探讨》，《北京师范大学学报》2000 年第 1 期。

104. 袁连生：《论教育的产品属性、学校的市场化运作及教育市场化》，《教育与经济》2003 年第 1 期。

105. 袁连生：《关于教育成本核算的几个问题》，《教育发展研究》1999 年第 3 期。

106. 张继华：《对我国高等教育学费政策问题的分析与建议》，《教育理论与实践》2008 年第 7 期。

107. 张麦花：《教育成本分担比例对贫困家庭子女求学的制约》，《辽宁教育研究》2006 年第 5 期。

108. 张蓉、张炜:《美国高校"高学费高资助"政策研究及启示》,《西北大学学报》2008 年第 3 期。

109. 张涛、张烈侠:《基于高等教育个人人力资本投资决策分析的研究》,《科技管理研究》2008 年第 6 期。

110. 张万朋:《高等学校收费水准的决定及其相关思考——基于规制经济学的视角》,《清华大学教育研究》2007 年第 4 期。

111. 张小萍、谭章禄:《高等教育学费定价的国际比较研究》,《中国物价》2005 年第 7 期。

112. 张小萍、谭章禄:《我国高等教育学费价格机制实证分析》,《价格理论与实践》2005 年第 4 期。

113. 张小萍、谭章禄:《从效率角度看高等教育学费价格》,《价格理论与实践》2005 年第 5 期。

114. 张小萍:《公共财政体制下我国高等教育学费定价分析》,《价格理论与实践》2009 年第 5 期。

115. 夏志强:《高等教育学费的形成机制》,《财经科学》2005 年第 2 期。

116. 苑立波:《高等教育学费标准的实证研究》,《中国物价》2009 年第 3 期。

117. 曾道荣、张谛:《高等教育成本分担与学费政策问题》,《财经科学》2007 年第 11 期。

118. 赵勤:《高等教育学费价格机制影响因素分析》,《事业财会》2007 年第 2 期。

119. 赵善庆:《多策并举解决我国高校学费问题》,《财政研究》2008 年第 9 期。

120. 赵伟:《大学应如何定价?——国外"低学费"新政的启示》,《教育与职业》2009 年第 3 期。

121. 赵亚贞:《高等教育学费的双刃剑作用》,《价格月刊》2004 年第 8 期。

122. 郑杰:《高等教育收费制度的经济学思考》,《价格月刊》2003 年第 11 期。

123. 周丽华、胡劲松:《德国高等教育收费改革思路简析》,《比较教育研究》1998 年第 2 期。

124. 朱新涛：《精英高等教育的传统价值及其现代危机》，《江苏高教》
     2007 年第 4 期。

125. 刘金生：《对高校学费收缴难问题的思考》，《宁夏大学学报》
     2009 年第 5 期。

126. 赵桂毅、高霞、张波、洪艳：《"1＋2 零学费"人才培养模式探
     索——以酒店管理专业为例》，《中国职业技术教育》2010 年第
     21 期。

127. 何晓雷：《〈高中学费免费化法案述评〉——日本的经验及其思
     考》，《教育发展研究》2010 年第 18 期。

128. 王远达：《奥巴马总统计划控制高校学费》，《比较教育研究》
     2012 年第 4 期。

129. 廖青：《澳洲一流大学支持学费上涨受抨击》，《比较教育研究》
     2012 年第 11 期。

130. 伍海泉、董欢、于海曼：《标准生均成本应成为高等教育学费定价
     的数量基础》，《中国高教研究》2010 年第 6 期。

131. 李作章、单春艳：《从"社会福利英国高等教育"到"面向市
     场"：英国高等教育学费政策的变迁》，《现代教育科学》2011 年
     第 5 期。

132. 郑萍：《大学生欠费问题之学费标准因素分析及对策研究——基于
     广东 A 学院的实证研究》，《高教探索》2010 年第 6 期。

133. 杜理才：《大学生拖欠学费的原因及解决对策》，《学校党建与思想
     教育》2009 年第 3 期。

134. 郭立场、闫志刚：《大学学费"涨声"背后》，《教育与职业》
     2014 年第 1 期。

135. 崔世泉：《大学学费定价行为分析——基于尼斯坎南混合官僚模型
     的研究》，《现代教育管理》2014 年第 4 期。

136. 崔世泉、袁连生：《大学学费管制的悖论》，《江苏高教》2011 年
     第 1 期。

137. 赵春明、史纪明、崔世泉：《大学学费是高等教育服务产权的价
     格》，《现代教育管理》2011 年第 4 期。

138. 杨同毅：《大学应实行均价拨款和差价学费制度》，《教育与职业》2012 年第 11 期。

139. 王学斌、王永钦、杨净云、陈宪：《大学中的薪酬——学费决定与竞争模式：一个双边市场的视角》，《世界经济文汇》2009 年第 2 期。

140. 刘杨、黄阳、李克强：《地方高校学费与补贴的战略决定模型》，《北京师范大学学报》2009 年第 4 期。

141. 储著斌：《地方公立高校学费调涨的现实诉求与解决路径》，《黑龙江高教研究》2014 年第 10 期。

142. 崔世泉、袁连生：《独立学院学费差异的多层线性分析》，《中国高教研究》2011 年第 12 期。

143. 田文义、周志贵、王哲然、王建州：《多视角下的高等教育学费标准确定模型》，《清华大学教育研究》2009 年第 2 期。

144. 许适琳、王烨姝：《俄罗斯"高等教育成本共同分担"学费制度改革及对我国的启示》，《现代教育管理》2011 年第 2 期。

145. 潘从义：《法制视野下的高等教育学费定价机制研究》，《中国高等教育》2013 年第 5 期。

146. 查显友、丁守海：《高等教育公平与学费政策选择》，《清华大学教育研究》2012 年第 1 期。

147. 秦福利：《高等教育学费差别定价在我国的实践与反思》，《黑龙江高教研究》2012 年第 5 期。

148. 伍海泉、罗欢、于海曼：《高等教育学费定价的复杂因素与改革研究》，《价格理论与实践》2010 年第 6 期。

149. 伍海泉、赵人伟、韩兴雷：《高等教育学费定价的利益相关者及其博弈分析》，《教育与经济》2013 年第 5 期。

150. 董欢：《高等教育学费定价应以标准生均成本为基础》，《财会月刊》2011 年第 29 期。

151. 胡茂波：《高等教育学费二元结构的审视与调控》，《现代教育管理》2013 年第 11 期。

152. 乔资萍：《高等教育学费及其相关因素的分析》，《当代教育科学》2009 年第 21 期。

153. 王雪峰：《高等学校学费标准的几点思考》，《技术与创新管理》 2009 年第 3 期。

154. 常京萍、董玲：《高校教育成本与学费标准制定研究》，《会计之友》2009 年第 3 期。

155. 李小红：《高校联合办班学费发票及账务处理问题探讨》，《会计之友》2014 年第 17 期。

156. 李晓静、邓潇玥、李宝铭：《高校留学生学费定价影响因素及定价策略的研究》，《高教探索》2015 年第 7 期。

157. 潘松剑：《高校培养成本核算与学费定价研究——以广西 5 所高校为例》，《教育财会研究》2015 年第 3 期。

158. 王杰：《高校学费、学生资助信息的拥有对高三学生教育期待的影响》，《教育与经济》2013 年第 1 期。

159. 陈静漪、宗晓华：《高校学费变动的社会经济压力分析——基于南京地区高校的调查》，《高校教育管理》2014 年第 6 期。

160. 曾德鹏：《高校学费标准分析及教育公平研究》，《当代青年研究》2009 年第 3 期。

161. 袁蕾、李轶芳：《高校学费单一定价与差别定价的福利效应比较》，《继续教育研究》2010 年第 7 期。

162. 崔世泉、袁连生：《高校学费的性质：事业性收费、价格或是使用者付费》，《教育发展研究》2010 年第 11 期。

163. 陈超：《高校学费的依据及收费标准——兼与吴开俊、范先佐先生商榷》，《江苏高教》2009 年第 6 期。

164. 张艳敏：《高校学费批量代扣方式初探》，《财会通讯》2009 年第 12 期。

165. 李前进、李宁：《高校学费上涨与帮困助学政策问题及解决路径》，《高校教育管理》2014 年第 6 期。

166. 刘亚勤：《高校学费收缴过程中存在的问题及解决对策》，《会计之友》2013 年第 9 期。

167. 黄敬宝：《高校涨学费的经济学分析》，《教育财会研究》2014 年第 6 期。

168. 王冬梅、陈学雄：《高职教育免学费半工半读的人才培养模式研究——以台州广播电视大学成人脱产专科为例》,《黑龙江高教研究》2011 年第 6 期。

169. 张小萍:《公共财政体制下我国高等教育学费定价分析》,《价格理论与实践》2009 年第 4 期。

170. 王远达:《公立大学校长对奥巴马学费计划表示担忧》,《比较教育研究》2012 年第 4 期。

171. 崔世泉、袁连生:《公立大学学费增长的供求分析框架及其启示》,《现代教育管理》2010 年第 9 期。

172. 张其亮:《关于高等教育学费标准的实证研究》,《教育与现代化》2010 年第 3 期。

173. 蒋青松、张吉林、张立欣、周保平:《关于高等教育学费的优化模型探讨》,《数学的实践与认识》2010 年第 1 期。

174. 晏成步:《关于高校学费问题的实证分析》,《教育发展研究》2011 年第 19 期。

175. 刘文晓、胡仁东:《国内外普通公立高等学校学费定价研究述评》,《现代教育科学》2011 年第 6 期。

176. 孔春燕:《湖南省普通高校学费及居民负担现状分析》,《湖南师范大学教育科学学报》2011 年第 6 期。

177. 王明刚、许华:《基于 Fuzzy-AHP 的高校学费标准评价体系的构建》,《统计与决策》2010 年第 4 期。

178. 钟桦:《基于层次分析法的高等学校学费模型研究》,《技术经济与管理研究》2011 年第 10 期。

179. 郭振平、杨文霞、范亚静、吴永强、李欣:《基于满意度最大化的高校学费定价模型》,《武汉理工大学学报》2010 年第 7 期。

180. 伍海泉、伍以加、李娜:《基于生均成本的大学学费定价研究——以湖南 7 所高校为例》,《经济研究参考》2012 年第 63 期。

181. 温建、孙成金、郭建娜:《基于因子分析法的高等农业学校学费合理性实证分析》,《广东农业科学》2009 年第 9 期。

182. 蒋平:《基于英国高校学费改革问题中心的教育舆情分析》,《职业技术教育》2011 年第 16 期。

183. 李明、高飞:《基于职业期望的大学生非学费投入的性别差异研究》,《黑龙江高教研究》2011 年第 4 期。

184. 黄令:《建国后我国高等教育学费制度变迁的路径与特征》,《高教探索》2010 年第 6 期。

185. 伍海泉、钟菲菲、陈诩:《教育成本的两种形式与高等教育学费定价》,《教育与经济》2011 年第 2 期。

186. 许衍艺:《经济危机背景下的匈牙利高等教育学费制度改革》,《高教探索》2014 年第 5 期。

187. 余英:《论高等教育学费政策的改善》,《教育评论》2009 年第 3 期。

188. 袁蕾、刘会洪:《论高校学费差别定价与教育公平》,《教育探索》2010 年第 11 期。

189. 李雪琴、孙根琴:《论教育公平视野下的高等教育成本分担兼谈高校专业学费收费问题》,《价格月刊》2013 年第 437 期。

190. 张杏玲:《论我国高等教育经费构成与学费计算模型改进》,《求索》2012 年第 4 期。

191. 韩萌:《美国大学的"高学费 + 高资助"模式:特权抑或权利》,《教育科学》2014 年第 5 期。

192. 罗筠:《美国大学高学费难题解决之道及对我国的启示》,《贵州社会科学》2009 年第 5 期。

193. 张晓明:《民族教育发展视阈下的高校学费管理》,《民族教育研究》2014 年第 3 期。

194. 王远达:《纽约市私立学校学费大幅上涨》,《比较教育研究》2012 年第 4 期。

195. 王同孝、金发起:《普通高校学费模型的建立与预测》,《财会通讯》2009 年期 2 期。

196. 李海萍:《清末民初(1860 – 1937 年)大学学费政策研究》,《高等教育研究》2013 年第 10 期。

197. 王宏辰:《权责发生制下高校学费会计核算例解》,《财会通讯》2011 年第 11 期。

198. 夏忠:《适当降低高等教育学费》,《教育与职业》2013 年第 11 期。

199. 彭亚婷、蒋承、彭贤则：《硕士研究生学费差异化定价策略研究：内部收益率的视角》，《大学教育科学》2014 年第 5 期。

200. 赵峰、陈志芳、张秀静：《我国高等教育成本与学费定价研究》，《价格理论与实践》2010 年第 5 期。

201. 曹淑江：《我国高等教育成本与学费问题研究》，《中国高教研究》2014 年第 5 期。

202. 吴小蓉：《我国高等教育学费定价问题探讨》，《当代教育科学》2012 年第 3 期。

203. 张继华：《我国高等教育学费政策问题的分析与建议》，《黑龙江高教研究》2009 年第 2 期。

204. 翟志华：《我国高校学费标准问题研究》，《会计之友》2009 年第 7 期。

205. 毕春春：《我国普通高等学校的学费现状分析》，《高教探索》2009 年第 3 期。

206. 袁连生、崔世泉：《我国普通高校学费差异实证研究》，《教育发展研究》2010 年第 23 期。

207. 刘文晓、胡仁东：《我国普通公立高校学费定价标准新探——基于二部定价法视角》，《高教探索》2012 年第 1 期。

208. 胡仁东、刘文晓：《我国普通公立高校学费定价机制初探》，《江苏师范大学学报》2013 年第 2 期。

209. 田虎伟、严全治、张学军、程相斌、余沛：《我国省域普通高等学校学费标准调整研究——以河南省为例》，《教育财会研究》2015 年第 5 期。

210. 郑崧、敬贵玲：《乌干达高等教育双轨学费制与入学机会》，《外国教育研究》2010 年第 12 期。

211. 李大伟：《西方发达国家大学学费与奖学金制度改革动向》，《东北师范大学学报》2010 年第 1 期。

212. 晏成步：《西欧中世纪大学学费探析》，《现代大学教育》2015 年第 6 期。

213. 罗建平、马陆亭：《耶鲁大学学费对运作收入贡献率的实证分析》，《高教探索》2011 年第 2 期。

214. 曲洁：《英国高等教育学费差异化定价制度的研究》，《价格理论与实践》2013 年第 6 期。

215. 康建朝：《英国高校学费体制必须更加简易、公平和高效》，《比较教育研究》2010 年第 1 期。

216. 王占洲：《英国警察应对抗议事件的反思及启示——以伦敦学生抗议学费上涨事件为例》，《中国人民公安大学学报》2011 年第 4 期。

217. 刘英团：《应遏止大学学费"猛涨"势头》，《教育与职业》2015 年第 1 期。

218. 董亚楠：《用于地方高校学费分析 BP 神经网络数学模型方法研究》，《计算机科学》2014 年第 6A 期。

219. 黄新斌：《远程教育成本—学费机制实证研究——基于湖南电大系统的实测数据》，《中国远程教育》2010 年第 11 期。

220. 刘冬青：《院校拨款、学生资助与学费——20 世纪六七十年代美国高等教育财政大辩论探析》，《清华大学教育研究》2012 年第 4 期。

221. 何振波、缪鲁加：《浙江省农科专业免学费政策的考量》，《教育评论》2014 年第 9 期。

222. 伍海泉、肖宁、常晗：《支付能力差异、入学机会与学费的歧视性定价》，《财务与金融》2010 年第 6 期。

223. 黄旭华、盛世明、孙元：《中世纪欧洲大学学费政策》，《高教探索》2014 年第 1 期。

224. 许适琳、王烨姝：《转型期俄罗斯高等教育学费制度改革》，《高教发展与评估》2011 年第 5 期。

225. 章茂山：《中国民办高校学费问题研究》，《高等教育研究》2009 年第 3 期。

226. 王龙龙：《高校学费收费方式的比较与思考》，《经济研究导刊》2016 年第 2 期。

227. 廖荧坤：《浅谈高校信息化下的内部控制盲点——由某高校出现误退学费引发的思考》，《经营者》2016 年第 1 期。

228. 张静：《员工援助计划在贵州省高校贫困生教育中的应用研究》，

ᑐᑐᑐ

ᑌ

ᑐᑕ

ᑕᑕᑕᑕᑕᑕᑕᑕ

Iᑐᑐ

ᑐᑐᑐᑐᑐᑐᑐᑐ

ᑐᑐ

《经济研究导刊》2016 年第 4 期。

229. 赵伟:《大学应如何定价?——国外"低学费"新政的启示》,《教育与职业》2009 年第 3 期。

230. [美] H. 德姆赛茨:《关于产权的理论》,载陈昕《财产权利与制度变迁》,上海人民出版社 1994 年版,第 97 页。

231. 北京大学"中国教育和人力资源研究"课题组:《2004 年中国城镇居民教育与就业情况调查报告》,载《2005 年中国教育经济学年会论文集》光盘。

232. 陈晓宇、冉成中、陈良焜:《近年中国城镇私人教育收益率的变化》,载《为教育提供充足的资源(2001 年北京大学教育经济学国际研讨会)》,人民教育出版社 2003 年版,第 192—209 页。

233. 林毅夫:《关于制度变迁的经济学理论》,载陈昕《财产权利与制度变迁》,上海三联书店、上海人民出版社 1991 年版,第 384 页。

三　博士学位论文

234. 宋文红:《欧洲中世纪大学:历史描述与分析》,博士学位论文,华中科技大学,2005 年。

235. 章茂山:《中国民办高校学费问题研究》,博士学位论文,厦门大学,2007 年。

四　硕士学位论文

236. 李庆豪:《生源地助学贷款的生成与发展》,硕士学位论文,华中科技大学,2006 年。

五　报刊文章

237. 孙岩:《德国大学新问题,收来学费怎么花》,《中国教育报》2008 年 10 月 28 日。

238. 辛宏:《教育是个大产业》,《北京晚报》1999 年 5 月 24 日。

239. 熊丙奇:《2000 亿大学债务如何解决》,《北京青年报》2007 年 2 月 28 日。

240. 姚海鹰、刘渐飞等:《武大党委书记:应允许招收高价生来解决大学债务》，《长江商报》2008 年 3 月 11 日。

241. 卢义杰、王海萍：《大学学费迎来"涨价潮"　中低收入家庭受影响大》，《中国青年报》2014 年 8 月 18 日。

六　网上资料

242. 国家统计局：《2007 年中国全面建设小康社会进程统计监测报》（http：//www. stats. gov. cnwas40/gjtjj_ detail. jsp? searchword =% BB% F9% C4% E1% CF% B5% CA% FD&channelid = 75004&record = 1）。

243. 李志、沈红：《农村高中毕业生升学意愿的现状及其影响因素分析》（http：//www. e21. cn/zhuanti/hbjylw/010. Html）。

244. 《浙江高校新学费标准出炉》，新华网（http：//news. xinhuanet. com/edu/2014 – 11/13/c_ 111325433. htm，2014 年 11 月 13 日）。

245. 财政部：《我国中等职业学校 90% 学生享受免学费政策》，新华网，（www. mof. gov. cn/248. zhengwuxinxicaizhengwengao/2010nianwengao/wengao201003/201004/t2010249. 0427_ 289207. html. 2010 年 1 月 28 日）。

246. 《温家宝主持召开国务院常务会议决定对中等职业学校农村家庭经济困难学生和涉农专业学生逐步免除学费》，新华网（www. china. com. cn/guoqing//zwxx/2012 – 10/11/content26758082. htm. 2012 年 10 月 11 日）。

247. 教育部：《高校毕业生服务西部满 3 年将获代偿学费》（www. moe. gov. cn/jyb_ xwfb/xw_ zllssj/moe_ 1511/tnull_ 46650. html. 2009 年 6 月 23 日）。

英文部分

248. Alfonso Alba-Ramirez, "Maria Jesus San Segundo: The Returns to Education in Spain", *Economics of Education Review*, No. 2, 1995.

249. Barnaby C. Keeney, "A College Administrator Views the Tuition Problem The Review of Economics and Statistics", *Higher Education in the Unit-*

ed States: *The Economics Problems*, Vol. 42, No. 3, 1960.

250. Barr, Nicholas and Crawford Iain, "Funding Higher Education in an Age of Expansion", *Education Economics*, No. 1, 1998.

251. Ben Gose, *Changes at Elite Colleges Fuel Intense Competion in Student Aid*, Chronicle of Higher Education, 1999.

252. Blaug, M. , *An Introduction to Economics of Education*, London: Penguin, 1970.

253. Buchbinder, Howard and Newson, Janice, " Managerial Consequences of Recent Changes in University Funding Policies: A Preliminary Review of the British Case", *European Journal of Education*, No. 23, 1988.

254. Chutikul, S. , *The Effect of Tuition Fee Increase on The Demand for Higher Education: A Case Study of a Higher Education Institution in Thailand*, University of Sussex, 1986.

255. D. C. Rose and R. L. Sorensen, "High Tuition, Financial Aid and Cross-subsidization: Do Needy Students Really Benefit?", *Southern Economic*, No. 1, July 1992.

256. D. Bruce Johnstone and Preen Shroff-Mehta, Higher Education Finance and Accessibility: An International Comparative Examination of Tuition and Financial Assistance Policies. In Heather Eggins (ed.), *Globalization and Reformation Higher Education*, London: Society for Research into Higher Education, 2003.

257. D. Bruce Johnstone, "Higher Education Finance and Accessibility and Student Loans in Sub Saharan Africa", *Journal of Higher Education in Africa*, No. 2, 2004.

258. D. Bruce Johnstone, *Sharing the Costs of Education: Student Financial Assistance in the United Kingdom, the Federal Republic of Germany, France, Sweden, and the United States*, New York: The College Board, 1986.

259. D. Bruce Johnstone, "The US Higher Education System: Structure, Governance, and Finance", Retrieved on March 19, 2004 (http: // www. gse. buffalo. edu/org/Int Higher Ed Finance) .

260. DfES（Department for Education and Skills）, Higher Education Funding—International Comparisons（http：//www. dfes. gov. uk / hegateway /up-loads /HEfunding- in-ternationalcom-parison. pdf. 2006 年 5 月 26 日）。

261. Dreseh, S. P. , "A Critique of Planning Models for Postsecondary Education", *Journal of Higher Education*, No. 3, 1975.

262. E. L. Johnson, "Is the Low-tuition Principle Outmoded?", *The Review of Economics and Statistics* 32, No. 3, 1960.

263. George Psacharopolous, "Returns to Education：An Updated International Comparison", *Comparative Education*, No. 17, 1981.

264. Gladieux, Lawrence E. , Low-income Students and the Affordability of Higher Education. in Kahlenberg, Richard D. （ed）. *America's Untapped Resource*, New York：The Century Foundation Press, 2004.

265. Gordon C. Winston, "College Costs：Subsidies, Intuition, and Policy", *Eastern Economic Journal*, Vol. 23, No. 2, Spring 1997.

266. Hazel Pennell and Anne West, "The Impact of Increased Fee on Participation in Higher Education in England", *Higher Education Quarterly*, Vol. 59, No. 2, April 2005.

267. Hearn, J. , *The Paradox of growth in Federal Aid for College Students 1965 – 1990 Higher Education. Handbook of Theory and Research*, IX edited by J. C. Smart, New York：Agathon Press, 1994.

268. Heller, Donald E. , "Student Price Response in Higher Education：An Update to Leslie and Brinkman", *The Journal of Higher Education*. Vol. 68, No. 6, 1997.

269. Hong Shen, *Policy Study：Tuition and Fees in Higher Education and Special Aid to Disadvantaged Students. Proceedings of International Conference of Economy in Education*, BeiJing：Peking University Press, 2002.

270. Hong Shen, "Fees in Higher Education and Aid to Disadvantaged Students", electronic version published by Center of Research on Education in China, *China Education Forum*, Vol. 2, No. 1, June 2001.

271. Howard R. Bowen, *The Costs of Higher Education*, ossey-Bass Publishers, 1981.

272. La Rocque, N. , "Setting Higher Education Tuition Fees: Lessons from Down Under", *Fraser Forum*, September 2003.

273. Lutz Berkner. Ali Berker. Kathryn Rooney. Katharin Peter and Andrew G. Malizio, "Student Financing of Undergraduate Education: 1999 – 2000", *Statistical Analysis Report* (http://nces. ed. gov/pubs 2002/2002167. pdf, 2006 年 10 月 3 日)。

274. M. Hauptman and Jamie, P. , *Merisotis. The College Tuition Spirals: An Examination of Why Charges Are Increasing*, New York: Public Policy and Higher Education, 1999.

275. N. W. Jenny, E. Arbak. "Challenge for Financing Public Higher Education", *Fiscal News*, No. 4, 1998.

276. NCES (National Center of Education Statistics), "Study of College Costs and Prices, 1988 – 89 to 1997 – 98" (http://www. ed. gov/pubs/edpubs. html, 2006 年 3 月 20 日)。

277. Psacharopoulos, G. and Jimenez, E. , *Financing Education in Developing Countries: An Exploration of Policy Options*, Washington D. C. : The World Bank, 1986.

278. Robert E. Martin, "Tuition Discounting Without Tears", *Economics of Education Review*, Vol. 23, 2004.

279. Ronald, "Ehrenberg and Susan H. What Price Diversity? The Death of Need-Based Financial Aid at Selective Private Colleges", *Change*, 25, July/August 1993.

280. S. A. Hoenack and W. C. Weiler, "Cost-related Tuition Policies and University Enrollments", *Journal of Human Resources*, Vol. 10, No. 3, 1975.

281. Schultz, T. W. , *The Economic Value of Education*, New York: Columbia University Press, 1963.

282. NCES (National Center of Education Statistics), "Congressionally Mandated Studies of Collegial Costs and Prices" (http://www. nces. ed.

gov / ipeds/cool/pdf, 2006 年 3 月 20 日)。

283. Schwartz, A. E. , and Scafidib, "What's Happened to the Price of College? Quality-adjusted Net Price Indexes for Four-year Colleges ", *Journal of Human Resources*, No. 29, 2004.

284. Shattock, "Michael. British Higher Education under Pressure: Politics, Budgets and Demography and the Acceleration of Ideas for Change", *European Journal of Education*, No. 9, 1984.

285. Teshome Yizengaw, "Cost Sharing in the Ethiopian Higher Education System: The Need, Implication and Future Directions", *The Ethiopian Journal of Higher Education*, No. 2, 2006.

286. Vossensteyn, H. , " Cost-sharing and understanding Student Choice: Developments in Western Europe and Australia", 2004 (http: //www. gse. buffalo. edu/org/ Int Higher Ed).

287. Walter W. McMahon, "Economic and Demographic Effects on Investment of Higher Education ", *Southern Economic Journal*, Vol. 41, No. 3, 1975.

288. Watson, S. S. and Donald E. H. , *Changes in Tuition Policies*, Canada Q. C. : Canada Millennium Scholarship Foundation, 2004.

后　记

　　本书是在我的博士学位论文《中国公立高校学费标准研究》的基础上修改而成的。

　　三年的博士生学习，是我迄今为止一生中最忙碌和最充实的日子。首先要感谢我的导师——华中科技大学教育科学研究院沈红教授、华中科技大学管理学院聂鸣教授，给予了我学术的生命，给予了使我受益终身的教导。感谢沈老师，我从2003年开始跟随您学习，在这六年的时间中，您给予了我做人的道理，做学问的热情。您对学术的热爱时时刻刻激励着我，使我能够克服困难一直坚持走在通向学术殿堂的道路上。您渊博的知识、敏锐的洞察力、广泛的研究领域、严谨的治学态度和对学术执着的追求，是我此生追求的目标。六年中，您在对我的学习严格要求的同时，也非常关心我的生活。那一幕幕学术探讨火花的碰撞、师生情谊的真诚流露，仿佛就发生在昨天，时时浮现在我的眼前。我的硕士学位论文您悉心帮我修改了四遍，对我的博士学位论文，您更倾注了大量的心血，从题目的确定、框架的建构，到开题报告的构思，特别是论文写作中的精益求精，每一过程都离不开您的悉心指导和鼓励。本书的最终完成也离不开您悉心的指导和关怀。

　　感谢聂老师，在我攻读博士学位期间，给了我多方面的支持和帮助。您渊博的知识、敏锐的洞察力、开阔的视野、广泛的研究领域和一丝不苟的学术精神，给我树立了榜样。您严谨的治学态度和为人和善的原则给了我很多启示。在生活方面，您也对我悉心关怀，让我获益匪浅。衷心地感谢您在我攻读博士学位期间给予的一切支持和帮助，在以后的学习和工作中我都会以您为榜样，扎扎实实做学问，踏踏实实做人。

感谢华中科技大学教育科学研究院的诸位老师们！感谢华中科技大学教育科学研究院的涂又光教授、刘献君教授、张应强教授、别敦荣教授、柯佑祥教授、贾永堂教授等，感谢您们各具特色的讲授为我打开了学术研究的大门！感谢周元武教授、刘建平教授、张晓明教授、贾永堂教授，感谢您们在我学位论文开题时提出的宝贵意见，为我解除了研究中的许多困惑！感谢华中科技大学公共管理学院王冰教授，感谢您给我论文框架无私的指导！感谢华中科技大学教育科学研究院资料室的江欣荣老师、夏薇老师，感谢您们为我查阅资料提供的方便。感谢张顺柱、姜汪洋、王开建、董中专、雷洪德、张俊超老师，感谢您们热情的帮助和支持！

感谢所有红门弟子，在沈老师领导下进行卓有成效的协同工作！感谢沈华、黄维、李庆豪、刘丽芳、梁爱华、宋飞琼、廖茂忠师兄师姐，感谢你们给予我学术上的指导和生活上的关心！感谢同一届的同门毕鹤霞、魏黎、杜池、季俊杰、彭安臣博士，感谢你们给予我的帮助和关心！感谢孙涛、钟云华、谷志远、刘进、赵永辉、李萍、谢辉祥、吴玲、赵青、董双慧、王有才、林桢栋、望耕砚、姜娜师弟师妹，感谢你们给予我的帮助！感谢我的室友李剑锋、任初明、万志前、袁伟博士，感谢你们给予的关心和照顾！感谢2006级博士生班的全体同学，感谢你们给予我的快乐和集体的温暖！

感谢华中科技大学学生资助管理中心的张淑娟、周美雄、万文老师，华中科技大学研究生工作部的罗敏、钱星、史红梅老师，感谢您们给予我助管工作的指导和生活上的帮助！

感谢湖北工业大学职业技术师范学院李梦卿院长，感谢您对本书出版的支持与帮助！感谢我的学生朱梦玫、谢丽丽、徐鑫、王运转、胡宇航，感谢你们在修改过程中进行的数据收集和整理工作！感谢中国社会科学出版社的赵丽编辑对本书的顺利出版所做的努力，感谢我的家人，感谢你们对我工作的支持与理解！你们是我最坚强的后盾！

胡茂波

2016 年 6 月 20 日

于湖北工业大学职业技术师范学院教研室